Caminhos da identidade

Roberto Cardoso de Oliveira

Caminhos da identidade

Ensaios sobre etnicidade e multiculturalismo

Editora UNESP

Paralelo 15

Edição: Editora UNESP

Praça da Sé, 108
01001-900 São Paulo SP
Fone: (11) 3242 7171 - Fax: (11) 3242 7172
www.editoraunesp.com.br - feu@editora.unesp.br

Co-edição: Paralelo 15

SRTVN 701 - Centro Empresarial Norte, Torre B, sala 820
70719-903 Brasília DF
Fone: (61) 3328 5370 - (61) 3478 1816 - Fax: (61) 3328 8514
e-mail: paralelo15@uol.com.br

PREPARAÇÃO DOS ORIGINAIS: Paralelo 15.

CAPA: Roland, sobre fotografias de Jussara Gruber e cartaz publicitário de Miró para a revista vanguardista catalã *Avant*, 1918,

ISBN 85-7139-683-3

Ficha catalográfica

Cardoso de Oliveira, Roberto

Caminhos da identidade: Ensaios sobre etnicidade e multiculturalismo. São Paulo: Editora Unesp; Brasília: Paralelo 15. 2006.

258 p.

Inclui índice analítico.

1. Antropologia. 2. Antropologia social e cultural. 3. Etnicidade. 4. Multiculturalismo. I. Cardoso de Oliveira, Roberto. II. Título.

CDU 070.17

Sumário

Para Luís R.,
filho, amigo e colega.

Prólogo

O que leva um autor a retornar com tanta freqüência a um tema por ele estudado no início de sua atividade profissional? Por que ser esse tema tão reiterativo em sua produção bibliográfica? É uma pergunta que tem me ocorrido ultimamente sempre que a idéia de uma autocrítica se impõe – uma idéia, aliás, cabe admitir, nada estranha à minha busca de congruência teórica em meu trabalho ao longo dos anos. Mas é uma pergunta que, na oportunidade da edição deste volume, não pode mais ser postergada, especialmente em relação à temática da identidade étnica, de sua relação com os fenômenos culturais e, nas duas últimas décadas, com o mundo moral. É verdade que em meu livro mais recente – *Os diários e suas margens: Viagem aos territórios Terêna e Tükúna* – procurei contextualizar meus escritos de autor "quando jovem", enquanto me iniciava em meados da década de 1950 na pesquisa etnográfica, numa ocasião em que o tema da identidade, especificamente em sua feição étnica, implantou-se em meu horizonte de trabalho, levando-me, hoje, cerca de meio século após, a revisitá-lo uma vez mais, agora com a preocupação de oferecer uma resposta àquela pergunta, com a qual abri este parágrafo e abro também este livro.

Com os Terêna aprendi que cultura e identidade correspondiam a duas dimensões da realidade indígena com a qual me confrontava para estudá-la e que, como instâncias empíricas diferenciadas – ao menos analiticamente –, poderiam construir as condições de possibilidade de elucidação do problema central da investigação, a saber, o porquê de uma etnia, cujos membros haviam galgado todos os degraus do processo de aculturação, ainda permanecer, não obstante, identificando-se como indígena. Cheguei à solução do problema ou pelo menos ao seu encaminhamento – como assim considerei – em 1958, ano em que redigi minha primeira monografia, publicada dois anos depois pelo Museu Nacional, intitulada *O processo de assimilação do Terêna*. Título evidentemente provocativo, já que meu texto visava a mostrar exatamente o contrário, isto é, que tal processo não se concluía entre aqueles índios com a desejada assimilação, que naquela época, e desde os primórdios da política indigenista brasileira, era dada como favas contadas. Prejuízo originário do comtismo hegemônico na ideologia rondoniana, presente desde a própria criação do Serviço de Proteção aos Índios – SPI em 1910? Provavelmente! No caso dos Terêna, e seguindo os postulados positivistas, o lugar a eles atribuído só poderia ser o de bárbaros, portanto situados na etapa seguinte à da selvageria, por sua vez etapa imediatamente anterior à da civilização; e não custa lembrar a tríplice seqüência de etapas legada por Auguste Comte aos edificadores da base ideológica do indigenismo brasileiro: selvageria, barbárie e, finalmente, civilização. A crença nessas etapas estava – se assim posso dizer – na base da ideologia indigenista rondoniana, que, mesmo se constituindo no não dito naqueles anos – quando antropólogos modernos, como Darcy Ribeiro e Eduardo Galvão, ocupavam postos de direção no SPI e, por conseguinte, refugavam o esquema evolucionista –, não obstante era a crença que governava o senso comum da administração na execução de uma política pública desde a segunda década do século XX. Mesmo não sendo defendida abertamente à época, era a assimilação que aparecia como o destino único dos povos indígenas.

Portanto, a questão identitária se impunha como o grande tema de minha pesquisa. O que levava os Terêna a permanecerem índios? Efetivamente eles tinham mudado bastante a sua cultura: não mais praticavam o matrimônio seguindo as regras de exogamia de "metade" (*Xumonó* e *Sukirikionó*) e de "camada social" (*Naati*, *Xunaxatí*, *Waherê-txané* e *Kauti*), uma vez que sua estrutura social tradicional era constituída pelo acoplamento de dois sistemas de organização social, um simétrico (relativo às "metades"), outro assimétrico (relativo às "camadas"). Os rituais, ainda que remanescentes, não mais tinham a força anterior, se bem que alguns deles, como "a dança de bate-pau" ou "a corrida de cavalinhos", tinham o seu espaço garantido nas festividades das aldeias durante o *Oheokoti* – nome *txané* dado aos eventos que cercavam as "festas" como chamavam, isto é, a comemoração da criação do mundo terêna (com a conseqüente evocação de seus mitos fidejussórios) e a visita a seus mortos, tendo em vista que aquele ritual ocorre precisamente durante o período dos finados (no calendário cristão), coincidente com o aparecimento da constelação das Plêiades no firmamento do Mato Grosso do Sul. Além do mais, ainda persistia na vida terêna o xamanismo expresso nas atividades médico-religiosas praticadas pelos seus *koixomuneti* (pajés). Tais atividades representam o que há de mais central na forma dos Terêna sinalizarem sua identidade tribal, a tal ponto que entre os urbanizados, saídos de suas aldeias no processo do *labour migration*, mantinham suas visitas semanais ao xamã citadino para encontrar no espaço da pajelança o território simbólico terêna – era a presença da "aldeia na cidade". O certo é que, se as questões identitária e cultural andam geralmente juntas, nem por isso devemos ver na relação entre ambas um nexo causal. E foi precisamente isso que acabei por descobrir em minha imersão na realidade indígena como uma experiência que somente a pesquisa de campo pode propiciar. E o povo terêna, enfim, como os primeiros indígenas a se abrirem generosamente às minhas impertinentes invasões em sua privaticidade étnica, passa a ser evocado aqui como responsável por minha entrada na questão identitária, tema que neste volume ocupa lugar central. Sobre as mudanças que operaram na minha maneira de tratar essa temática, os ensaios que se seguem podem ser tomados como uma reavaliação de certas estratégias de pesquisa assumidas no passado.

Hoje, portanto, sou menos incisivo na afirmação de uma separação iniludível da identidade frente à dimensão cultural. O progresso que a teoria da cultura logrou atingir nessas últimas décadas na esteira do enxerto da reflexão hermenêutica nos paradigmas tradicionais da antropologia, criando, com isso, um campo de tensão epistêmica inteiramente novo, passou a permitir – pelo menos a mim – uma forma de repensar a relação entre aqueles dois termos de nossa equação: identidade/cultura. Liberta do consenso ortodoxo funcionalista, vigente até meados do século XX, a cultura passa a ser redimensionada em termos semióticos, agora, assumindo-se como uma teia de significados sobre a qual o ser humano se acha suspenso. Esta a contribuição de Clifford Geertz na esteira de Max Weber, a considerarmos seu já clássico volume de ensaios *The interpretation of cultures* (1973). Com essa concepção de cultura, passa a se impor ao horizonte do antropólogo o reino dos símbolos e a disciplina ganha uma nova dimensão. Porém, essa modernização da teoria antropológica, no que se refere à cultura, não invalida a viabilidade da *separação analítica* entre ela e o processo identitário, que, ademais, continuo considerando absolutamente válida. Todavia, como se verá já no ensaio que inicia este volume, a dimensão cultural é discutida como instância empírica de igual relevância que a identidade étnica, ainda que teoricamente continuem separáveis. Com o título "Identidade étnica e a moral do reconhecimento", esse ensaio foi escrito expressamente para este volume, ao passo que os demais – anteriormente publicados – foram significativamente ampliados e reformulados.

Se no primeiro ensaio tento agregar à noção de identidade, certamente contrastável, a idéia de reconhecimento – tanto pelos outros, como enquanto auto-reconhecimento – ao mesmo tempo em que recupero a dimensão cultural no contexto do multiculturalismo, no ensaio seguinte, no segundo capítulo, procuro ampliar o escopo da reflexão antropológica para a dimensão do sujeito, em sua condição de pessoa moral dotada de liberdade de escolha e de ação. Nele mantive o título original, "O eu, suas identidades e o mundo moral", conforme foi publicado no *Anuário Antropológico*,[1] agora acrescido do subtítulo "A liberdade do sujeito ético", demonstrando, assim, tratar-se praticamente de um outro texto, já que foi bastante ampliado.

O mesmo recurso foi usado para os demais ensaios, reproduzidos com modificações expressivas nos capítulos três e quatro, respectivamente "Os (des)caminhos da identidade", editado originalmente pela *Revista Brasileira de Ciências Sociais*,[2] ao qual agreguei agora o subtítulo "Etnicidade e

1 *Anuário Antropológico*, n. 99, Brasília/Rio de Janeiro, UnB/Tempo Brasileiro, 2002, pp. 11-25.

2 *Revista Brasileira de Ciências Sociais*, Vol. 15, n. 42, São Paulo, Anpocs, 2000, pp. 7-21.

multiculturalismo", e "Identidade catalã e ideologia étnica", publicado em *Mana*,[3] cujo subtítulo "Pensamento antropológico e etnização", aqui acrescentado, permitiu ampliar significativamente o escopo do ensaio. Se nos capítulos 2 e 3 podem-se observar mudanças substantivas, no último a ampliação foi de cerca de duas dezenas de páginas, além de alterações pontuais.

Acredito, assim, haver reunido textos que, ao menos para mim, foram de grande utilidade, na proporção que me permitiram adicionar novos temas a questões tradicionalmente por mim abordadas ao longo de mais de quatro décadas de investigação, desde quando o fenômeno da identidade étnica habitou o meu horizonte na investigação etnológica. Alguns amigos dizem-me que se trata de um acerto de contas comigo mesmo! Talvez... Desde que por acerto de contas se interprete o trazer novas interrogações a um campo de indagações que jamais entendi como encerrado em seus próprios termos. Ao contrário, constato que ele continua – e por certo continuará – receptivo a críticas e sugestões, como toda textualização da identidade e da cultura sujeita ao exercício fecundo da interpretação, por si mesma inesgotável posto que sempre exposta a renovações, como nos ensinam os poderosos argumentos de um filósofo como Hans-George Gadamer.

Algumas justificativas ainda podem ser feitas sobre escritos incorporados ao volume. Além dos capítulos que formam o núcleo substantivo do livro, achei oportuno juntar dois anexos: um sobre como me vejo – com uma repetição de que só recentemente me dei conta – na condição de "etnólogo orgânico" ao me deparar com problemas de ordem prática na esfera indigenista (Anexo II: "O mal-estar da ética na antropologia prática"), republicação do pequeno ensaio com o mesmo título, editado no livro *Antropologia e ética: O debate atual no Brasil*;[4] outro, de como a questão

---

3 *Mana*, Vol. 1, n. 1, Rio de Janeiro, UFRJ, 1995, pp. 9-20.

4 Roberto Cardoso de Oliveira, "O mal-estar da ética na antropologia prática", in Ceres Víctora, Ruben George Oliven, Maria Eunice Maciel e Ari Pedro Oro (orgs.), *Antropologia e ética: O debate atual no Brasil*, Niterói, ABA e EdUFF, 2004, pp. 21-32.

da comparação, ela mesma inerente à reflexão antropológica – mesmo quando não domesticada em metodologias específicas –, vai se manifestar em nossas investigações por outras formas, como a de nos permitir comparar horizontes semânticos diferentes com a finalidade de elucidá-los reciprocamente; é onde a comparação elucidativa, na esteira da "interpretação compreensiva" de Paul Ricoeur, permite-se ir além do método (Anexo 2:"Da comparação"), escrito em homenagem a Roberto Da Matta.[5]

Alguns leitores poderão estranhar a freqüência com que o discurso antropológico se entrelaça com o filosófico. Evidentemente há uma tensão entre ambas as disciplinas na constituição de meu imaginário. Diria talvez um vezo do qual nunca pude me livrar inteiramente. Quem por acaso teve acesso ao meu livro *Os diários e suas margens: Viagem aos territórios terêna e tükúna* e a algumas entrevistas que concedi ao longo dessas últimas décadas, quando fui estimulado a falar de meu itinerário intelectual, não se surpreenderá. Mas é nas "margens" dos diários que fica mais evidenciado o caminho que logrei cumprir desde minha graduação em filosofia até minha conversão pela antropologia e, isto, pela via da etnologia indígena articulada com a prática indigenista. Porém, aquele entrelaçamento de dois discursos disciplinares significou, e ainda significa, mais do que uma gênese de história pessoal; representa, a meu ver, uma tendência que se verifica dia-a-dia no crescente diálogo entre disciplinas, de maneira a assegurar o caráter interdisciplinar que deve reinar na atualidade da investigação avançada, a saber, não presa aos manuais de antropologia. Parafraseando aqui o pouco lembrado pensador Ortega y Gasset, diria que ninguém escapa a suas contingências – e eu não pude escapar às minhas. Diria – e isso vale como um depoimento com o qual pretendo assinalar dívidas intelectuais e encerrar este prólogo – que, mesmo para quem não fez da filosofia a disciplina básica de sua carreira acadêmica,

---

5 Roberto Cardoso de Oliveira, "Da comparação", in Laura Graziela Gomes, Lívia Barbosa e José Augusto Drumond (orgs.), *O Brasil não é para principiantes: Carnavais, malandros e heróis, 20 anos depois,* Rio de Janeiro, Editora FGV, 2000, pp. 29-42.

dela não se excluiu como fundamento último de suas reflexões e de suas indagações sobre os limites de sua própria – e nova – disciplina, a antropologia social. E aqui dou destaque – uma vez mais – a dois de meus antigos professores do tempo de graduação em filosofia na USP: o filósofo Gilles-Gaston Granger e o sociólogo Florestan Fernandes, este último com quem acabei por realizar minha pós-graduação em sociologia na mesma universidade. Com o primeiro, vez por outra troquei correspondência e, como modesta homenagem, dediquei-lhe meu livro *Razão e afetividade: O pensamento de Lucien Lévy-Brühl*, um ensaio, aliás, que me deu grande prazer em escrever, já que, com ele, de certa forma, eu me reconciliava com meu passado de estudante de filosofia, transformado a duras penas em antropólogo: um jovem absolutamente urbano apreendendo etnografia em terras indígenas! Ademais, Lévy-Brühl para mim foi sempre uma figura de especial referência em virtude de seu fascinante itinerário: originalmente um filósofo transfigurado depois em etnólogo – ou, em seus próprios termos, passando de *philosophe* a *savant* –, sem deixar, todavia, suas amarras com a própria filosofia, como procurei mostrar no livro mencionado; e, sobretudo, tendo jamais superado a experiência de sua formação e o exercício que por anos cultivou no ensino profissional da filosofia. Já no meu caso, que jamais ensinei a disciplina em meus longos anos de docência universitária, não obstante reconheço que a filosofia sempre esteve presente na base de minhas indagações, especialmente no trato das questões epistemológicas relativas à antropologia e às ciências sociais em geral, sobretudo nessas duas últimas décadas. Meus livros *Sobre o pensamento antropológico* e *O trabalho do antropólogo* ilustram esse meu interesse. E nesse caso, posso dizer que o professor Granger, através de sua obra e de seus ensinamentos, foi sempre o meu mentor. Como também o professor Florestan Fernandes, graças a quem – desde os bancos escolares – me interessei pelas ciências sociais como uma sorte de formação complementar, uma vez que eu via na diversificada área das disciplinas sociais um campo profícuo para a investigação epistemológica. Não repetirei aqui o meu débito ao professor e amigo Florestan; fiz isso no já citado *Os diários e suas margens*, quando aponto sua influência não só pelos seus escritos "etno-sociológicos" sobre os Tupinambá (como diria o finado Herbert Baldus), mas, principalmente, pelos seus trabalhos teóricos reunidos em seu livro *Os fundamentos empíricos da explicação sociológica*. E, diga-se de passagem, que os seus dois textos principais do mesmo livro, partes II e III, foram exaustivamente discutidos ainda como manuscritos, quando ambos (ele o professor, eu o único aluno) submetíamos as suas idéias e os seus argumentos a um cuidadoso escrutínio. O convívio acadêmico com o mestre, que seria meu orientador na elaboração de minha tese doutoral, "Urbanização e tribalismo: A integração dos índios Terêna numa sociedade de classes", título, por sinal, bem ao estilo de Florestan Fernandes, foi de tal significação para mim que tive a satisfação de a ele dedicá-la quando de sua publicação anos depois, em 1968.

De lá para cá os temas que me foram tão caros nas minhas primeiras experiências etnográficas – como a persistência da identidade étnica frente à mudança cultural – volta e meia retornaram ao meu campo de interesses. Agora, com este livro, pretendo não necessariamente pôr um ponto final nessas indagações – pois nunca se sabe se a elas terei de voltar, por uma razão ou outra –, mas fazer algumas correções de rumo, como a incorporação no mesmo horizonte de pesquisa e de reflexão da relação entre a identidade, do seu reconhecimento e do mundo moral, considerados como questão teórica relevante (Capítulo 1); a recuperação da dimensão do Ego, ou do Eu, associada ao problema da liberdade frente às possibilidades de manipulação da identidade étnica (Capítulo 2); as vicissitudes da identidade étnica e/ou nacional nas mais variadas situações observáveis no interior de sociedades anfitriãs de grande escala (Capítulo 3); e, finalmente, a transposição de uma experiência de pesquisa até então centrada nas relações entre índios e não índios passa, agora, para um estudo voltado à gênese de ideologias étnicas numa nação milenar, como sói ser a Catalunha frente ao Estado espanhol, onde a própria antropologia, enquanto disciplina em formação, não escapou de ser submetida ao processo inexorável de etnização, ao menos em seus primórdios (Capítulo 4). Destarte, quando imaginei a composição deste volume, não pude deixar de tomá-lo como uma oportunidade de excursionar em minha própria memória, no intento de pôr em perspectiva histórica e autobiográfica minhas insistentes peregrinações nos caminhos da identidade étnica.

Compreender finalmente que a etnicidade e os mecanismos identitários subjacentes constituem, no mundo atual, fenômenos quase universais levam-me a acreditar que eles continuarão ainda por muito tempo a atrair a nossa atenção, não apenas como cientistas sociais, mas também – e sobretudo – como cidadãos. Essa a principal razão que me animou a reunir estes ensaios com a expectativa de que, mesmo num mundo globalizado, sempre haverá espaço para a diversidade étnica e cultural, não importando a latitude em que estiverem localizadas as sociedades anfitriãs. E que os escritos aqui enfeixados possam ser uma pequena contribuição ao desenvolvimento e mesmo à renovação de estudos sobre essa relevante temática.

Brasília, 11 de Julho de 2005
RCO

I

Identidade étnica e a moral do reconhecimento

Je disais l'autre jour qu'une étude particulière pouvait avoir une portée générale.

Claude Lévi-Strauss[1]

A questão da identidade e de seu reconhecimento vem se constituindo num tema de exame – melhor diria, de reexame – nesses últimos anos, de tal forma que não pode ser ignorada pelo antropólogo interessado em explorar seus respectivos reflexos na investigação de caráter empírico. E quando essa questão passa a estar associada a fenômenos como etnia e moralidade deparamo-nos com uma temática bastante enriquecida, pois tornada mais complexa a convidar-nos para sua elucidação. No entanto, há de prosseguir por partes no exame da questão. Diria, preliminarmente, que não há como fugir de considerações conceituais que tragam as noções de identidade e de reconhecimento a um campo comum de reflexão capaz de torná-las inteligíveis e tangíveis na esfera da antropologia social, vale dizer na pesquisa empírica. Isso quer dizer que, ao abordar a identidade e o seu reconhecimento, ainda que isso se faça dentro de uma perspectiva claramente conceptual, tal não significa que se esteja afastando do objetivo central deste ensaio, a saber, o de esclarecer a aplicação de ambos os conceitos (e de outros a eles associa-

---

1 Claude Lévi-Strauss e Jean-Marie Benoist, *L'identité*, Paris, Grasset et Fasquelle, 1977, p. 312.

dos) em fenômenos observáveis no plano das relações socioculturais. Nesse caso, o discurso da antropologia social irá certamente preponderar sobre o pensamento filosófico onde, pelo menos desde Hegel, a teoria do reconhecimento está ancorada, tanto quanto as teorias sobre a identidade têm se diversificado ao sabor dos jogos de linguagem de inúmeras disciplinas. Comecemos por uma apreciação da questão identitária.

As vicissitudes da noção de identidade

Em meados dos anos 1970, e por iniciativa de Jean-Marie Benoist, foi realizado em Paris um seminário intitulado "L'identité" ("A identidade", 1977) e que teve em Claude Lévi-Strauss o seu mentor intelectual. Escreveu o *avant-propos* e participou das discussões em todas as sessões, que examinaram comunicações de profissionais de várias áreas de conhecimento, desde a psicanálise, a biologia, a filosofia, a lingüística até, naturalmente, a antropologia social. Uma participação tão heterogênea, em termos disciplinares, não poderia deixar de abrir um campo muito interessante de debate.

Passadas três décadas, eu não lembro de haver lido qualquer recensão sobre o seminário escrita por colegas brasileiros. Mas se o título era atrativo, sobretudo num volume encabeçado por Lévi-Strauss, a contribuição do seminário à elucidação da questão identitária – particularmente na esfera da etnicidade – deixou muito a desejar. Não me refiro à diversidade de profissionais que dele participaram, afinal cada um trouxe a noção de identidade para a sua área disciplinar, portanto atendo-se cada um – o que, ademais, era o que se podia esperar – a conceitos produzidos no âmbito de suas respectivas disciplinas (ou de suas cercanias...). Viu-se, assim, que um mesmo termo, *identidade*, polissêmico por natureza, podia recobrir uma variedade de conceitos, cada um deles expressando um lugar definido no jogo de linguagem de suas respectivas disciplinas, fossem elas a lógica, a lingüística ou a própria etnologia. Interessante observar que por essa época a questão identitária no âmbito das ciências sociais estava fora de sua agenda teórica e ainda longe da voga dos estudos antropológicos que apenas começavam a marcar presença na literatura da disciplina. É verdade que o tema sempre habitou o espaço das pesquisas etnológicas, particularmente quando envolvidas com questões étnicas, mas nem sequer o termo – e muito menos o conceito – de etnicidade aparecia no discurso da disciplina.[2] E elevar a questão identitária em sua feição étnica ao plano de elaboração teórica era algo que ocorreria apenas no final dos anos 1960[3] e princípios da

2 Enquanto a noção de etnia sempre foi aplicada aos estudos relativos às populações indígenas, a noção de raça era considerada adequada aos estudos sobre afro-descendentes, particularmente no âmbito da sociologia das "relações raciais". A raça não aparecia nessa tradição como uma entidade biológica, senão como uma representação manipulada pelos agentes sociais ou como um conceito utilizado pelos sociólogos.

3 Recentemente, a obra de Barth foi objeto de uma contundente crítica por parte de um antropólogo argentino Diego Villar ("Uma abordagem crítica do conceito de 'etnicidade' na obra de Fredrik Barth", *Mana*, Vol. 10, n. 1, Rio de Janeiro, UFRJ, 2004, pp. 165-191), que, apesar da desnecessária ironia que usa contra o autor (que não faz jus à boa qualidade da crítica), aponta aspectos bastante discutíveis quanto ao que chama de excessiva presença do "ator racional", como característica da concepção que Barth teria sobre o processo identitário – esquecendo-se aqui do papel da dimensão sentimental ou afetiva nas decisões assumidas por qualquer ator. Também é verdade que esse ator racionalista não pode ter um domínio absoluto da cena social, ficando totalmente desvinculado das determinações sociais do seu contexto, já que, no limite, esse agente não aceita ser transformado em simples fantoche de situações socioculturais por ele vividas. Recuso-me a aceitar isso. Nos primórdios da sociologia, isso ainda fazia sentido, mas hoje não. E é nesses termos que deve ser entendido o capítulo seguinte deste volume "O Eu, suas identidades e o mundo moral: A liberdade do sujeito ético". Portanto, pode-se dizer que, se o crítico acerta no atacado – quando sua crítica recai sobre o conjunto desigual da obra –, erra no varejo ao focalizar a questão da etnicidade e os mecanismos de sua manipulação! Qualquer antropólogo que tenha feito pesquisa de campo sobre o contato interétnico não pode deixar de concordar com o Barth da "Introdução" ao *Ethnic group and boundaries: The social organizations of culture difference* (Londres, George Allen & Unwin, 1970), este, aliás, com quem estou de acordo, particularmente com respeito à teoria da "identidade contrastiva" e sua separação analítica relativamente à cultura. Ademais, sua "Introdução" deve ser lida ainda em conexão com os vários resultados concretos de pesquisa constantes da coletânea, onde se destacam os ensaios de Eidheim, Siverts e do

década seguinte,[4] sendo que, no Brasil, tal ocorreria em meados da mesma década com *Identidade, etnia e estrutura social*.[5] Certamente que essas publicações não foram as únicas, ao menos no estrangeiro, mas sempre me pareceram aquelas que com mais intensidade procuraram esboçar um quadro teórico de referência destinado a definir o campo de estudos identitários dentro da órbita da antropologia social. A introdução de Barth ao livro que organizou com seus colaboradores sobre *Ethnic groups and boundaries* transformou-se num clássico na área daqueles estudos, transformado num dos textos mais citados por tantos quantos dentre nós estivessem investigando a identidade étnica, considerada em sua acepção de "identidade contrastiva". Já o volume organizado por Cohen, *Urban ethnicity*, também uma coletânea, levava a problemática da identidade para a realidade urbana; e sua introdução – ainda que sem a mesma repercussão do texto de Barth –, intitulada "The lesson of ethnicity", teve, ao menos para mim, uma importância crucial para a formulação moderna daquilo que se pode entender como identidade étnica. Cito minha apropriação das idéias de Cohen:

---

próprio Barth, que, ao fim e ao cabo, sustentam as idéias barthianas. De minha parte, pude de certa forma antecipar o núcleo dessa teoria em minhas investigações realizadas dez anos antes junto aos Terêna e sobre as quais estarei me referindo aqui.

4 Cf., por exemplo, Abner Cohen, "Introduction: The lesson of ethnicity", in Abner Cohen (org.), *Urban Ethnicity*, ASA 12, Londres, Tavistock Publications, 1974, pp. ix-xxxiv.

5 Roberto Cardoso de Oliveira, *Identidade, etnia e estrutura social*, São Paulo, Pioneira, 1976. Já no Capítulo 4, "Reconsiderando etnia", registro o fato da então recém-introdução do termo *ethnicity* no jargão da antropologia (p. 86); registre-se ainda que o Capítulo 1 deste mesmo livro chegou a ser publicado com anterioridade pela revista *América Indígena* com o título "Identidad étnica, identificación y manipulación" (Vol. XXXI, n. 4, 1971, pp. 923-953), já que o meu interesse sobre o tema se consolida a partir do início da década. Porém não se pode esquecer a contribuição de Erving Goffman sobre a problemática da "Identidade deteriorada" (*Stigma: Notes on the management of spoiled identity*, Nova Jersey, Prentice-Hall, 1963), uma verdadeira antecipação dos estudos identitários que seriam desenvolvidos por antropólogos sociais.

> [...] o termo etnicidade seria de pouca utilidade se fosse "estendido para denotar diferenças culturais entre sociedades isoladas, regiões autônomas, ou *stoks* independentes de populações tais como nações em suas próprias fronteiras nacionais". E continua Cohen: "Diferenças entre chineses e hindus, consideradas dentro de seus respectivos países, seriam diferenças nacionais, mas não étnicas. Mas quando grupos de imigrantes chineses e hindus interatuam numa terra estrangeira enquanto chineses e hindus, eles podem ser referidos como grupos étnicos. Etnicidade é essencialmente a forma de interação entre grupos culturais operando dentro de contextos sociais comuns.[6]

Eis-me, aqui, evocando trabalhos antigos que, pelo menos para mim, tiveram especial significação na própria trajetória que os estudos identitários tiveram na comunidade profissional de antropologia no exterior e, de um modo todo especial, no Brasil.

Por essa razão é interessante registrar o silêncio havido com relação ao simpósio dirigido por Lévi-Strauss e Benoist, mais ou menos na mesma época, em que os estudos identitários tomavam fôlego em alguns centros acadêmicos. Qual a contribuição que *L'identité* teria trazido para o enriquecimento desses estudos na década dos 1970? Creio que cabem algumas considerações sobre o teor do simpósio ocorrido em Paris, particularmente no que diz respeito ao único momento em que foi discutida a questão da identidade étnica. Deu-se num debate a partir da apresentação da comunicação de Michel Izard, intitulada "À propos de l'identité ethnique", aliás, a única matéria do simpósio referente especificamente à dimensão étnica da identidade no sentido que lhe confere o conceito de etnicidade. Com toda a certeza se pode dizer que o pouco destaque dessa questão naquele evento foi devido a ser um simpósio muito amplo em seu âmbito de interesse – como já foi mencionado. Embora os antropólogos provavelmente estivessem em maioria, inclusive com o fato de ambos mentores o serem, foi a polissemia da palavra identidade que mais mereceu a atenção dos participantes. Mas a comunicação de Izard e, sobretudo, a discussão que se seguiu merecem aqui alguns comentários.

---

6 Abner Cohen, op. cit., p. xi, apud Roberto Cardoso de Oliveira, op. cit., p. 85.

Retomo agora a epígrafe:"Eu dizia outro dia que um estudo particular poderia ter um alcance geral", disse Lévi-Strauss ao dar início ao debate. E prosseguiu:

> Você [Izard] fez uma boa demonstração e, escutando-o, tem-se o sentimento de que o esquema desenvolvido por você pode se aplicar a outras sociedades e, mesmo, em fórmulas.[7]

Tem-se aqui o cerne da perspectiva estruturalista: o trabalhar em cima de modelos que, guardadas suas características formais – ou estruturais –, ele sempre poderá conter – explicar – realidades substantivas, porém marcadas por um conjunto de regras do mesmo tipo. O material etnográfico trazido por Izard sobre os Moose – habitantes de um reino africano chamado Yatênga – traz-nos um conjunto de dados relativos à organização social e sobre uma interessante questão identitária, já que os Moose constituíam um povo de conquistadores dos povos locais, posteriormente por eles dominados. Dados relativos à territorialidade, à exogamia e à patrilinhagem são apresentados pelo etnólogo, entre outras informações importantes, para uma caracterização da situação interétnica vivida pelos conquistadores e conquistados. Todavia, não cabe aqui resumi-los, já que o caso estudado por Izard apenas nos interessa na medida em que ensejou uma discussão que mais do que o seu texto trouxe ao debate os comentários mais significativos para a temática de que se está tratando neste ensaio. E cabe observar que nenhum dos autores referidos por Izard, ou por qualquer de seus colegas de simpósio, tratou do tema da identidade étnica. Provavelmente nenhum dos antropólogos devotados à questão da etnicidade estava presente no horizonte dos participantes do evento, o que limitou bastante o escopo das discussões que nele tiveram lugar.

Mas qual contribuição poderia ser considerada como tal para os estudos sobre identidade *vis-à-vis* etnicidade? Tendo por base o fenômeno da territorialidade em conexão com o da identidade étnica, ainda é Lévi-Strauss que, em seu diálogo com Izard, faz uma consideração que, a despeito de seu pouco interesse na temática da etnicidade, tornou-se bastan-

7 Claude Lévi-Strauss e Jean-Marie Benoist, op. cit., p. 312.

te coerente como um dos pilares da teoria da identidade étnica desenvolvida fora da França, no âmbito da comunidade internacional da disciplina. Eis o diálogo:

> Michel Izard [referindo-se a algo que não havia abordado em sua comunicação no que diz respeito à identidade étnica no interior de sociedades globais]: É um ponto importante que eu não abordei; entretanto, todas as pessoas, quando estão no exterior de seu território, são designadas pelos outros como Moose [...].
> Claude Lévi-Strauss: Dito de outra forma, o etnônimo é essencial no exterior e secundário no interior [dos territórios próprios de tais ou quais etnias].[8]

Essa, por sua vez, já vinha sendo considerada como uma das condições estruturais da identidade étnica, como mostrou Abner Cohen em sua lição de etnicidade. Mostrou-nos que um princípio estrutural da etnicidade, tal como ele o formulou, mostrar-se-ia vigente em quaisquer outras latitudes, como acabaria por se comprovar no diálogo ocorrido no simpósio: permitiu chegar a interessantes conclusões, como a de poder lançar luzes sobre a própria realidade vivida na Europa pelas etnias imigrantes, enquanto inseridas num mesmo campo estruturalizado e estruturalizante de relações interétnicas. Tomemos o comentário que um participante africano fez em sua intervenção no seminário e que ensejou o surgimento da questão relativa a uma mais adequada formulação do conceito de etnicidade.

> Honorat Aguessy: Eu gostaria de intervir a propósito da diferença entre o que se passa nas sociedades de que fala Izard e o que se passa na França. Para nós que viemos da África, não percebemos essa diferença; ou, ante a uma situação idêntica, na África, os franceses se definem como franceses, mas no interior do hexágono,[9] parece-me que mais precisão é requerida, do mesmo modo que no interior de Yatênga, fala-se então de Bretões, Alsacianos etc. No interior da sociedade, é necessário precisar

8 Claude Lévi-Strauss e Jean-Marie Benoist, op. cit., p. 313.

9 O termo hexágono é aplicado à forma geométrica com que se assemelha a França metropolitana, como a de um polígono de seis ângulos e seis lados (RCO).

de onde se vem; e a respeito disso não vejo diferença entre uma sociedade como aquela de Yatênga e a sociedade francesa. [O que leva Lévi-Strauss a concluir:] Você certamente tem razão. Eu apenas quis falar de nuanças e definir dois pólos teóricos entre os quais se poderia ordenar essas atitudes.[10]

O que mostram esses diálogos? Mostram, em primeiro lugar, que a questão étnica, na medida em que envolve interrogações sobre identidades assumidas enquanto fenômenos de etnicidade, guarda íntima relação com o contexto sobre o qual os povos e os indivíduos que os constituem se movimentam: se for no interior de seu próprio *território* – de um povo determinado –, a noção de etnicidade (nele) não se aplicaria, ainda que a de etnia poderia ser tolerada, se bem que pouco precisa. A ênfase no termo território explica sua importância na configuração da etnicidade e, por via de conseqüência, a fecundidade do uso analítico do conceito. É uma ênfase que coincide com aquilo que antropólogos como Abner Cohen constatarão como a condição de validade da aplicação do termo etnicidade. Mas os diálogos mostram, sobretudo, o nível de abstração que Lévi-Strauss insiste em elevar a análise do dado etnográfico observado por seus interlocutores. Procura entrar no domínio de regras, o único possível, em se tratando de comparar duas sociedades tão diferentes como a francesa e a Yatênga, portanto susceptíveis de um tratamento estrutural e que, por sua vez, já sugere a possibilidade da construção de modelos como o modo preferido dele trabalhar. Ademais, retornando à idéia constante da epígrafe e evocando um de seus textos clássicos, diria que "uma experiência bem feita vale uma demonstração"[11] – afirmação que constitui o *leitmotiv* de investigações que não se submetem a critérios quantitativos voltados a generalizações, mas que se satisfazem com estudos particulares (ou particularizadores) devotados à pesquisa em profundidade. Embora

10 Claude Lévi-Strauss e Jean-Marie Benoist, op. cit., p. 313.

11 Em lugar de "estudar casos numerosos, de um modo sempre superficial e sem grande resultado; [...] se limitar resolutamente à análise aprofundada de um pequeno número de casos e provar, assim, que, no fim das contas, uma experiência bem feita vale uma demonstração". Claude Lévi-Strauss, *Anthropologie structurale*, Paris, Plon, 1958, p. 317.

neste ensaio não se pretenda alcançar o *desideratum* de uma monografia a respeito da questão identitária, que corresponderia aqui à "experiência bem feita" de que fala Lévi-Strauss, tal não significa que não se tomem aqui – ainda que perfuntoriamente – resultados esparsos na literatura antropológica, entendendo-os como capazes de abrir caminhos para a compreensão da identidade étnica no âmbito dos estudos sobre etnicidade. Nesse sentido, as considerações de Lévi-Strauss em *L'identité* são importantes por nos conduzir ao verdadeiro *status* epistêmico do conceito geral de identidade: em primeiro lugar, diz que

> toda utilização da noção de identidade começa por uma crítica a esta noção. [E acrescenta:] seja para além da diversidade das aparências, buscar a fonte desta identidade naquilo que se poderia chamar de restituição de um contínuo [já que a noção de identidade pressupõe permanência e continuidade]; seja, ao contrário, situá-la sobre um plano puramente *relacional*.[12]

É precisamente está última acepção da noção de identidade que lhe confere todo seu valor analítico no campo da epistemologia da investigação. É nesta direção que interpreto essas palavras de Lévi-Strauss ao se dirigir aos membros do seminário:

> Vocês querem estudar sociedades completamente diferentes, mas, para estudá-las, reduzem-nas à identidade; esta solução não existe senão no esforço das ciências humanas para ultrapassar esta noção de identidade e ver que sua existência é puramente teórica: a de que, no limite, não corresponde em realidade a nenhuma experiência.[13]

Porém, conclua-se que se o conceito de identidade em sua formulação mais abstrata, como nas matemáticas ou na lógica, não é objeto de experiência e, assim, tem *status* estritamente teórico, como mera relação, tal não significa que o termo devidamente adjetivado – como *identidade étnica* – deixe de expressar um conceito dotado de claro referencial empírico. Quer a identidade étnica seja pensada no âmbito dos estudos de

---

12 Claude Lévi-Strauss e Jean-Marie Benoist, op. cit, p. 331. A ênfase é minha (RCO).

13 Idem, p. 332.

etnicidade, como bem ilustram as idéias de Cohen; quer ela se insira em contextos relacionais, não obstante passíveis de observação e de registro etnográfico, como no caso de interações socioculturais envolvendo relações contrastantes, a nos basearmos nas pesquisas de Barth e de seus colaboradores, o certo é que para as investigações realizadas por muitos de nós, antropólogos, o conceito de identidade étnica tem sido de inegável eficácia. E quando se complementa a perspectiva analítica, inerente à metodologia estruturalista, com a perspectiva hermenêutica, articulando assim a interpretação explicativa à interpretação compreensiva, enquanto abordagens complementares, pode-se dizer que a investigação se completa.[14]

Algumas considerações sobre o fenômeno identitário feitas por Charles Taylor vêm, nesse sentido, muito a propósito para encaminhar a questão em termos hermenêuticos, quando ele afirma que o "traço essencial da vida humana é o seu caráter fundamentalmente 'dialógico'", querendo dizer com isso que "o ideal monológico subestima seriamente o lugar do diálogo na vida humana"; e, ainda, inspirando-se em George Herbert Mead, diz considerar "os outros como doadores de sentido" (*les autres donneurs de sens*). Preocupado com a questão do reconhecimento, escreve ainda:

> Para apanhar a conexão estreita entre identidade e reconhecimento, é necessário tomar em consideração um detalhe essencial da condição humana que a guinada majoritariamente "monológica" da filosofia moderna tornou quase invisível.[15]

Identidade e *reconhecimento* são categorias que passam, portanto, a constituir nesta oportunidade o cerne de nossas reflexões.

---

14 A articulação da "interpretação explicativa" com a "interpretação compreensiva" é recomendada por Paul Ricoeur como modo complementar, de sorte a ampliar as possibilidades da investigação. Cf. Paul Ricoeur, "Expliquer et comprendre: Sur quelques connexions remarquables entre théorie du texte, la théorie de l'action et la théorie de l'histoire" (in *Du texte à l'action: Essais d'herméneutique* – II, Paris, Le Seuil, 1986), e Roberto Cardoso de Oliveira, "A dupla interpretação na antropologia" (in *O trabalho do antropólogo*, 2. ed., Brasília/São Paulo, Paralelo 15/Editora Unesp, 2000).

15 Charles Taylor, *Multiculturalisme: Différence et démocratie*, Paris, Aubier, 1994, pp. 49-51.

A instância do reconhecimento (Anerkernnung)

O que dizer então sobre a questão do reconhecimento das identidades sociais? O que significa a uma pessoa ou a um grupo ter sua identidade reconhecida? Esse reconhecimento tem sua expressão maior no âmbito da cognição ou no âmbito moral? Essas e outras questões se impõem à consideração do pesquisador voltado para o estudo da identidade étnica – como no caso presente –, sempre que se tem em mente o contexto social que abriga o processo identitário.

Num livro recente de Paul Ricoeur[16] podemos ver que o tema é extensivamente examinado em dois níveis principais: o do léxico, onde o autor trabalha sobre a linguagem ordinária, inscrita em dicionários clássicos e modernos do idioma francês, de modo a enfrentar do ponto de vista lingüístico a notável polissemia do termo, ainda que regulada, é verdade, pela literatura e pela filologia (às quais se socorrem os lexicógrafos); e o da filosofia, onde o estatuto semântico passa a ser privilegiado, como não poderia deixar de acontecer, considerando ser o autor um filósofo. Sua perplexidade começa com o fato da inexistência de sequer uma teoria do "reconhecimento" quando se verifica uma pluralidade de "teorias do conhecimento"!

> Ora, essa lacuna surpreendente contrasta com a espécie de coerência que permite à palavra "reconhecimento" figurar num dicionário como uma unidade lexical única a despeito da multiplicidade [...] das acepções configuradas no seio da comunidade lingüística reunida pela mesma língua natural, no que diz respeito à língua francesa.[17]

O que não me parece ser evidente apenas no idioma francês. Veja-se, por exemplo, o *Dicionário contemporâneo da língua portuguesa Caldas Aulete* e confira-se o verbete "reconhecimento": ver-se-á a mesma multiplicidade de sentidos articulados, não obstante, numa única unidade lexical. Porém,

16 Paul Ricoeur, *Parcours de la reconnaissance: Trois études*, Paris, Stock, 2004.

17 Idem, p. 9.

não cabe aqui percorrer toda a relação de sentidos que a mesma palavra cobre no dicionário português, como Ricoeur o fez com relação aos diversos sentidos do termo francês que aparecem desde no clássico *Dictionnaire de la langue française* (1859-1872), de Émile Littré, até no *Grand Robert de la langue française* (1985), editado sob a direção de Alain Rey. Um percurso semelhante será aqui contornado por não ser vital ao encaminhamento dos argumentos a serem mais adiante desenvolvidos. Importa, mais, acompanhar, se bem que por uma sorte de uma leitura de sobrevôo, o tratamento propriamente filosófico dado por Ricoeur ao tema do reconhecimento. Cumprida essa etapa, estaremos em condições de examinar a questão do reconhecimento e suas implicações morais do ponto de vista da antropologia social. Com outras palavras, as etapas às quais me refiro correspondem a três níveis em que opera o reconhecimento como condição de identificação: o léxico, o filosófico e o antropológico, onde, neste último, a identidade passa a ser adjetivada por mim, assumindo-se como *identidade étnica*.

A estratégia aqui escolhida – que inclui uma preocupação em não me alongar muito no tratamento não antropológico da questão – envolve a consideração de algumas leituras, ainda que abordadas da maneira a mais sumária e econômica: refiro-me, basicamente, a dois autores, Axel Honneth e Paul Ricoeur.[18] Ambos propugnam esclarecer o significado do conceito de reconhecimento em sua movimentação no âmbito da história das idéias. Com isso procuram, cada um a seu modo, extrair do discurso filosófico a variabilidade de um conceito cujo adensamento produzido pelas diferentes perspectivas registradas em sua história veio afinal mostrar uma riqueza que pede para ser explorada. Entendo, porém, que há certos percursos (para ficarmos com esse substantivo tão a gosto de Ricoeur) em condições de se tornarem mais adequados para o exercício de uma indagação afinada com a minha própria concepção sobre o trabalho do con-

18 Axel Honneth, *Luta pelo reconhecimento: A gramática moral dos conflitos sociais*, São Paulo, Editora 34, 2003; idem, "Visibilité et invisibilité: Sur l'épistémologie de la 'reconnaissance'", *De la reconnaisence: Don, identité et estime de soi*, Revue du MAUSS, n. 23, 2004, pp. 137-150; Paul Ricoeur, *Parcours de la reconnaissance: Trois études*, op. cit.

ceito. Tratar-se-ia de concentrar este estudo naquilo que o mesmo Ricoeur chama de "une phénoménologie de l'homme capable", que traduzo por uma fenomenologia do homem capaz, mas também *idôneo*, enfatizando com esse adjetivo sua dimensão moral que o próprio léxico francês autoriza. De uma maneira complementar, valho-me ainda do nº 23 da *Revue du MAUSS* intitulado "De la reconnaissance: Don, identité et estime de soi",[19] pleno de contribuições bastante esclarecedoras do assunto deste ensaio, entre elas o esboço de um debate entre uma visão redistributiva em oposição à idéia de reconhecimento em nome da justiça social,[20] como ainda uma pequena digressão feita por Honneth nesse mesmo número de *MAUSS* sobre a diferença entre o conceito de conhecimento e o de reconhecimento, afinal de contas uma questão que pede por um esclarecimento cabal; assim escreve Honneth:

> A diferença entre "conhecer" (*Erkennen*) e "reconhecer" (*Anerkennen*) torna-se mais clara. Se por "conhecimento" de uma pessoa entendemos exprimir sua identificação enquanto indivíduo (identificação que pode ser gradualmente melhorada), por "reconhecimento" entendemos um ato expressivo pelo qual este conhecimento está confirmado pelo sentido positivo de uma afirmação. Contrariamente ao conhecimento, que é um ato cognitivo não público, o reconhecimento depende de meios de comunicação que exprimem o fato de que outra pessoa é considerada como detentora de um "valor" social.[21]

---

19 Primeiro semestre de 2004.

20 Uma outra vertente de exame da questão do reconhecimento – e que não será considerada aqui, ainda que a tenha também por importante, mas ultrapassaria o escopo deste ensaio – é a questão da "redistribuição", formulada na esteira da tradição crítica sobre a desigualdade socioeconômica e ilustrada pela controvérsia entre Nancy Frazer e Axel Honneth (*Redistribution or recognition? A political-philosophical exchance*, Londres/Nova York, Verso, 2003). A posição de Frazer, todavia, não é a de rejeitar a importância da questão do reconhecimento, ao contrário: "Minha tese geral – diz ela – é que a justiça requer ao mesmo tempo a redistribuição e o reconhecimento" ("Justice sociale, redistribution et reconnaissance", in *De la reconnaisence: Don, identité et estime de soi, Revue du MAUSS*, n. 23, 2004, p. 152).

21 Axel Honneth, "Visibilité et invisibilité: Sur l'épistémologie de la 'reconnaissance'", op. cit., p. 140.

Mais bem esclarecida a diferença entre os dois conceitos, tomarei aqui como ponto de inflexão às idéias sobre esse "homem capaz", que autores como Honneth e Ricoeur logram oferecer a um exame voltado à construção de um quadro conceptual que viabilize a nossa compreensão dos caminhos do reconhecimento. Na busca de uma melhor apreensão do significado desses caminhos, tomemos o quadro de modalidades de reconhecimento esboçado por Honneth.[22] Dá-nos três diferentes formas de reconhecimento *intersubjetivo*, querendo dizer com esse adjetivo aposto ao termo reconhecimento que – seguindo a Hegel – qualquer concepção sobre a sociedade deve partir dos vínculos éticos que a constituem e que geram formas de um convívio baseado em orientações compartilhadas pelos indivíduos. Seriam elas: o amor, o direito e a solidariedade.[23] Sobre a primeira forma, Honneth chama a atenção de que não se trata do amor romântico (ainda que este estivesse contemplado na formulação hegeliana), porém de uma sorte de relações amorosas inerentes às relações primárias, como as que se observa na vida familiar e que envolvem "ligações emotivas fortes entre poucas pessoas";[24] prefiro chamá-las de relações afetivas – uma noção que absorve as mais variadas manifestações de afeto, do amor romântico ao companheirismo inerente aos grupos primários. Dessa modalidade de relação, distinguem-se as relações jurídicas que transcendem os grupos primários (ainda que não os excluam) como uma outra forma de convívio que tem lugar na órbita do direito, envolvendo mecanismos de reconhecimento recíproco. Isso significa que na relação entre *nós* e os *outros* há obrigações a observar.

> Apenas da perspectiva normativa de um "outro generalizado", que já nos ensina a reconhecer os outros membros da coletividade como porta-

22 Axel Honneth, *Luta pelo reconhecimento: A gramática moral dos conflitos sociais*, op. cit., pp. 156ss.

23 Cabe assinalar que toda a exposição de Honneth sobre tais formas é o resultado de sua interpretação de um "diálogo" imaginário entre Hegel e George Herbert Mead que, neste ensaio, torna-se dispensável reconstruir, sendo suficiente remeter o leitor às fontes mencionadas na bibiliografia.

24 Axel Honneth, *Luta pelo reconhecimento: A gramática moral dos conflitos sociais*, op. cit., p. 159.

> dores de direito, nós podemos nos entender também como pessoas de direito, no sentido de que podemos estar seguros do cumprimento social de algumas de nossas pretensões.[25]

E o tipo de pretensão que parece possuir um teor mais genérico é o reconhecimento de nós mesmos como pessoa, portanto como ser social. Todavia, haveria de considerar que além do reconhecimento jurídico essa pessoa deveria ser reconhecida como ente moral. Neste sentido, a manifestação mais geral desse reconhecimento seria expresso como *respeito*; a rigor, uma expressão de relacionamento não abrangida pela esfera jurídica: como tornar o respeito parte da ordem jurídica?[26] Ver-se-á, mais adiante, como esta questão ocupará um lugar estratégico no exame da identidade em sua feição étnica na luta pelo reconhecimento.

Por ora, cabe acrescentar um comentário ao quadro conceptual já esboçado no parágrafo anterior, de modo a esclarecer alguns aspectos relativamente à "dinâmica do processo inteiro [que] procede do pólo negativo para o pólo positivo, do desprezo para a consideração, da injustiça para o respeito"[27] e que encontrou na filosofia do jovem Hegel a sua formulação pioneira. São aspectos que envolvem a dimensão da moralidade, como o conceito hegeliano de *Sittlichkeit* (vida ética ou, ainda, eticidade) contempla e que vem sendo recuperado pelos estudos atuais relativos ao tema. O que restaria ainda a preservar – segundo Ricoeur – nas polêmicas geradas pelos escritos do jovem Hegel no âmbito da

> história da luta pelo reconhecimento, é a correlação original entre a relação a si e a relação ao outro que dá ao *Anerkennung* [reconhecimento] hegeliano seu perfil conceptual reconhecível.[28]

---

25 Axel Honneth, *Luta pelo reconhecimento: A gramática moral dos conflitos sociais*, op. cit., p. 179.

26 Cf. Luís R. Cardoso de Oliveira, em seu livro *Direito legal e insulto moral* (Rio de Janeiro, Relume Dumará, 2002), especialmente no Capítulo 2, a questão do respeito e sua relação com a ordem legal recebe um tratamento bastante criativo e foi inspirador de minhas primeiras reflexões sobre o assunto no que tange à identidade étnica.

27 Paul Ricoeur, *Parcours de la reconnaissance: Trois études*, op. cit., p. 254.

28 Idem, p. 255.

É o desejo de "ser reconhecido" – o que significa para Ricoeur que "nesta expressão lapidar, a forma passiva do verbo 'reconhecer' é essencial".[29] E, em conseqüência, o anseio de ter reconhecido os seus direitos – e dentre esses direitos está o de possuir uma identidade – é uma realidade que se impõe no mundo da vida como algo primordial. Nessa direção, se pode dizer com Honneth no verbete "reconhecimento", escrito para o *Dicionário de ética e filosofia moral*, que

> quando se invoca hoje o conceito de reconhecimento para definir uma certa concepção de moral, parte-se, na maioria das vezes, de uma análise fenomenológica dos ferimentos morais [...]. Assim, é dado um lugar central à idéia de que os fatos vividos como uma "injustiça" fornecem uma chave apropriada para explicar, de forma negativa e primeiramente por antecipação, a ligação interna entre a moral e o reconhecimento.[30]

O desprezo e o desrespeito são desses fatos que se configuram como nítidos "ferimentos morais". E as pessoas envolvidas em situações assim configuradas sempre poderão discernir daquilo que poderia ser um simples acidente, como uma coerção não produzida para ferir, do que seria uma agressão intencionada, percebida esta última como uma verdadeira ofensa moral e, por conseguinte, como uma negação de reconhecimento.

Identidade, cultura e reconhecimento

A questão da identidade e de seu reconhecimento, quando envolve membros de uma determinada etnia, não contradiz uma trajetória que tem sua origem – como problema – na tradição hegeliana. Mas não se trata apenas de adicionar a noção de identidade à de etnia para considerarmos resolvida a equação. A adjetivação da identidade com a forma predicativa de etnia, a saber, com a palavra "étnica", nos conduz a uma nova dimensão do problema. Desde o início deste ensaio e em meus escritos anteriores sobre a questão identitária, sempre tratei o conceito de

---

29 Paul Ricoeur, *Parcours de la reconnaissance: Trois études*, op. cit., p. 256.

30 Axel Honneth, "Reconhecimento" [verbete] in *Dicionário de ética e filosofia moral*, Vol. 2, São Leopoldo, Editora Unisinos, 2003, p. 475.

identidade como fenômeno caracterizado por uma evidente (para mim e para autores como Barth) autonomia relativamente à cultura, qualquer que fosse o conceito que dela pudéssemos ter. Claro que continuo considerando como correta essa idéia de autonomia. Todavia, é bom esclarecer, que em se tratando de autonomia isso não significa atribuir à cultura um *status* de epifenômeno, sem qualquer influência na expressão da identidade étnica. Isto é, no fluir da realidade sociocultural a dimensão da cultura, particularmente em seu caráter simbólico – como a "teia de significados" de que fala Geertz –, não pode deixar de ser reconhecida tanto quanto a identidade daqueles – indivíduos ou grupos – estejam emaranhados nessa realidade. Ambas, tanto cultura quanto identidade, enquanto dimensões da realidade intercultural são relevantes para a investigação. E é por isso que o papel da cultura não se esgota em sua função diacrítica, enquanto marcadora de identidades nas relações interétnicas. A variável cultural no seio das relações identitárias não pode, assim, deixar de ser considerada, especialmente quando nela estiverem expressos os valores tanto quanto os horizontes nativos de percepção dos agentes sociais inseridos na situação de contato interétnico e intercultural. Será portanto nas sociedades multiculturais que a questão da identidade étnica e de seu reconhecimento vai se tornar ainda mais crítica. Em tais sociedades, a dimensão da identidade étnica relacionada com a da cultura tende a gerar crises individuais ou coletivas. E com elas surgem determinados problemas sociais susceptíveis de enfrentamento por políticas públicas, como, por exemplo, as chamadas políticas de reconhecimento.

Tomemos um dos debates mais elucidativos sobre a política de reconhecimento e o multiculturalismo. Refiro-me ao pequeno livro de Charles Taylor, já citado páginas atrás, *Multiculturalisme: Différence et démocratie*, que conta com a participação de Amy Gutmann, Susan Wolf, Steven C. Rockefeller e Michael Walzer como comentadores. Mas é a leitura que Jürgen Habermas faz das palavras de Gutmann, como introdutor do debate, que chama a atenção para aquilo que ele, Habermas, considera como sendo consensual:

> O reconhecimento público pleno conta com duas formas de respeito: 1. o respeito pela identidade inconfundível de cada indivíduo, indepen-

> dentemente de sexo, raça ou procedência étnica; 2. o respeito por suas formas de ação, práticas e visões peculiares de mundo que gozam prestígio junto aos integrantes de grupos desprivilegiados, ou que estão intimamente ligados a essas pessoas, sendo que em um país como os Estados Unidos tanto mulheres pertencem a tais grupos desprivilegiados, quanto americanos de origem asiática, afro-americanos, americanos de origem indígena e um grande número de outros grupos.[31]

O favorecimento que faço da leitura habermasiana corresponde a aspectos desse consenso que considero significativo, como o uso da noção de respeito em sua dupla dimensão, quer como respeito à identidade – particularmente a étnica –, quer como respeito à cultura, na medida em que esta, de um modo ou de outro, venha a simbolizar aquela.[32] Embora isso não signifique que exista um elo causal entre cultura e identidade, expressando que a mudança numa implicaria necessariamente mudança na outra – tema já discutido por mim extensivamente –,[33] não se pode deixar de considerar que existe uma relação de implicação, se bem que não de causalidade.[34] Uma etnia pode manter sua identidade étnica mesmo quando o processo de aculturação em que está inserida tenha alcançado graus altíssimos de mudança cultural. Pude mostrar isso, por exemplo, relativamente aos Terêna já em minha primeira monografia que sobre eles escrevi.[35] Mas se a distinção analítica entre identidade e cultura

---

31 Essas idéias de Gutmann, segundo a interpretação de Habermas aqui reproduzida, foi retirada da tradução brasileira *A inclusão do outro: Estudos de teoria política*, São Paulo, Loyola, 2004, p. 240.

32 É aqui que eu recupero a dimensão da cultura como instância relevante para a pesquisa.

33 Roberto Cardoso de Oliveira, *Identidade, etnia e estrutura social*, op. cit.

34 Valho-me, aqui, da distinção entre *implicação* e *causalidade* feita por Jean Piaget, que guarda o uso da noção de implicação – lógica – com referência a representações, enquanto a noção de causalidade à instância comportamental (Jean Piaget, *Introduction a l'épistémologie génétique*, T. III, Paris, Presses Universitaires de France, 1950, p. 103, *passim*). Como a identidade e a cultura são representações, as relações que guardam entre si podem ser qualificadas como sendo de implicação.

35 Roberto Cardoso de Oliveira, *O processo de assimilação do Terêna*, Rio de Janeiro, Coleção Museu Nacional, 1960.

assegura certa autonomia entre as duas instâncias fenomênicas, tal não significa que o conteúdo das relações que ambas mantêm entre si não possa ser descrito empiricamente. Que a identidade possua espessura empírica, particularmente quando a tomamos enquanto fenômeno social – especialmente em sua manifestação étnica –, portanto como realidade observável tal como qualquer formação ideológica (como penso haver mostrado mais de uma vez),[36] também a cultura torna-se um foco passível de descrição, quer vista como representação, quer como portadora de significados vários ou, ainda, como uma dentre as mais diversas modalidades de simbolização. A imbricação da identidade na cultura, por exemplo, não tira o poder analítico de seus respectivos conceitos de maneira a podermos recorrer a cada um deles, tal como Barth e seus colaboradores puderam fazer ao se defrontarem com situações em que a mudança de cultura nas etnias observadas não resultava na mudança das identidades dos portadores dessas mesmas culturas; são identidades que, a rigor, só podem ser vistas como modalidades de organização. Porém, o fato de a mudança cultural não levar à mudança identitária – num mecanismo de causa e efeito – não quer dizer que a dimensão da cultura deixe de desempenhar um papel – a ser avaliado pela investigação etnográfica – não apenas na configuração diacrítica da identidade, isto é, como marcadora dessa identidade, mas também na dimensão dos valores e das concepções do nós frente aos outros expressas em formulações discursivas, portanto como fatos culturais. É precisamente esta dimensão que nos permite falar, por exemplo, em ideologias como a da "catalanidade" – sobre a qual tratarei, no quarto ensaio deste volume, ao discorrer sobre a identidade catalã – ou na da "naponidade", na forma pela qual é contextualizada a identidade dos Lapões por Harald Eidheim, um dos colaboradores de Fredrik Barth. Menciono estas duas ideologias étnicas – a catalanidade e a naponidade – à guisa de ilustração daquilo que se poderia diagnosticar como a dimensão cultural da identidade étnica. Fiquemos, agora, com a

36 Cf. Roberto Cardoso de Oliveira, *Identidade, etnia e estrutura social*, op. cit., pp. 33-52.

naponidade, já que a pesquisa de Eidheim poderá nos ajudar à compreensão do lugar da ideologia étnica enquanto cultura.

Eidheim qualifica de naponidade (*lappishness*) o conjunto de signos que marca a identidade dos lapões frente aos noruegueses, como os costumes e o uso público do idioma nativo. Todavia, ambas as etnias convergem em alguns importantes aspectos de seus respectivos modos de vida, na medida em que, por exemplo,

> combinam agricultura e pescaria sem qualquer diferença nessa adaptação ecológica em termos de linhas étnicas. Espacialmente, contudo, há uma tendência a ajuntamento (*clustering*) étnico.[37]

Isto quer dizer que a identidade étnica agrupa, agrega, unifica, malgrado a diferença dos ecossistemas e, com eles, a presença de alguma variação cultural interna à etnia. Esse ajuntamento, assim, revela uma dinâmica nas relações sociais que aponta para o fortalecimento de elos étnicos, identitários, de forma a assegurar mecanismos autodefensivos em situações de conflito interétnico latente ou manifesto. Significa uma sorte de apoio no seu *in group* – se assim posso interpretar a etnografia de Eidheim. Uma etnografia também reveladora de barreiras étnicas, como aquela com que se defrontam os lapões, quando imersos nos ambientes dominados por noruegueses, e tentam passar despercebidos, mesmo que isso não seja fácil, já que há vários diacríticos, como a fisionomia, a alegada "falta de asseio", o sotaque no uso da língua hegemônica e mais uma multiplicidade de sinais estigmatizantes da condição de naponidade que são permanentes alvos de observação e de discriminação pela sociedade dominante. Eidheim tenta sistematizar um conjunto de estigmas relativamente à figura de um lapão, chamado Per – que bem pode ser tomado, aqui, como uma verdadeira metáfora humana –, a saber, uma pessoa bastante integrada no mundo norueguês, como membro de um conselho escolar urbano, mas que, apesar dessa relativa integração na sociedade dominante, não consegue tornar menos visível ou ostensiva sua identidade étnica:

---

37 Harald Eidheim, "When ethnic identity is a social stigma", in Frederik Barth (org.), *Ethnic groups and boundaries: The social organization of culture difference*, Londres, George Allen & Unwin, 1970, p. 41.

> 1. Ele vem de uma certa comunidade que os noruegueses chamam por uma palavra que é uma ligeira deformação de seu próprio nome, dando-lhe um sentido pejorativo. Podemos dizer que por esse apelido as pessoas são associadas, mediante um critério espacial, à laponidade. 2. Tem o que é considerado possuir uma fisionomia lapônica. 3. Fala um norueguês ligeiramente quebrado. 4. Raramente exerce um papel ativo nas discussões nas reuniões de Conselho. 5. Falta aos encontros mais vezes do que a média dos membros e não indica um suplente. 6. "Ele se apega à sua forma de ser".[38]

Eidheim chama isso síndrome de signos pelos quais o norueguês estigmatiza o lapão. Mas se tomarmos, por exemplo, os movimentos nativistas, que se expressam na mídia e nas associações voluntárias, pode-se constatar entre os lapões "um crescente culto dos idiomas nativistas lapônicos como linguagem, vestimentas, canções tradicionais e história cultural".[39] Evidentemente que há valores lapões agregados aos elementos folclóricos e históricos que eles lutam por preservar não só naquela instância que Eidheim denomina "*Lappish secret life*", isto é, no interior de sua comunidade, como também na "*public life*", se assim posso interpretar as atividades das associações voluntárias e o uso da mídia na afirmação da identidade e da cultura lapônicas no mundo norueguês. Mas isso não ocorre apenas no território da Noruega, uma vez que os lapões constituem uma população da Escandinávia, já que se encontram também na Finlândia e na Suécia. Tal como os catalães, mencionados no terceiro ensaio deste volume como sendo um povo disperso em três países – Espanha, França e Andorra –, os lapões têm seu "território étnico" abrigado em três diferentes países escandinavos. Eidheim sublinha isso em seu ensaio "The lappish movement: An innovative political process",[40] ao mesmo tempo em que registra o surgimento de uma elite intelectualizada nativa capaz de liderar movimentos políticos em defesa de sua identidade étnica que,

38 Harald Eidheim, "When ethnic identity is a social stigma", op. cit., p. 47.

39 Idem, p. 53.

40 Harald Eidheim, "The lappish movement: An innovative political process", in Marc J. Swartz (org.), *Local-level politics: Social and cultural perspectives*, Londres, University of London Press, 1969, pp. 205-216.

por sua vez, se sobrepõe às variações culturais que se observam no povo lapão. Mesmo que essa identidade étnica transcenda as diferenças culturais – como as que se cingem aos ecossistemas agrícolas e pesqueiros –, mantendo-se, portanto, unívoca, tal não significa que tradições culturais reconhecidas como lapônicas não sejam invocadas e revitalizadas no bojo desses movimentos. As variações culturais existentes, que expressam certa diversidade na grande comunidade de lapões, pode-se dizer que é superada pelo recurso à

> comunicação de massa e a novas técnicas organizacionais [destinadas] a despertar o sentimento de comunidade e ligar as descontinuidades internas espaciais e culturais.[41]

Destarte, vê-se que, nos movimentos políticos, a cultura tradicional, enquanto fornecedora de uma face mais visível e propiciadora de uma maior substância simbólica à ideologia étnica, passa a ser um operador importante na confirmação da identidade étnica.

Etnias indígenas e as barreiras ao reconhecimento

Consideremos a questão do reconhecimento das identidades étnicas com referência à realidade brasileira, particularmente no que concerne às relações entre índios e não índios, ainda que tais relações sempre poderão ser submetidas à "comparação elucidativa"[42] – quando observadas em outras latitudes. Mas a escolha da realidade indígena no Brasil como foco de reflexão se justifica ao menos por dois motivos. O primeiro, devido à distância cultural – ou *cultural gap* – existente entre o mundo indígena e a sociedade envolvente, hegemônica e dominante, que, no caso das relações entre negros e "brancos", ou, ainda, entre nacionalidades de imigran-

41 Harald Eidheim, "The lappish movement: An innovative political process", op. cit., p. 206.

42 Essa modalidade de comparação está explicada no ensaio "Da comparação", no Anexo I.

tes, essa distância, mesmo quando existe, não possui a mesma relevância;[43] e, em segundo lugar, minha própria experiência etnográfica, da qual me valho para descer aos meandros das relações interétnicas observadas. É, portanto, com referência a essa realidade que o problema da identidade e de seu reconhecimento poderá ser esclarecido mais amplamente. Recorrerei aqui, basicamente, às minhas próprias experiências de observação direta e participante, algumas delas ainda inéditas, pois guardadas no prétexto dos diários de campo. Porém, nem todos os diários de campo estão inéditos: refiro-me especificamente ao que publiquei sobre os Terêna no volume *Os diários e suas margens: Viagem aos territórios Terêna e Tükúna*,[44] ao qual recorrerei. Começarei por eles minha incursão na esfera das ofensas morais, claramente perceptíveis pelas pessoas concernidas, porém não aferíveis facilmente pela ordem jurídica. Mas, preliminarmente, há de se ter em conta que o reconhecimento – pelos outros – começa com o autoreconhecimento. E, nesse sentido, vale evocar situações que, no passado não muito recente, era possível de se observar entre determinadas relações de contato interétnico. O uso de um tempo pretérito se justifica aqui pelo fato de a mudança radical, que teve lugar a partir dos anos 1970 na configuração da identidade indígena no país, não poder ser ignorada des-

---

43 É oportuno mencionar aqui o que considero relevante para o estudo do reconhecimento da identidade étnica no Brasil, não apenas no caso indígena, mas também a possibilidade de sua transcendência para casos similares relativos a outras etnias, como a dos afro-descendentes (referidas na literatura como raciais) ou de imigrantes (referidas como nacionalidades), mas que apresentam estruturas análogas que nos levem a considerar os modelos construídos sobre o caso indígena como passíveis de alguma transposição para elucidar casos pontuais. Para um antropólogo que seja capaz de pensar teoricamente e que esteja devotado ao estudo do negro, por exemplo, as análises que eu e meus colegas etnólogos temos conduzido junto aos povos indígenas sempre poderão ser absorvidas no âmbito de uma perspectiva comparada. Pelo menos tem sido essa a minha preocupação, desde quando venho procurando elaborar interpretações com referência a instâncias de reflexão mais abstratas.

44 Roberto Cardoso de Oliveira, *Os diários e suas margens: Viagem aos territórios Terêna e Tükúna*, Brasília/Rio de Janeiro, EdUnB/Fundação Biblioteca Nacional, 2002.

de que os índios e suas lideranças passaram a demandar um respeito às suas formas de ser – sua identidade e suas culturas tradicionais –, algo absolutamente até então inexistente. Foram reivindicações afirmadas no bojo do que ficou conhecido como o "Movimento Indígena" em escala nacional e a conseqüente criação de sua própria entidade étnica, denominada bem a propósito União das Nações Indígenas – UNI. A partir da ação quase pedagógica que essa entidade conseguiu realizar junto aos povos indígenas, sobretudo no que tange à auto-estima e à recuperação do sentimento de dignidade requerida pela categoria de Índio – vilipendiada durante toda a história do contato interétnico, como está aí para comprovar uma vasta literatura etnológica e histórica disponível à consulta –, os índios atualmente passaram a assumir sua condição étnica com foros de uma nova cidadania que até então lhes era praticamente negada. Menciono essa transformação de ordem política e, sobretudo, moral, para que não pareça estranho ao leitor atento o exame – que farei a seguir – da identidade alienada que descrevi anos atrás relativamente aos índios Tükúna e Terêna. Essa identidade alienada, que cheguei a caracterizar como "consciência infeliz", seria ela congruente com esses novos tempos que abriga a consciência indígena e a luta política pela cidadania em que ela está investida? Claro que não. Por essa razão é que as considerações que farei sobre aquela identidade alienada se sustentam originariamente na etnografia então feita, portanto antes da eclosão do movimento indígena. Todavia, acredito ser importante retomá-la nesses novos tempos marcados por uma nova consciência étnica porque tal identidade configura um modelo não totalmente desaparecido, pois dotado de fôlego suficiente para poder ainda ser observado em plena atividade em certos rincões do país.

Quero mencionar especificamente as categorias nativas – "bugre" e "caboclo" –, tal como as retratei em meus livros de 1960, *O processo de assimilação dos Terêna* (bem apropriadamente reintitulado *Do índio ao bugre*, se bem que complementando com o título anterior, de modo a assegurar tratar-se do mesmo livro, em sua segunda edição de 1976); e de 1964, *O índio e o mundo dos brancos* (cuja quarta edição é de 1996). Ambas as categorias podiam ser consideradas sintomas dos sistemas de exploração econômica e de dominação política que segmentos regionais da população brasileira exerciam – e em muitas regiões ainda exercem – sobre os povos indígenas. Esses sistemas foram observados por mim e por meus colaboradores de então em lugares que classificamos como "áreas de fricção interétnica".[45] Dizer que essas áreas não mais sejam encontradiças entre nós é idealizarmos uma situação que nem os mais otimistas poderiam acreditar. O que escrevi à época sobre o "caboclo" tükúna parece-me ser igualmente adequado ao "bugre" terêna, como, ainda, pode ser extensivo a outras categorias produzidas no interior de sistemas de fricção interétnica, que teimam em permanecer ativos nas regiões ocupadas por povos indígenas. Dizia que

> o caboclo pode ser visto [...] como o resultado da interiorização do mundo do branco pelo Tükúna, dividida que está sua consciência em duas: uma voltada para os seus ancestrais, outra para os poderosos homens que o circundam. O caboclo é, assim, o Tükúna vendo-se a si mesmo com os olhos do branco, isto é, como intruso, indolente, traiçoeiro, enfim, como alguém cujo único destino é trabalhar para o branco. Parafraseando Hegel, poder-se-ia dizer que o caboclo é a própria "consciência infeliz". Fracionada sua personalidade em duas, ela bem retrata a ambigüidade de sua situação total [...].[46]

Esse tratamento fenomenológico dado ao exame da categoria "caboclo" exprimia o meu interesse à época – final dos anos 1950 e princípios dos 1960 – de me valer da perspectiva hegeliana, inerente à dialética do "senhor e do escravo", bem como a influência sobre meu trabalho da obra de Lukács,[47] sobre história e consciência. Mais do que falar em iden-

---

45 Cf., principalmente, Roque de Barros Laraia e Roberto Da Matta, *Índios e castanheiros: A empresa extrativa e os índios no Médio Tocantins*, São Paulo, Difusão Européia do Livro, 1967; Júlio Cezar Melatti, *Índios e criadores: A situação dos Krahó na área pastoril do Tocantins*, Rio de Janeiro, Instituto de Ciências Sociais, 1967; Paulo Marcos Amorim, "Índios camponeses: Os potiguáras de Baía da Traição", *Revista do Museu Paulista*, Vol. XIX, 1970-1971, pp. 7-96, entre outros.

46 Roberto Cardoso de Oliveira, *O índio e o mundo dos brancos*, São Paulo, Difusão Européia do Livro, 1964, p. 80.

47 Georg Lukács, *Histoire et conscience de classe: Essais de dialectique marxiste*, Paris, Minuit, 1960.

tidade étnica, nos termos em que desenvolvi o seu estudo a partir dos anos 1970, estimulado pelos trabalhos de Barth, como já me referi, o meu interesse de então convergia para a problemática da consciência.

A manifestação do preconceito étnico assume diferentes formas. De uma feita, participando de uma festa no rancho de um Terêna da aldeia Cachoeirinha, defrontei-me com uma bem sintomática situação de "olhar a si mesmo com os olhos do branco". Transcrevo o que então escrevi no diário de campo:

> [...] chegando na festa de Tomásio, fui apresentado a seu pai. O velho estava bastante eufórico pela bebida e por minha presença e desmanchava-se em agradecimentos, dizendo que "muita gente não quer vir à festa de bugre – e eu estava lá" prestigiando a festa![48]

Lembro-me ainda de que ao nos cruzarmos seguidamente durante a festa ele repetia os seus efusivos agradecimentos. Uma outra oportunidade de manifestação de preconceito pude testemunhar quando da visita que fiz à aldeia terêna chamada Lalima.

> Minha estada aqui – relatei no diário – começou com algo inesperado: a chegada no posto de um índio embriagado, acompanhado de três purutuias [neologismo terêna equivalente a português] que o acusavam de haver roubado um revólver 38. [...] A acusação era clara e direta: ladrão! Em nossa frente, na condição de autoridades do SPI [eu como etnólogo do órgão e dois outros funcionários regionais], todos nós ouvimos acusadores e acusado prontos a submeter o caso à jurisdição indigenista. Os acusadores olhavam-nos com ar de respeito e, ao índio, de soslaio, olhavam com agressividade, indignados. Mas o Terêna, por seu lado, não escondia igual ou maior indignação, acusando-os de tê-lo revistado à força. [...] "Sou índio – falou – mas não sou cachorro pra ser agarrado assim no meio da estrada e revistado".[49]

Lembro-me ainda hoje de um comentário de um velho índio ao meu lado, que assistia a todo incidente junto com vários outros índios moradores da aldeia: "Nós somos mesmo quase cachorros...". Quanto aos acu-

---

48 Roberto Cardoso de Oliveira, *Os diários e suas margens: Viagem aos territórios Terêna e Tükúna*, op. cit., p. 80.

49 Idem, p. 200.

sadores, parece que desistiram quando comentaram entre si que "coisa de índio é sempre complicada" – referindo-se por certo ao estatuto federal da proteção.

Mais um registro vale reproduzir, agora envolvendo a manipulação da identidade indígena, no sentido de invisibilizá-la. É uma situação relatada por um funcionário do SPI e que pude transcrever no diário:

> [...] vamos ouvir o Edgard que sempre traz alguma novidade de suas andanças pela região supervisionada pela Inspetoria. Está contando que encontrou no trem uma Terêna que de todos os modos procurou esconder sua identidade indígena! Vinha do estado de São Paulo toda pintada, das unhas dos pés aos lábios, usando ainda brincos de argolas enormes, cabelo bem cortado e vestida com um *tailleur* (claro que é uma descrição atenta do Edgard...). Abordada pelo agente do SPI (com termos que ele não esclareceu) disse simplesmente que nasceu em Aquidauana. E perguntada se conhecia Taunay [uma pequena vila e um Posto Indígena às margens da estrada de ferro] respondeu não conhecer – e ainda perguntou onde ficava! Trabalha numa fábrica na capital paulista e afirmou estar "de passeio" em Aquidauana. Talvez esse seja um caso de "passe" – como comentei no mesmo diário – tal como o que se observa nos Estados Unidos [comentário feito em 1955, quando lá imperava a política de segregação racial] no caso dos negros que desejam "passar" para a sociedade dos brancos: a primeira atitude deles é mudar de lugar e, se for mulato muito claro, conta em ultrapassar a linha racial. Linha racial ou étnica, lá ou aqui, as condições de privação social e o preconceito conduzem o negro e o índio a mudar sua identidade sempre que houver oportunidade para isso: como estar fora de sua comunidade. Esse caso relatado por Edgard vem ao encontro dessa tendência.[50]

Mas o que esses casos nos ensinam? Ilustram três modelos de reconhecimento identitário voltados para a busca de respeito próprio. A primeira situação mostra o alto significado que o índio atribui ao reconhecimento de si pelo outro – o etnólogo enquanto representante da sociedade dominante. A segunda situação é reveladora de uma constatação, quase um lamento, ainda que indignado, sobre o modo pelo qual o índio é visto

---

50 Roberto Cardoso de Oliveira, *Os diários e suas margens: Viagem aos territórios Terêna e Tükúna*, op. cit., pp. 135-136.

e tratado pelos regionais. A terceira situação vem corroborar a manipulação da identidade étnica quando escamoteá-la significa um ganho social ou um aumento da taxa de respeito. Claro que a variedade de situações não se esgota nessas três acima descritas. Mas elas servem como um bom indicador do teor das relações interétnicas que, embora aferível junto a uma etnia determinada – o povo Terêna –, não deixa de estar presente noutras latitudes do território nacional, ao mesmo tempo em que expressa modelos passíveis de serem reproduzidos em qualquer lugar do planeta. Em suma, se o preconceito sempre mostrou ser uma barreira ao pleno reconhecimento de identidades étnicas, seja como auto-reconhecimento, seja como reconhecimento pelos outros, no que esse estado de coisas poderia afetar alguém, nas mesmas circunstâncias, em sua luta pela cidadania? Sob o manto protetor das políticas de Estado – no caso, as políticas indigenistas –, não haveria uma demanda de caráter moral ou ético a orientar a formulação dessas políticas públicas? É o que se procurará responder a seguir.

Por uma etnoética?

A questão que eu gostaria de examinar aqui, neste último segmento deste capítulo, não será necessariamente a política indigenista, portanto estatal, que preside a intervenção do governo na organização das relações interétnicas. Essa política será referida apenas de forma incidental e de maneira descritiva. O foco aqui será questionar a ausência da dimensão ética ou moral no trato das relações interétnicas no âmbito da formulação e execução de políticas públicas dirigidas às etnias indígenas. Alguns referenciais de caráter teórico podem ajudar a um melhor desenvolvimento da questão antes de retomarmos o tema crucial que me parece ser o do reconhecimento. Cabe trazer, todavia, como preliminar, a indagação de o porquê da dimensão ética ou moral sequer ter entrado no horizonte das chamadas "éticas aplicadas", tão discutidas hoje em dia em nossa modernidade. Senão vejamos. Não se pode dizer que o conceito de ética aplicada tenha profundidade histórica. A rigor, a se levar em conta o verbete correspondente no já mencionado *Dicionário de ética e filosofia moral*,

> a expressão "ética aplicada" [...] aparece nos Estados Unidos nos anos 1960, com a explosão de novos campos de interrogação ética no seio da sociedade. Durante os anos 1970, alguns desses campos se estabilizaram e se polarizaram como "bioética", "ética ambiental" e "ética dos negócios".[51]

Ao longo do verbete, de autoria de Marie-Helène Parizeau, tem-se a informação sumária de cada uma dessas éticas aplicadas e, sobretudo, das razões de seus aparecimentos. A *bioética* surge para atender a um "conjunto de interrogações éticas sobre as práticas tecnocientíficas em biomedicina" e aos problemas levantados por ela não só em relação aos entes humanos mas também junto aos seres animais e vegetais, quando inclui ainda em seu escopo "dimensões sociopolíticas". Isso dá à bioética uma dimensão que transcende o campo médico propriamente dito e abrange várias áreas das ciências humanas e sociais, tornando-a uma disciplina (hoje já constituída na academia) portadora de um caráter nitidamente interdisciplinar. Essa mesma interdisciplinaridade pode ser observada na *ética ambiental* – também referida como "ética do meio ambiente", "ecoética" ou "ecofilosofia". Esta está marcada pelo diálogo multidisciplinar, onde várias disciplinas, como a sociologia e a antropologia, entre outras, comparecem com seus próprios pontos de vista voltados para uma imensa complexidade de problemas de diferentes escalas, dentre os quais estão suas "interconexões em numerosos planos (das estruturas sociais aos regimes políticos, das transferências de tecnologias às relações culturais frente à natureza, da mundialização da economia e das relações entre países industrializados e em desenvolvimento etc.)". Aponta-se ainda o surgimento progressivo de novas modalidades de resolução de problemas ambientais, como o exercício de consultorias, audiências públicas e vários outros tipos de mediações, onde a questão ética vem ocupando papel central. Nesse conjunto de éticas aplicadas destaca-se, ainda, a ética dos negócios ou *ética profissional*, parecendo-me ser, esta última designação, a mais adequada a essa última modalidade de ética aplicada. "Ela se apresenta como

---

51 Marie-Helène Parizeau, "Ética" [verbete] in *Dicionário de ética e filosofia moral*, Vol. 1, São Leopoldo, Editora Unisinos, 2003, pp. 595-597, passim.

um campo de interrogações éticas muito amplo, na medida em que abrange, *a priori*, todos os setores profissionais de nossas sociedades industrializadas: a arquitetura, a engenharia, os negócios, a administração, as comunicações, o jornalismo, o direito etc.". Essa ética profissional implica aquilo que estamos habituados a considerar como os códigos de ética de categorias profissionais específicas, construídas no interior dessas mesmas profissões, com seus próprios valores e suas concepções sobre o âmbito de suas respectivas ações. A questão aqui é: tais éticas aplicadas cobrem todo o espectro de atividades carentes de princípios éticos? Claro que não. E se poderia afirmar que sempre faltará alguma dimensão daquele espectro que não seja coberta por qualquer elenco de princípios éticos. Porém, o meu interesse aqui não é generalizar essa carência, mas apontar que pelo menos no que tange às relações entre etnias, particularmente as que envolvem índios e não índios, as éticas práticas atrás identificadas seguramente não cobrem.

Tome-se em conta que algumas modalidades de ética aplicada, contaminadas pela dimensão étnica, guardam um certo ar de família com pelo menos duas dentre aquelas acima mencionadas. São situações marcadas pelo fenômeno da etnicidade. A questão étnica está presente em cada uma delas. A primeira tem algo em comum com a ética ambiental, porém afasta-se dela na medida em que, antes de considerar apenas o ambiente, seu foco está no homem, a rigor na comunidade indígena objeto de um processo de desenvolvimento eventualmente induzido pelo Estado-Nação. Tratar-se-ia, nesse caso, de operacionalizar uma ética que se posicionaria na relação entre homem e natureza (tomada como meio ambiente), porém marcada, agora, por uma relação de complementaridade. A diferença entre ambos os termos passa a ser transcendida pela prática de uma *etnoética*, onde o lugar do homem é recuperado frente a uma tendência de escoimá-lo de um campo de reflexão dominado pela idéia, quase exclusiva, de meio ambiente. Vale lembrar aqui, só para ilustrar o que desejo dizer, o conceito de "etnodesenvolvimento", constante da Declaração de San José de Costa Rica, promulgada em 1981, onde este conceito surge como base de uma alternativa aos projetos desenvolvimentistas elaborados no âmbito das burocracias dos Estados-Nação empenhados por sua vez em exercer um papel de indutor de mudanças no interior das comunidades indígenas situadas no território nacional.[52] O etnodesenvolvimento passa, por conseguinte, a se constituir no embasamento de um novo modelo de desenvolvimento, que tem como uma de suas características principais a de somente ser implementado como resultado de uma negociação que, por sua vez, esteja direcionada a obter um acordo entre as partes interessadas, como a comunidade alvo de mudança induzida e a equipe representante do Estado-Nação. É um caso que tenho examinado freqüentemente e que não cabe aqui me alongar sobre ele. Pelo menos em dois capítulos dos *Ensaios antropológicos sobre moral e ética* esse modelo está referido[53], e neles procuro mostrar como na idéia de etnodesenvolvimento está incrustada uma ética procedimental, segundo a qual as decisões só podem ser tomadas por um consenso a ser alcançado pela via da discussão no interior de uma "comunidade de comunicação e de argumentação", segundo os requerimentos da "ética discursiva" apeliana-habermasiana. No caso em tela, caracterizado pelo diálogo interétnico, portanto não mais interpares –, o que caracterizaria a relação entre membros de uma mesma comunidade de comunicação – agora, entretanto, um diálogo entre ímpares, como sói ser o encontro – melhor diria, o confronto – entre etnias.[54]

A terceira modalidade de ética aplicada referida no aludido verbete é a chamada ética profissional. Todavia, quando essa ética fica contaminada

---

52 Essa declaração foi publicada no *Anuário Antropológico*, Vol. 81, 1983, pp. 15-20, seguida dos signatários presentes ao evento promovido pela Unesco.

53 Cf. Roberto Cardoso de Oliveira e Luís R. Cardoso de Oliveira, *Ensaios antropológicos sobre moral e ética*, Rio de Janeiro, Tempo Brasileiro, 1996, Capítulos 1 e 2, respectivamente, "O saber e a ética" e "Práticas interétnicas e moralidade", de autoria deste autor.

54 A melhor teorização sobre esse modelo de desenvolvimento alternativo, que passou a chamar-se etnodesenvolvimento e foi aceito pelas lideranças indígenas naquela reunião em Costa Rica, foi feita por Rodolfo Stavenhagem ("Etnodesenvolvimento: Uma dimensão ignorada do pensamento desenvolvimentista", *Anuário Antropológico*, Vol. 84, 1985, pp. 11-44), ainda que o autor não trate diretamente da questão ética.

pela etnicidade, ela se transforma de uma via de mão única em outra de mão dupla – se assim posso me expressar. Como toda ética profissional, sabemos que o código de ética que passa a ter vigência no interior do grupo profissional, portanto a servir de regra de conduta, foi elaborado no âmbito da comunidade de profissionais, muitas vezes intramuros, sem maiores transparências na sociedade envolvente. Vejamos, então, o que ocorre ou pode ocorrer no espaço ocupado pelos museólogos, especialmente àqueles profissionais vinculados a museus de antropologia. A consideração que passarei a fazer será sobre um caso exemplar que, aliás, já examinei em outras oportunidades.[55] Trata-se de um caso examinado pela museóloga Denise Hamú, que me chegou às mãos na forma de um manuscrito intitulado "The survival of native american values: Indians claims to museums".[56] Refere-se a um fato ocorrido no âmbito do *International Council of Museums* – Icom a propósito do "Código de ética profissional" integrado em seus estatutos. Creio que vale – mais uma vez! – transcrevê-lo para o leitor não familiarizado com meus escritos sobre o assunto. O fato envolve o choque de pontos de vista entre a comunidade dos museólogos e índios norte-americanos.

> O primeiro ponto de vista diz respeito ao direito de coleta de restos humanos e o de fazer escavações em sítios indígenas – direito este invocado pela comunidade dos museus. O segundo – que se refere ao direito reivindicado pelos índios – diz respeito à repatriação de objetos indígenas. Esse conjunto de direitos é questionado segundo os diferentes pontos de vista.[57]

Esses dois pontos de vista já revelam a contradição vivida na interação dos representantes da cultura ocidental, eurocêntrica, incorporada pelo Icom, com a dos indígenas caracterizada por valores radicalmente opos-

---

55 Cf. nota 52, acima e, especificamente, o Capítulo 2 do livro citado, ainda que a referência a esse caso tenha se dado em algumas outras publicações.

56 Agradeço à autora a gentileza de me ceder seu manuscrito, "The survival of native american values: Indians claims to museums", Ms.

57 Cf. Roberto Cardoso de Oliveira, "Práticas interétnicas e moralidade", in Roberto Cardoso de Oliveira e Luís R. Cardoso de Oliveira, op. cit., pp. 40-41.

tos. Relativamente ao primeiro ponto, a ética praticada pelos museus supõe que os índios não dão importância ao corpo, mas apenas ao espírito, o que permitiria a exposição dos restos humanos, como as múmias, sem que os valores indígenas estivessem sendo agredidos; ao mesmo tempo os museólogos defendem, em nome da ciência, o direito dos museus. A esses argumentos se opõem os índios, dizendo que para eles a vida se origina na terra pelo nascimento e a ela retorna pela morte, portanto cumprindo um ciclo que não pode ser quebrado; por outro lado, acrescentam que as necessidades da cultura indígena são muito mais importantes do que a das ciências. Quanto ao segundo ponto, em que se defende o retorno dos artefatos indígenas aos seus lugares de origem, ponderam os museus que isso representaria uma perda irreparável para o conhecimento das novas gerações, sendo, portanto, dever dos museus garantirem a transmissão desse saber às novas gerações.

> Argumentam os índios que os objetos sagrados possuem importância chave para a sobrevivência das culturas indígenas americanas; e que esses objetos são muito mais importantes para perpetuar suas culturas do que para o ensino de novas gerações de brancos. Falam ainda os museus que os objetos rituais não pertencem somente a quem os faz; no que respondem os índios com o argumento do direito de produtor original. Contra isso apelam os museus dizendo que os índios não sabem como conservar esses objetos; ao que discordam os índios dizendo que os museus não podem ir contra os valores sagrados, pois se os objetos são destruídos é porque eles (conforme feliz expressão indígena) se autodevoram – e isso deve ser respeitado![58]

Outros argumentos ainda são apresentados de um lado e de outro, porém os aqui relacionados são suficientes para mostrar a clara oposição dos dois campos semânticos em confronto. Valores discordantes, éticas em oposição.

Esses dois casos permitem concluir que tanto o modelo desenvolvimentista como o código de ética dos museus sofrem um processo de etnização, na medida em que incorporam o étnico com todas as implica-

58 Cf. Roberto Cardoso de Oliveira, "Práticas interétnicas e moralidade", in Roberto Cardoso de Oliveira e Luís R. Cardoso de Oliveira, op. cit., p. 41.

ções que isso acarreta. Uma sorte de etnoética passa a se impor quando ações daquele teor estejam contaminadas por relações interétnicas e, também, interculturais. Neste último caso – ao se dar o choque de culturas –, quando a dimensão cultural ocupa um lugar estratégico na determinação do teor das relações entre etnias – além das relações entre identidades étnicas, a saber, quando a cultura é algo maior do que uma mera fonte de fornecimento de sinais diacríticos –, o que passa a ser relevante na percepção da diferença entre os agentes sociais na relação dialógica é o abismo cultural (o *cultural gap*) existente entre os litigantes, seja nas negociações previstas no modelo do etnodesenvolvimento, seja na discussão que tem lugar entre representantes da comunidade dos museus e os da comunidade indígena de conformidade com o exemplo dos dois casos examinados.

No caso da reação dos índios à interferência dos museus em seus valores tradicionais, particularmente os religiosos, a diferença cultural constatada é irredutível. Ela sempre estará presente na medida em que os dois campos culturais ficam marcados por uma insuperável oposição, ou, nos termos de uma ética discursiva, um eventual acordo entre as partes dificilmente seria viabilizado. É quando a distância cultural existente expressaria um incontornável abismo semântico (ou *semantical gap*). Todavia, no que tange ao outro caso, o do etnodesenvolvimento, quando as etnias em confronto buscam politicamente um acordo, a probabilidade de se alcançar consenso existe em alto grau. É certo que essa probabilidade irá variar de conformidade, de um lado, com a distância cultural entre a burocracia do Estado-Nação mobilizada e a comunidade indígena objeto de mudança induzida; de outro lado, com as estratégias postas em ação pelas partes empenhadas na negociação. Porém, há de se convir que a idéia de etnodesenvolvimento tende a envolver preponderantemente a dimensão econômica, cujos valores envolvidos são menos afetados por uma postura conservadora – o que não significa que a comunidade indígena deixe de ter suas próprias reivindicações e lute por elas. Seja no México, seja no Brasil – países nos quais pude realizar observações etnográficas –, observa-se um claro processo de "modernização", a começar pela presença das novas gerações, que, em algumas comunidades, alcança níveis elevados de alfabetização, fato que entendo ser um bom indicador do que é ser um índio moderno. Através dessa alfabetização surge uma elite indígena, seja, por exemplo, no México, com os Purépechua ou Tarascos situados no estado de Michoacán,[59] ou no Brasil, com as etnias Terêna e Tükúna, quando se observa nessas populações uma luta não apenas por ganhos materiais, mas também pela cidadania, que bem poderia ser traduzida por busca de respeitabilidade a si mesmos, de seus valores e de suas formas de ver o mundo. A consideração das três etnias serve, também, para ilustrar os reflexos nelas do movimento pan-indígena que se difundiu nas Américas a partir da década de 1970, cujo significado na moderna situação interétnica agora podemos aquilatar.

A moral do reconhecimento

É inegável que o fenômeno da "consciência infeliz" que observei décadas atrás entre os Tükúna, quando "o caboclo se via com os olhos do branco", não encontra mais as mesmas condições objetivas e subjetivas que operavam no passado. As razões disso já as mencionei linhas atrás: os tempos mudaram e o movimento indígena se encarregou de dar ao índio o auto-respeito que faltava. Claro que não se pode generalizar esse efeito virtuoso do movimento indígena em todas as etnias e, nem mesmo, em todas as pessoas membros desses povos originais. Todavia, as observações que têm sido feitas por etnólogos e indigenistas permitem afirmar que os setores mais modernos desses povos – que em termos de gerações seriam as classes etárias mais jovens – vêm assumindo aquilo que se poderia chamar uma ideologia de crescente auto-respeito. E que começa com a

59 Cf. Maria Eugenia Vargas, *Educación y ideologia: Constituición de una categoria de intermediarios en la comunicación interétnica. El caso de los maestros bilingues Tarascos (1964-1982)*, México, Ciesas, 1994. Vale mencionar que tive a oportunidade de participar, como consultor científico, de uma pesquisa proposta pelo *Instituto Nacional de Antropología y História* – Inah, em 1973, intitulada "Proyecto de resgate del patrimonio cultural tarasco", da qual Maria Eugenia Vargas foi a coordenadora. Minha experiência etnográfica no México vem desse período.

demanda de reconhecimento de sua identidade étnica e do direito à cidadania plena que a ela deve estar associado. Isso significa que a demanda por direitos políticos passa a ser sustentada por argumentos de ordem moral e não apenas políticos. Como se tentou demonstrar ao longo deste capítulo, a dimensão da eticidade tem todas as condições de prevalecer na sustentação da luta política pela cidadania. E a possibilidade de formulação de uma etnoética vem, por conseguinte, corroborar para a emergência de um discurso ético subjacente ao discurso político, este, por sinal, já presente em todas as manifestações das lideranças indígenas e das organizações não governamentais associadas às mesmas demandas. Isso tudo remete a alguns aspectos mais gerais sobre a questão da moral do reconhecimento, já aludidos nas páginas anteriores, mas que valem a pena retomar como conclusão dessas considerações.

Começaria reiterando a orientação lévistraussiana segundo a qual "um estudo particular poderia ter um alcance geral". A pretensão dessas considerações se sustenta nessa possibilidade, segundo a qual o conjunto de casos examinados nesta oportunidade, ainda que poucos, poderia dar consistência aos argumentos construídos sobre a relevância da identidade étnica, cuja espessura empírica assegura todas as condições de um efetivo escrutínio etnográfico. E com ele a viabilidade de construção de modelos capazes de nos levar à compreensão de uma variedade de situações interétnicas, onde a identidade – étnica – das pessoas e das comunidades respectivas pudesse ser objeto de observação sistemática. Foi dentro dessa percepção do fenômeno identitário e de sua compreensão que me empenhei em vê-lo – melhor diria, em revê-lo, considerando minhas inúmeras incursões anteriores sobre o tema da etnicidade –, agora relacionando o fenômeno com a questão ética ou, especificamente, com a moral do reconhecimento. O que significa dizer que inerente à moral do reconhecimento pelos outros – segundo a qual, na relação dialógica, esses outros seriam verdadeiros "doadores de sentido" –[60] estaria o auto-reco-

60 Charles Taylor, *Multiculturalism and "the politics of recognition"*, Nova Jersey, Princeton University Press, 1992.

nhecimento, sem o que o indígena não lograria realizar as condições de possibilidade de uma vida ética ou de eticidade (*Sittlichkeit*). Seria como romper com a "consciência infeliz" para lograr o respeito de si, condição para lutar pelo reconhecimento de sua identidade étnica e, com ela, situar essa luta no rumo da busca pela cidadania, sem ter de abdicar da própria identidade indígena. Os segmentos regionais da sociedade nacional, que envolvem os territórios indígenas, cumprem, no limite, o papel de doadores de sentido às identidades individuais e coletivas dos habitantes desses territórios, na medida em que os reconhecem como portadores de identidades respectivamente a tais ou quais comunidades indígenas. E, esclareça-se, que a idéia de comunidade não se esgota no território étnico, mas se estende a membros dessas mesmas comunidades que emigraram para as cidades. Nesse sentido, o índio urbano, na proporção em que invoca sua identidade étnica, é tão índio quanto o morador do território indígena. O que torna a luta pelo reconhecimento identitário uma luta política apoiada, todavia, naquilo que venho chamando de moral do reconhecimento. É quando a busca pelo respeito de si pelos outros começa pela descoberta do auto-respeito, encontrando nele a dignidade e a honra indígena tão vilipendiada no passado, e hoje, ao que tudo vem indicando, encontra-se em pleno processo de recuperação. E nada indica que esse processo político e moral não chegue a bom termo.

Bibliografia citada

AMORIM, Paulo Marcos. "Índios camponeses: Os potiguaras de Baía da Traição", *Revista do Museu Paulista*,Vol. XIX, 1970-1971.

BARTH, Fredrik. *Ethnic group and boundaries: The social organizations of culture difference*, Londres, George Allen & Unwin, 1970.

CARDOSO DE OLIVEIRA, Luís R. *Direito legal e insulto moral*, Rio de Janeiro, Relume Dumará, 2002.

CARDOSO DE OLIVEIRA, Roberto. *Os diários e suas margens: Viagem aos territórios Terêna e Tükúna*, Brasília/Rio de Janeiro, EdUnB/Fundação Biblioteca Nacional, 2002.

———. *O trabalho do antropólogo*, 2. ed., Brasília/São Paulo, Paralelo 15/Editora Unesp, 2000.

———. *Identidade, etnia e estrutura social*, São Paulo, Pioneira, 1976.

———. "Identidad étnica, identificación y manipulación", *América Indígena*, Vol. XXXI, n. 4, 1971.

———. *O índio e o mundo dos brancos*, São Paulo, Difusão Européia do Livro, 1964.

———. *O processo de assimilação do Terêna*, Rio de Janeiro, Coleção Museu Nacional, 1960.

CARDOSO DE OLIVEIRA, Roberto, CARDOSO DE OLIVEIRA, Luís R. *Ensaios antropológicos sobre moral e ética*, Rio de Janeiro, Tempo Brasileiro, 1996.

COHEN, Abner. "Introduction: The lesson of ethnicity", in COHEN, Abner (org.), *Urban Ethnicity*, ASA 12, Londres, Tavistock Publications, 1974.

EIDHEIM, Harald. "When ethnic identity is a social stigma", in BARTH, Frederik (org), *Ethnic groups and boundaries: The social organization of culture difference*, Londres, George Allen & Unwin, 1970.

———. "The lappish movement: An innovative political process", in SWARTZ, Marc J. (org), *Local-level politics: Social and cultural perspectives*, Londres, University of London Press, 1969.

FRAZER, Nancy. "Justice sociale, redistribution et reconnaissance", in *De la reconnaisence: Don, identité et estime de soi, Revue du MAUSS*, n. 23, 2004.

FRAZER, Nancy, HONNETH, Axel. *Redistribution or recognition? A political-philosophical exchance*, Londres/Nova York, Verso, 2003.

GOFFMAN, Erving. *Stigma: Notes on the management of spoiled identity*, Nova Jersey, Prentice-Hall, 1963.

HABERMAS, Jürgen. *A inclusão do outro: Estudos de teoria política*, São Paulo, Loyola, 2004.

HAMÚ, Denise. "The survival of native american values: Indians claims to museums", Ms.

HONNETH, Axel. "Visibilité et invisibilité: Sur l'épistémologie de la 'reconnaissance'", *De la reconnaisence: Don, identité et estime de soi*, Revue du MAUSS, n. 23, 2004.

———. "Reconhecimento" [verbete] in *Dicionário de ética e filosofia moral*, Vol. 2, São Leopoldo, Editora Unisinos, 2003.

———. *Luta pelo reconhecimento: A gramática moral dos conflitos sociais*, São Paulo, Editora 34, 2003.

———. *Anthropologie structurale*, Paris, Plon, 1958.

LÉVI-STRAUSS, Claude. *L'identité*, Paris, Grasset et Fasquelle, 1977.

LÉVI-STRAUSS, Claude, BENOIST, Jean-Marie. *L'identité*, Paris, Grasset et Fasquelle, 1977.

Lukács, Georg. *Histoire et conscience de classe: Essais de dialectique marxiste*, Paris, Minuit, 1960.

Melatti, Júlio Cezar. *Índios e criadores: A situação dos Krahó na área pastoril do Tocantins*, Rio de Janeiro, Instituto de Ciências Sociais, 1967.

Parizeau, Marie-Helène. "Ética" [verbete] in *Dicionário de ética e filosofia moral*, Vol. 1, São Leopoldo, Editora Unisinos, 2003.

Piaget, Jean. *Introduction a l'épistémologie génétique*, T. III, Paris, Presses Universitaires de France, 1950.

Ricoeur, Paul. *Parcours de la reconnaissance: Trois études*, Paris, Stock, 2004.

———. *Du texte à l'action: Essais d'herméneutique* – II, Paris, Le Seuil, 1986.

Stavenhagem, Rodolfo. "Etnodesenvolvimento: Uma dimensão ignorada do pensamento desenvolvimentista", *Anuário Antropológico*, Vol. 84, 1985.

Taylor, Charles. *Multiculturalisme: Différence et démocratie*, Paris, Aubier, 1994.

———. *Multiculturalism and "the politics of recognition"*, Nova Jersey, Princeton University Press, 1992.

Vargas, Maria Eugenia. *Educación y ideologia: Constituición de una categoria de intermediarios en la comunicación interétnica. El caso de los maestros bilingues Tarascos (1964-1982)*, México, Ciesas, 1994.

Villar, Diego. "Uma abordagem crítica do conceito de 'etnicidade' na obra de Fredrik Barth", *Mana*, Vol. 10, n. 1, Rio de Janeiro, UFRJ, 2004.

2

O Eu, suas identidades e o mundo moral

(A liberdade do sujeito ético)

O presente ensaio visa a estudar, comparativamente, as várias manifestações de um fenômeno sociocultural conhecido por *identidade social*. Enfatiza-se o adjetivo social para dissociá-lo de sua dimensão psicológica, tal como em psicologia o mesmo fenômeno pode ser estudado. A perspectiva da antropologia orienta o nosso olhar para outra dimensão, aquela que se volta para as relações sociais, em cujo contexto a questão identitária é examinada.

Em trabalhos anteriores, como os enfeixados em meu livro *Identidade, etnia e estrutura social*,[1] procurei deixar claro minha posição teórica no trato da temática anunciada no próprio título do livro. E fiz isso especificamente no seu Capítulo 2, "Um conceito antropológico de identidade". Naquela época – e já se vão décadas – meu interesse maior estava concentrado na identidade étnica, tomada como instância da vida social observável no encontro entre etnias diferentes, especialmente entre índios e brancos. Tal interesse se inseria na tradição dos estudos de relações interétnicas, no interior da qual eu me movimentava desde os anos 1950, quando comecei a empreender pesquisas direcionadas para a apreensão daquelas relações, tomadas tal como uma abertura para o estudo da face menos conhe-

1 Roberto Cardoso de Oliveira, *Identidade, etnia e estrutura social*, São Paulo, Pioneira Editora, 1976.

cida do Brasil – a face escura da Lua, como dizíamos então –, a saber, aquela fronteira interna ao país em que se movimentavam povos indígenas remanescentes do processo de colonização. Essa diretriz haveria de conduzir as minhas investigações para a elaboração de um modelo que denominei "fricção interétnica", em as relações entre índios e não índios seriam estudadas em termos de conflito nas relações sociais observáveis e de dissenso em suas representações, ao contrário dos estudos aculturativos da época, conduzidos para a observação dos sistemas em equilíbrio e de consenso. Minhas perspectivas se alimentavam de uma crítica ao paradigma funcionalista e positivista, em voga na academia nos meados do século passado, tal como uma manifestação local daquilo que um sociólogo como Anthony Giddens chamaria mais recentemente "consenso ortodoxo".[2] Nesse sentido, os estudos identitários desenvolvidos por mim nos anos 1970 se constituíam numa tentativa de aprimoramento daquele modelo, concentrado nas relações sociais, para ampliá-lo em direção à instância ideológica do sistema de relações sociais, especificamente interétnicas, ou de suas representações – no sentido durkheimiano/maussiano do termo.

Inúmeras foram as pesquisas realizadas por mim, por meus estudantes e por colegas. Seus resultados praticamente consolidaram essa linha de pesquisa que, sobre serem resultados positivos, ou, em outras palavras, constituírem um avanço na etnografia das relações interétnicas, alguns problemas de interesse teórico ficaram pendentes. Um deles, que nestes últimos anos venho investigando, é o das relações entre a identidade propriamente dita e o Eu (*Ego, Self*), tomado aqui como agência estratégica de articulação de identidades sociais frente ao mundo moral. Este mundo será considerado o pano de fundo em que o Eu exercita sua liberdade, inclusive a da escolha das identidades postas à sua disposição no interior de tal ou qual sistema cultural concreto. E ao mencionar aqui o sistema cultural desfaço um antigo equívoco daqueles que viam em minhas pes-

2 Anthony Giddens, *Central problems in social theory: Action, structure and contradiction in social analysis*, Berkeley/Los Angeles, University of California Press, 1986, pp. 235-238..

quisas uma oposição ao conceito de cultura, sem perceberem que o meu olhar crítico estava voltado para o culturalismo – certamente uma ideologia científica corrente naqueles tempos –, mas jamais contra a cultura, uma dimensão de cuja realidade o pesquisador não poderia ignorar. Mas, por ora, desfeito o equívoco, quero trazer a esfera moral, enquanto parte do sistema cultural, como uma instância de indiscutível espessura empírica e não apenas conceptual, como, de resto, é comum apresentar-se à reflexão filosófica. É, portanto, um alvo a ser focalizado simultaneamente à investigação do processo identitário observável em casos específicos, como se pretende fazer ao longo deste capítulo.

Para um correto encaminhamento do problema, devo começar por uma distinção conceptual. Entre o conceito do Eu e o de Identidade, uma distinção que em minha disciplina – a antropologia – nem sempre tem tido lugar! Como encaminhar essa discussão? Começo por caminhar na fronteira entre a filosofia e a antropologia, recorrendo a uma citação de Kant:

> Possuir o Eu em sua representação: é um poder que eleva o homem infinitamente acima de todos os outros seres vivos sobre a terra. Devido a isso, ele é uma pessoa.[3]

Pareceu-me que essa citação pode ser um bom mote para iniciar algumas considerações sobre esse Eu e suas múltiplas identidades que é levado a administrar na vida cotidiana de uma pessoa. Mas quando em um texto antropológico ou sociológico se fala de uma pessoa, naturalmente se está enfatizando o indivíduo socializado, membro de uma comunidade de indivíduos, igualmente pessoas ou *personae* – para ficarmos com o termo latino –, carregado de sentido sociocultural. Porém, o texto kantiano mencionado aponta para um outro aspecto que em pleno período da Ilustração tinha especial significado: a essência do ser humano, ou o que faz a humanidade do gênero humano. Prolonguemos a citação: "[...] e

---

3 Immanuel Kant, *Anthropologie du point de vue pragmatique*, tradução Michel Foucault, Paris, Vrin, 1984 [1798], p. 17.

graças à unidade da consciência em todas as mudanças que lhe pode acontecer, ele é uma única e mesma pessoa".[4] Kant aduz ainda o caráter racional desse Eu, o que o torna diferente "dos animais sem razão", destituídos da faculdade de pensar que é o entendimento. Claro que em sua antropologia filosófica, tomada em sentido pragmático (naquilo em que seu discurso se diferencia daquele que lemos em sua *Crítica da razão prática*), o filósofo está refletindo aquilo que seria a marca de uma concepção de Homem, portanto de uma antropologia afinada com a Razão Iluminista. Mas ao assim proceder, logo na abertura de seu texto (Livro I) sobre a "faculdade de conhecer" e sobre o "conhecimento de si", não há como deixar de reconhecer a oportunidade de sua reflexão para os propósitos das considerações que terão lugar aqui. E como adiantei acima, em que pese o desenvolvimento dos estudos identitários nas últimas décadas, uma questão ainda permanece me intrigando e até agora não tive a oportunidade de refletir sobre ela. Ei-la: na multiplicidade de identidades que uma pessoa pode assumir, como essa pessoa pode manter a integridade de seu Eu? E, ainda, quais as condições de possibilidade de sua ação racional – isto é, reflexiva – no mundo moral?

O tema central que procurarei investigar é, assim, o da integridade do Eu. Ele encontra uma interessante discussão num artigo publicado em 1999, escrito por um representante talvez de uma nova antropologia alemã, Martin Sökefeld, e intitulado sugestivamente "Debating self, identity, and culture in anthropology".[5] Vale a pena reter algumas formulações do autor para o encaminhamento de minhas próprias considerações. Em primeiro lugar, há de se destacar a separação que faz entre o Eu e a Identidade ou as Identidades que ele pode assumir. Diz ele:

> O olhar detido em pessoas envolvendo uma pluralidade de identidades indica que é indispensável distinguir entre identidade/identidades compartilhadas e o Eu.[6]

---

4 Immanuel Kant, op. cit., p. 17.

5 Martin Sökefeld, "Debating self, identity, and culture in anthropology", *Current Anthropology*, Vol.. 40, n. 4, 1999, pp. 417-447.

6 Idem, p. 424.

Esse reconhecimento do Eu frente ao processo identitário a que se vê submetido na vida social, como que mantendo sua integridade a despeito das múltiplas e eventuais identidades que é levado a abrigar, constitui uma significativa ajuda para a descrição mais fina e a análise mais sofisticada de situações concretas observáveis no exercício da etnografia. Assim diz ele: "O Eu (*Self*) é uma instância superordenadora (*superodinate*) de uma pluralidade de identidades, ainda que, delas, ele não esteja desligado".[7] De maneira que

> enquanto essas identidades podem ser experimentadas como uma pluralidade, o Eu é experimentado como uno porque ele é o arcabouço que garante a continuidade sobre o qual a multiplicidade de identidades está inscrita.[8]

Mas nem por isso o Eu é passivo, porquanto ele maneja as identidades. Nesse sentido, segundo Giddens, ele é um agente no qual se deve reconhecer a "importância essencial da monitorização reflexiva da conduta na continuidade cotidiana da vida social" sem que isso signifique "refutar o significado das fontes inconscientes de cognição e motivação".[9] Tais fontes inconscientes, ainda que não devam ser ignoradas, nem por isso devem ser consideradas como capazes de obstar, ou mesmo de anular, a reflexividade do Eu. Mesmo porque,

> o que define um ser humano é saber [...] tanto o que se está fazendo como por que se está fazendo algo [...]. No contexto da ordem pós-tradicional, o próprio ser torna-se um projeto reflexivo.[10]

Giddens enfatiza a sociedade moderna, mas – vale questionar – será que essa reflexividade do Eu está ausente nas sociedades tradicionais, entidades privilegiadas do olhar etnográfico?

---

7 Martin Sökefeld, op. cit., p. 424.

8 Anthony Giddens, *A constituição da sociedade*, São Paulo, Martins Fontes, 1989, p. 35.

9 Idem, p. 35.

10 Cf. Anthony Giddens, *Modernity and self-identity: Self and society in the late Modern Age*, Cambridge, Polity Press, 1991, pp. 32 e 35; edição brasileira de agora em diante citada, Anthony Giddens, *Modernidade e identidade*, Rio de Janeiro, Jorge Zahar Editor, 2002.

Antes de prosseguir a discussão deste ponto, central em minhas considerações, cabe dizer umas poucas palavras sobre as dificuldades que a antropologia social tem encontrado para tornar a instância do Eu (do *Ego* ou do *Self*) objeto de pesquisa empírica ou de reflexão teórica. E talvez seja essa a razão de se verificar uma verdadeira enxurrada de estudos sobre identidade – para a qual eu mesmo não deixei de contribuir – e um quase absoluto silêncio sobre o Eu! Este, certamente, tem sido deixado como tema adequado a psicólogos... E isso é confirmado pelos próprios antropólogos, como a inglesa Audrey Richards, que já constatava, no final dos anos 1960, o receio que os antropólogos sociais britânicos revelavam em tratar temas tais como o processo de socialização, por temerem incorrer no pecado do psicologismo!

> Esse medo pode, ou não, sustentar especificamente a postura antipsicológica assumida pelos antropólogos sociais neste país [Inglaterra] nos últimos vinte anos ou mais.[11]

E se isso encontraria sua justificação para um Durkheim, cuja influência na antropologia social foi indiscutível, na medida em que esse eminente sociólogo sempre procurou isolar o "fato social", isso não se justificaria mais na antropologia contemporânea. Sobretudo se considerarmos que mesmo na tradição durkheimiana da disciplina temos a contribuição pioneira de Marcel Mauss no reconhecimento da problemática do Eu, quando, em 1938, publica seu seminal ensaio "Une catégorie de l'esprit humain: La notion de personne, celle de *moi*", contribuição que não teve a repercussão que se poderia esperar, particularmente na antropologia britânica, talvez pela mesma razão invocada por Audrey Richards. Portanto, se a socialização – como instância privilegiada para a consideração da persona como alvo de interesse – já constituía um problema para os antropólogos sociais, que dizer então de tomar o Eu como foco de estudo! Essa mesma dificuldade foi observada recentemente por Anthony P. Cohen,

---

11 Audrey Richards, "Socialization and contemporary british anthropology", in Philip Mayer (org), *Socialization: The approach from social anthropology*, Londres, Tavistock Publications, 1970, pp. 7-8.

também um antropólogo britânico, quando escreve seu interessante livro *Self-consciousness: An alternative anthropology of identity*,[12] elaborado para construir uma alternativa para o estabelecimento de alvos que se insiram no espaço de uma antropologia da identidade. Com esse intuito, Cohen formula algumas questões bastante pertinentes para todos nós que temos procurado tomar a identidade como objeto de investigação. De minha parte, gostaria de me incorporar a essa tarefa de elucidação da conexão entre o Eu e suas Identidades, distinguindo os conceitos analiticamente, em um primeiro momento, para, em seguida, examiná-los em contextos etnográficos. E, num último momento, levar a reflexão para o mundo moral tomado como dimensão adequada ao exame da movimentação do Eu. Ao realizar isso, gostaria de também estar contribuindo para exorcizar aquele temor de contaminar a antropologia com o fantasma do psicologismo ao mesmo tempo em que estaria convidando o leitor para navegar comigo em águas interdisciplinares, nas fronteiras da antropologia com a filosofia.

Todavia, não é minha intenção – pelo menos neste capítulo – explorar as diferentes posições de alguns dos autores mencionados, particularmente aqueles que mais diretamente tratam da questão identitária e de sua relação com a problemática do Eu, já que estou procurando reter apenas algumas questões por eles formuladas, inspiradoras de minhas próprias considerações. Uma dessas questões, que me levam a um equacionamento preliminar sobre o nosso tema, é se o Eu, enquanto conceito, possui a mesma extensão lógica do conceito de cultura. O seu esquecimento na já longa história da antropologia fica por conta da própria tradição da disciplina, tal como mencionei acima ao me referir às palavras de Audrey Richards. Mas se não cabe aqui estabelecer todas as razões desse olvido, torna-se indispensável examinarmos, ainda que brevemente, o sentido da universalidade pretendida pelo Eu, da mesma forma que o conceito de cultura já teria alcançado tal universalidade no discurso da disciplina. Assim diz Sökefeld:

---

12 Anthony P. Cohen, *Self-consciousness: An alternative anthropology of identity*, Londres, Routledge, 1994.

> Eu proponho o Eu ('*Self*') como um universal humano como "cultura", quer uma cultura específica contenha ou não um conceito de Eu. Com isso eu não quero oferecer outra definição de natureza humana, mas estou convencido de que nossas descrições de culturas são incompletas sem considerar de como os Eus (*Selves*) tratam com elas ou nelas estão envolvidos.[13]

E basta uma olhada para meados do século passado, quando os antropólogos fizeram um verdadeiro inventário de sua disciplina, para tomarmos consciência da posição marginal que o conceito – para não dizer a mera noção – estava ausente do horizonte discursivo da antropologia. No famoso *Anthropology today:An encyclopedic inventory*,[14] coube a Clyde Kluckhohn avaliar o "estado da arte" das discussões sobre as categorias universais da cultura, especialmente no contexto dos estudos comparativos, desde que não se poderia deixar de reconhecer em todas as culturas passíveis de comparação a existência das mesmas categorias. Sem elas como exercitar o método comparativo? Kluckhohn, em seu "Universal categories of culture", faz um ingente esforço para descobrir as tais categorias e, praticamente, não encontrou a do Eu, cuja ocorrência fosse então susceptível de comparação.[15] O Eu se encontrava submergido nos estudos de cultura e personalidade ou, de certo modo, em linhas de trabalho não muito ortodoxas na disciplina, como a antropologia psicológica – a rigor um espaço de pouco prestígio na academia da época. Não fora uma única menção, num artigo de Hallowell, o tema do Eu passaria despercebido em seu inventário. Todavia, a posição mais rica da problemática do Self poderia ser verificada mais na linha de influência psicanalítica do que na dos estudos de personalidade. E é ilustrativo disso o artigo do mesmo Hallowell, "The self and its behavioral environment" (citado por Kluckhohn como estando inserido no livro

13 Martin Sökefeld, op. cit., p. 143.

14 Alfred L. Kroeber (org), *Anthropology today: An encyclopedic inventory*, Chicago, The University of Chicago Press, 1953.

15 Clyde Kluckhohn, "Universal category of culture", in Alfred L. Kroeber (org.), *Anthropology today: An encyclopedic inventory*, Chicago, The University of Chicago Press, 1953.

Psychoanalysis and the social science, organizado por Geza Hoheim, então no prelo).[16]

Porém, uma influência de Hallowell seria absorvida por Sökefeld ao admitir que o Eu não se dissolve em qualquer coisa que o envolva, supostamente a própria cultura. O que não quer dizer que o Eu seja uma entidade autônoma e independente – como assim é considerado no mundo ocidental –, mas que, não obstante, possui um sentido reflexivo que o habilita a se distinguir com absoluta consciência a si próprio de outra pessoa ou de qualquer outra coisa.

> O Eu cria a diferença básica para que toda a experiência em processo (*ongoing experience*) seja subordinada. Esse senso reflexivo pode também envolver um senso de consistência e continuidade simplesmente porque a diferença básica persiste. A diferença básica entre Eu mesmo e tudo o mais pode ser dotada de sentidos diferentes, transmitidos culturalmente ou engendrados por experiências da história da vida individual.[17]

Essa insistência em dar ao Eu, enquanto dimensão tangível pela pesquisa empírica, um espaço de reflexibilidade, seguramente amplia as possibilidades de uma investigação etnográfica que não se reduza a descrever as identidades que esse Eu pode assumir nas vicissitudes de seu comportamento – marca indelével de um *behaviorismo* inerente no horizonte intelectual daqueles autores. E isso em qualquer tradição cultural, ocidental ou indígena. A idéia de que o Eu ocidental tem por característica ser egocêntrico em oposição ao não Ocidental, visto como sociocêntrico, é um equívoco que Sökefeld denuncia dizendo que egocentrismo e sociocentrismo são aspectos integrais de qualquer Eu.[18] Pelo menos deste ponto de vista não haveria uma absoluta dissimilaridade entre culturas de tradição ocidental frente a culturas outras, não eurocêntricas, com seus respectivos Eus (*Selves*). A posição de Sökefeld, nesse sentido, é alentadora quando compara o modelo ocidental com o "tradicional". Diz ele:

---

16 Esse mesmo artigo pode ser consultado no livro do mesmo Alfred Irving Hallowell, *Culture and experience*, Filadélfia, University of Pennsylvania Press, 1955, pp. 75-110.

17 Martin Sökefeld, op. cit., p. 424.

18 Idem, p. 430.

> Nossos Eus e os Eus deles não são necessariamente tão diferentes como muitos textos antropológicos os retratam quando empregam a dicotomia do Eu e do Outro como um *a priori* etnográfico. [E acrescenta:] Após muitas décadas em que diferenças foram o paradigma para conceber os outros Eus, poderá ser útil tentar um paradigma de mais similaridade.[19]

Este é um ponto. Outro ponto estaria na idéia de uma ausência de reflexividade em culturas não ocidentais, como é comum se encontrar na literatura em ciências sociais, idéia essa da qual o próprio Giddens não conseguiu livrar-se – como questionei parágrafos atrás. E aqui me recordo de trabalhos muito interessantes, como o celebrado texto de Robin Horton, "African traditional thought and western science",[20] quando a questão da reflexividade está associada ao pensamento científico, mostrando que faltaria ao pensamento não ocidental – africano, propriamente dito – a percepção das alternativas de explicação que sempre move o pensamento dito científico. Ao mostrar a diferença entre pensamento não reflexivo e reflexivo – ainda que não exclua do primeiro sua natureza racional –, escreve Horton:

> Em suma, o pensador tradicional, porque é inábil para imaginar possíveis alternativas para suas teorias e classificações estabelecidas, jamais poderá formular normas generalizadas de raciocínio e de conhecimento. Somente onde houver alternativas pode haver escolhas, e somente onde há escolhas pode haver normas governando-as.[21]

Mas se essa reflexividade é pré-requisito para o pensamento científico, nada nos diz sobre sua ausência na vida diária dos povos, na qual a escolha está sempre presente no horizonte do homem comum, sendo impossível realizá-la sem a avaliação holística de situações concretas vividas pelo agente, ou pelo autor investido na ação. Mesmo que consideremos ser muita baixa a taxa de reflexão, mesmo assim não haveria lugar para ela? E haverá alguma sociedade em que a liberdade de escolha não tenha lugar? Não

---

19 Martin Sökefeld, op. cit., p. 431.

20 Robin Horton, "African traditional thought and western science", in Bryan R. Wilson (org.), *Rationality*, Grã-Bretanha, Basil Blackwell, 1984 [1967].

21 Idem, p. 160.

conheço. Mesmo porque há de se relativizar essa questão da reflexão apontada por Giddens como apanágio do pensamento moderno em oposição ao tradicional, posto que essa oposição só teria relevância no exercício do pensamento científico tanto quanto teria maior relevância oposições tais como sociedade ágrafa *versus* sociedade letrada, como aponta autores como Jack Goody.[22]

Outras dicotomias poderiam ser invocadas na extensa bibliografia existente sobre o chamado pensamento selvagem ou primitivo. Mas quanto ao tema da dicotomia reflexão/irreflexão não deixa de fazer sentido associá-la *quase* exclusivamente ao pensamento científico;[23] mas isso não é tudo, como indica o advérbio em destaque: pois se é possível de se observar nas sociedades tradicionais uma sorte de explicação e de predição – como aponta Goody –,[24] o fato é que elas não estão isentas da influência de necessidades emocionais, especialmente quando se trata de relações pessoais envolvidas numa determinada situação. Nesse caso, apenas não estariam sendo cumpridas as regras do jogo da linguagem científica. Por sua vez, a equivocada generalização dos pré-requisitos do pensamento científico para qualificar o pensamento em geral, sobretudo daquele que se exercita na esfera da arte, da história ou do mundo moral, pode-se dizer que já foi devidamente exorcizada por filósofos como Gadamer, entre outros, ao aplicar-se no desenvolvimento da hermenêutica moderna. Esse é um ponto que demandaria um desenvolvimento maior, porém, por ora, gostaria de me deter um pouco mais sobre a contribuição que a antropologia social pode dar a propósito da questão da liberdade, precisamente quando ela é exercida no universo das escolhas, ainda que no âmbito de uma baixa taxa de reflexão, como mencionei acima.

---

22 Cf. Jack Goody, *The domestication of the savage mind*, Londres, Cambridge University Press, 1978.

23 Sobre o pensamento reflexivo *versus* não reflexivo, Goody comenta que "no pensamento tradicional, em seu sentido limitado, não há reflexão sobre as regras do pensamento, sendo assim não há lógica (regras), nem epistemologia (fundamentos de conhecimento)". Jack Goody, op. cit., p. 41.

24 Jack Goody, op. cit., p. 42.

Ao aprofundar a questão do imperativo das regras de conduta, portanto na limitação do exercício da liberdade de ação individual, tomemos a instituição do parentesco como instância especialmente sensível ao acatamento de normas e lembremo-nos da reação de Lévi-Strauss[25] a uma interpretação que Rodney Needham,[26] a propósito da teoria proposta pelo mestre francês em sua seminal tese *Les structures élémentaires de la parenté*.[27] Sem querer reconstruir todas as implicações teóricas da leitura feita por Needham, lembro-me – pois isso são leituras antigas – de que um dos seus equívocos teria sido a interpretação que fez do *matrimônio prescritivo*, tomado por ele como um dos conceitos-chave da teoria de parentesco elaborada por Lévi-Strauss. Em suma, qual teria sido a questão? Quero mencionar pelo menos uma, já que tem estreita relação com a temática que estou me propondo desenvolver. Tal questão gira em torno do sentido de obrigatoriedade envolvido no conceito de prescrição de maneira a fazer do matrimônio prescritivo uma norma impossível de ser seguida na prática por indivíduos de carne e osso mesmo quando inseridos em sistemas elementares de parentesco. A essa modalidade de matrimônio prescritivo se oporia – ou se diferenciaria – o *matrimônio preferencial*, no qual o caráter obrigatório cessaria de existir, abrindo a possibilidade para o exercício da liberdade de escolha de cônjuges – e não exclusivamente em um conjunto de parceiros potenciais. Enquanto Needham acredita na prescrição como um fato de realidade, Lévi-Strauss procura mostrar que ela – podendo ser uma determinação no âmbito da ideologia nativa sobre a regulação do matrimônio – é, sobretudo, uma regra apenas na esfera do modelo teórico elaborado pelo antropólogo. O que significa dizer que, nas chamadas estruturas elementares de parentesco, o reino da *liberdade*,

---

25 Cf. Claude Lévi-Strauss, no "Prefácio" que escreveu para a segunda edição francesa de 1967, incluído na tradução brasileira de *As estruturas elementares do parentesco*, Petrópolis/São Paulo, Vozes/Edusp, 1976, pp. 24-38.

26 Rodney Needham, "The formal analysis of prescriptive patrilateral cross-cousin marriage", *Southwestern Journal of Anthropology*, Vol. 14, n. 2, 1958.

27 A primeira edição de *Les structures élémentaires de la parenté*, Paris, Presses Universitaires de France, 1949.

portanto o mundo moral, também não deixa de estar presente, caracterizando aquelas condutas que poderiam parecer sobredeterminadas pela rigidez da estrutura social.[28] No entanto, mesmo nelas há espaço para o exercício de, pelo menos, frações de liberdade. No próximo capítulo tentarei explorar alguns cenários observados em minhas etnografias, ou nas de terceiros, que esclareçam mais amplamente o lugar ocupado pelo Eu – devidamente inserido no coletivo *Nós* – no processo identitário e em suas relações com o mundo moral. Por ora, gostaria de retomar a problemática da construção do Eu no âmbito de uma literatura que nos municie em termos conceptuais para a correta apreensão de uma realidade que tem se mostrado demasiadamente fugidia à observação antropológica.

Nada melhor do que nos socorrermos de um autor como George Herbert Mead, quem, talvez, tenha sido senão o primeiro ao menos aquele que, de meu ponto de vista, melhor instituiu a problemática do *Self* como central para a reflexão sociológica. Um autor cujas contribuições foram tão pouco aproveitadas em sua época, isto é, nas primeiras décadas do século passado, que só podem ser explicadas pelo fato de estarem fora da *main-stream* de seu tempo, ao menos para o campo das ciências sociais. Entretanto, o exame pioneiro a que submeteu as relações entre *Mind, self, and society* – título de sua coleção de textos publicados postumamente –, pode ensejar a retomada de considerações bastante úteis para os nossos propósitos. Mead ofereceu uma distinção bastante operacional em sua época entre os conceitos do "Eu" e do "Mim", atribuindo ao segundo termo a entrada do Eu no sistema social, ou sua própria socialização. Assim diz ele:

> Nós temos discutido longamente os fundamentos sociais do eu [*self*] e sugerido que o eu não consiste simplesmente numa organização despida

28 Escreve Lévi-Strauss: "não é aliás o que Needham faz quando intitula um artigo "The formal analysis of prescriptive patrilateral cross-cousin marriage", mas confundindo ainda uma vez, segundo me parece, o plano do modelo e o da realidade empírica". Claude Lévi-Strauss, "Prefácio" a *As estruturas elementares do parentesco*, op. cit., p. 29.

> de atitudes sociais. Podemos agora explicitamente levantar a questão de como o "eu", por sua própria natureza, está ciente do "mim" social [*We may now explicitly raise the question as to the nature of the "I" which is aware of the social "me"*].[29]

Esta diferenciação de caráter pronominal, portanto lingüístico – melhor diria, *discursiva*, para recolocarmos a questão em termos modernos –, possui implicações claramente sociológicas![30] E Mead explora isso numa profundidade que não se torna necessário aqui reproduzir. Importa mostrar, todavia, a atenção que o autor confere à dimensão social do pronome oblíquo "mim" enquanto ele implica uma relação com outrem, ao mesmo tempo que adverte não se tratar de uma questão metafísica de como uma pessoa pode ser simultaneamente "eu" e "mim". Porém, o importante para ele é perguntar pelo significado desta distinção do ponto de vista da conduta mesma: ainda que se mantenham separados, jamais estão um contra o outro, já que ambos são "eus" [*selves*]. Mas um autor atual, como Giddens, não se mostra satisfeito com esse encaminhamento da questão, particularmente quando seu foco está orientado para a dimensão existencial da auto-identidade. "Uma característica discursiva básica da auto-identidade é a diferenciação lingüística entre 'eu/mim/você' (ou seus equivalentes)". E Giddens continua para mostrar que faltaria algo na concepção de Mead:

> Não podemos nos satisfazer, porém, com a formulação de George H. Mead da dupla "eu/mim" em relação à auto-identidade. Na teoria de Mead, o "mim" é a identidade – uma identidade social – de que o "eu"

---

29 Cf. George Herbert Mead, *On social psychology*, in *Selected Papers* edited with an Introduction by Anselm Strauss, Chicago, The University of Chicago Press, 1969, p. 229.

30 É verdade que, como observa Charles Taylor, Mead em sua análise da gênese social do *self* fica limitado à sua concepção behaviorista de *self*, sem "levar em conta o papel constitutivo da linguagem na definição do *self* e de suas relações" (Charles Taylor, *As fontes do* self: *A construção da identidade moderna*, São Paulo, Loyola, 1997, p. 55, nota 12). É bom recordar, contudo, que em sua época a filosofia ainda não havia completado o seu "*linguistic turn*", como seria plenamente efetivado com a obra do segundo Wittgenstein.

> se torna consciente [...]. O "eu" é, como se fosse, o desejo ativo, primitivo, do indivíduo, que assume o "mim" como reflexo dos laços sociais.[31]

Argumenta que a relação "eu/mim" ou "eu/mim/você", sendo interna à linguagem, não implica a dimensão social do "eu". Esse "eu", não obstante, é apenas um "comutador lingüístico", uma feliz expressão para designar essa característica de distanciamento do "eu social". Mas em sua relação com a identidade – especificamente a auto-identidade –, Giddens vai mostrar que, sendo esse "eu" constituinte da subjetividade, ele se torna a própria condição de possibilidade do surgimento da autoconsciência. E, como tal, da auto-identidade!

Esta é uma questão estratégica para o equacionamento do "Eu social". A despeito das várias identidades (sociais) que esse "eu" (por certo social) pode abrigar, ele pode ser "compreendido reflexivamente pela *pessoa* em termos de sua biografia".[32] Isso significa um "eu" socializado, de cuja inteligibilidade se pode dar conta por meio da noção de *pessoidade* (ou *personhood*, em inglês). E em sua condição de pessoa esse "Eu social", esse ator reflexivo não apenas assegura sua auto-identidade pela consciência que tem de sua história pessoal, mas ainda reconhece-se enquanto tal diante do(s) Outro(s). E reconhecer-se, segundo Giddens, é um ato cognitivo. Pois, na proporção em que também reconhece os outros, o Eu se constitui como pessoa, não importando a cultura em que está inserido.[33] E é nessa *pessoidade* que o Eu se configura em termos sociais de tal forma que, em determinados cenários como o da situação interétnica, o Outro com quem se defronta – o "Outro étnico" – cumpre um papel fundamental na conformação de sua consciência (étnica). Quando esse Eu assume a identidade étnica, ele o faz de modo contrastante de conformidade, aliás, com o que temos apreendido nessas últimas décadas sobre a

---

31 Anthony Giddens, *Modernidade e identidade*, op. cit., p. 54.

32 Idem, p. 54, o grifo é meu (RCO).

33 "A capacidade de usar 'eu' em contextos diferentes, característica de toda cultura conhecida, é o traço mais fundamental das concepções reflexivas de pessoidade." Idem, p. 54.

natureza da identidade étnica por meio da extensa literatura antropológica sobre etnicidade, particularmente pelas investigações de Fredrik Barth e seus associados.[34]

O mesmo Giddens constata isso quando escreve – se bem que não em relação à identidade étnica e nos termos em que meus próprios estudos têm se orientado – que

> a melhor maneira de analisar a auto-identidade na generalidade dos casos é por *contraste* com os indivíduos cujo sentido do eu está fraturado ou desativado.[35]

Esta é uma questão interessante! Ela nos conduz não a percorrer necessariamente o caminho ditado por Giddens e em direção ao psicologismo de R. D. Laing, quando, em seu *The divided self*,[36] trata do indivíduo em sua insegurança ontológica exatamente por lhe faltar aquele sentimento de continuidade biográfica de que nos fala Giddens. Porém, minhas investigações indicam, por um caminho transverso, mais em direção a uma fenomenologia da consciência, que se trataria antes de uma escolha estratégica que o Eu faria ao se decidir pela adoção de uma identidade, cujo "custo/benefício" foi sopesado pela experiência histórica vivida pelo grupo nas mais adversas condições de fricção interétnica. Mostrei isso em meu livro *O índio e o mundo dos brancos*,[37] ao descrever fenomenologicamente o Tükúna como portador da já mencionada "consciência infeliz": pois não podendo ser nem índio, nem branco, o "caboclo" ocupa um

---

34 Cf. sua conhecida "Introdução" ao *Ethnic group and boundaries: The social organizations of culture difference*, Fredrik Barth (org.), Oslo, Jolhansen & Nielsen Boktrykkeri, 1969.

35 Anthony Giddens, *Modernidade e identidade*, op. cit., p. 54-55. O grifo é meu (RCO).

36 R. D. Laing, *The divided self: A study of sanity and madness*, Londres, Tavistock Publications Ltd., 1960.

37 À primeira edição (Roberto Cardoso de Oliveira, *O índio e o mundo dos brancos: A situação dos Tükúna do alto Solimões*, São Paulo, Difusão Européia do Livro, 1964), seguiram-se três outras, sendo que, na última (Editora da Unicamp, 1996), foi acrescentado um Posfácio. Com relação ao tema agora em foco, vale destacar o Capítulo 5, intitulado "O caboclo".

lugar intermediário e se assume como uma projeção em si mesmo da visão estereotipada construída pelo "branco" regional. Entre seu povo é índio, como pude observar nos seus rituais de liminaridade (no de nominação e no da "moça nova"); mas, em suas relações de trabalho e comerciais às margens do rio Solimões, ele é o caboclo, isto é, apenas aquilo que o regional espera que ele seja. O não conseguir manter-se como índio tükúna decide-se pela identidade possível ou possibilitada pela situação de fricção interétnica fortemente marcada no grande rio Solimões, longe de suas condições de existência vivida nos altos igarapés, em suas malocas tradicionais. Esclareça-se, todavia, que estas são observações etnográficas realizadas por mim em 1959 e 1962, portanto reveladoras de um quadro que seria alterado nos anos seguintes. Os dados de então indicam, porém, que ao manter seu Eu devidamente integrado o Tükúna se permitia manipular sua identidade, apelando para aquela que melhor lhe beneficiasse na situação de contato, acuado que se sentia pelo preconceito étnico e pela discriminação. Sua personalidade podia estar fracionada; sua identidade, presa na ambigüidade gerada pela situação interétnica, seria habilmente manipulada, mas de seu Eu não se pode dizer que tenha deixado de ser integral! Pois graças à manutenção de sua unicidade e ao exercício de sua reflexividade, ainda que nem sempre reconhecida por pesquisadores em sociedade ditas tradicionais por eles estudadas, pôde sempre manipular sua identidade.[38] Estratégias – que são escolhas – ocorrem exclusivamente sob o império da liberdade, como estou procurando mostrar. Porém, isso não significa que elas não sejam feitas dentro de certos limites determinados pela situação social vivida pelo agente, por sua própria história e por outros fatores que a pesquisa empírica deve aquilatar. Mas antes de examinar aqui a questão da liberdade de uma forma mais

---

38 Reproduzo aqui um trecho do que escrevi em 1964 sobre o caboclo: "O caboclo é, assim, o Tükúna vendo-se a si mesmo com os olhos do branco, isto é, como intruso, indolente, traiçoeiro, enfim como alguém cujo único destino é trabalhar para o branco. Parafraseando Hegel, poder-se-ia dizer que o caboclo é a própria 'consciência infeliz'. Fracionada sua personalidade em duas, ela bem retrata a ambigüidade de sua situação total [...]". Idem, p. 117.

detida – que nos encaminha para a esfera da moral – gostaria de considerar um outro cenário etnográfico, seguindo, a meu modo, a estratégia de Sökefeld quando discute as questões centrais de seu trabalho com referência a uma interessante figura paquistanesa, Ali Hassan. Claro que não reproduzirei o discurso de Sökefeld sobre Hassan, mas me deterei na figura de um velho Kinikináu, morador da aldeia terêna Cachoeirinha, chamado Joaquim Leme.

Reporto-me aos anos 1950, quando de minha pesquisa de campo entre os Terêna, um povo Aruák morador da região sul do então estado de Mato Grosso, hoje Mato Grosso do Sul. Esses índios constituem um dos povos Guaná que habitavam o Chaco paraguaio. Além dos Terêna, a etnografia histórica registra os Layâna, os Echoaladi e os Kinikináu, todos eles representando os povos do tronco lingüístico Aruák mais meridionais. Ao longo do deslocamento desses povos para o território brasileiro, o contato intertribal e interétnico – este último intensificado durante a Guerra do Paraguai – levou os Terêna a absorver os remanescentes dessas outras etnias tribais. É de se supor que esse processo de absorção teria se incrementado com a desorganização das comunidades indígenas graças à perda de seus territórios ocupados por brasileiros desmobilizados do exército imperial e que se fixaram na região após o conflito com o Paraguai. Esses soldados, que, em sua maioria, eram baianos, preferiram permanecer no pantanal e no cerrado mato-grossense para formarem suas fazendas. E nelas a utilização da mão-de-obra indígena foi a regra. Os índios passaram a formar colônias nessas fazendas, cujo padrão de apropriação dessa mão-de-obra era o trabalho escravo. Os Terêna com os quais falei em 1955 recordavam isso como o tempo do cativeiro. Apenas em 1904, quando Rondon passou pela região em sua missão de construir as linhas telegráficas, é que se iniciaram a recuperação dos territórios indígenas e a formação das atuais aldeias terenas.

Em meados do século XX, quando lá estive, elas eram 14. Numa dessas aldeias, chamada Cachoeirinha – ou *Bookoti*, barulho d'água em língua Txané (como assim é referida por eles próprios quando conversam em seu idioma) –, existe uma família kinikináu, cujo membro mais velho é o mencionado Joaquim Leme, que, ao tempo da pesquisa, tinha 90 anos.

Nascido em uma fazenda chamada Paraíso, localizada junto ao rio Agaxi, para onde seus pais se deslocaram após serem expulsos da aldeia em que moravam em decorrência da ocupação de seus territórios pelos desmobilizados, Joaquim deslocou-se muito jovem para Cachoeirinha, onde viria a se casar. Tornou-se o patriarca de uma família extensa cujos membros se uniram indistintamente com os Terêna da aldeia e constituíram suas próprias famílias elementares. Um filho e dois sobrinhos, filhos de um irmão já falecido, talvez sejam os únicos remanescentes kinikináu a reconhecerem mal e mal a sua ancestralidade tribal. O certo é que o velho Joaquim ainda persiste em se identificar como Kinikináu. E, ainda, agrega a essa identidade tribal o fato de ser Naati, que, na estratificada cultura tradicional, comum aos povos Guaná, significa pertencer à "classe" ou à camada dos chefes em oposição aos Waherê-txané (ou gente comum) e aos Kauti (presas de conflitos intertribais, portanto provenientes de outras tribos e integrados na sociedade terêna na condição de cativos).[39] Enquanto essa estratificação em camadas persiste fracamente no senso comum tribal, a divisão em metades (Xumonó e Sukirikionó), originalmente endogâmicas, é por eles instrumentalizada atualmente apenas em seus diferentes rituais.

Em minhas conversas com Joaquim Leme, ainda que não fossem muito rentáveis, já que ele não era muito loquaz, serviram, contudo, para algumas importantes revelações no que concerne à problemática aqui discutida. Joaquim mostrou que dominava bem o jogo identitário levado a efeito no interior da comunidade terêna, a rigor sua sociedade hospedeira. Ele tinha consciência de que estava em território que não era seu por direito originário. E assumia o que se pode chamar uma identidade histórica e, com ela, um direito emanado pela sua (ou de seus ancestrais) presumida participação na Guerra do Paraguai ao lado das forças brasileiras imperiais. Possivelmente seus pais ou avós teriam participado desse con-

39 Uma exposição detalhada da organização social tradicional encontra-se nos meus livros *O processo de assimilação dos Terêna* (2. ed., Rio de Janeiro, Museu Nacional, 1976 [1960]) e *Urbanização e tribalismo: A integração dos índios Terêna numa sociedade de classes* (Rio de Janeiro, Zahar Editores, 1968).

flito – e isso ficou como um sentimento de também ter direito sobre as terras reconquistadas depois da passagem de Rondon pelo sul mato-grossense. Mas Joaquim manejava sua identidade kinininàu de conformidade com as diferentes situações concretas em que se via inserido. Assistindo ao meu lado a fala do capitão Timóteo no dia de Finados, no cemitério da aldeia, quando este discursava sobre a participação dos Terêna no conflito com os paraguaios – e, por isso, reivindicava explicitamente em sua fala o direito às terras da Reserva Indígena de Cachoeirinha –, Joaquim me esclarecia em murmúrio, ao pé do ouvido, que também os Kinikináu possuíam igual direito, já que fizeram por merecer também participando da mesma luta. Mas naquela cerimônia, bastante ritualizada, em que o mito de origem terêna era relatado pelo capitão, para, na conclusão do discurso, a história da luta com os paraguaios ser evocada, não havia lugar para se expressar outra identidade, senão a dos Terêna, Joaquim participou o tempo todo como um verdadeiro índio terêna! Na língua Txané acompanhava todas as falas que diziam "nós, os Terêna".

Todavia, a afirmação dessa identidade kinikináu seria claramente manifestada durante o censo que realizei, quando, então, ele fez questão de marcar sua etnia tribal juntamente com a sua posição de Naati, membro da camada dos chefes. Isso lhe dava, de modo bastante evidente, uma satisfação especial, como a dizer "não sou um homem comum (um Waherêtxané). Tal *status* lhe dava o direito de participar do Conselho dos Anciãos. Mas, nas reuniões do Conselho, mostrava-se como um Terêna típico... Pelo menos, ao entrevistar outros anciãos, nada foi mencionado sobre a identidade kinikináu de Joaquim Leme. Nessa não exposição de sua identidade tribal de origem, o mesmo podia ser observado em sua conduta de torcedor do time da aldeia em seus jogos com visitantes ou mesmo em sua eventual participação nos rituais do Oheokoti (o cerimonial Terêna que coincide com os dias de Finados, no qual as metades Xumonó/Sukirikionó desempenham papéis centrais). Nessas ocasiões era um perfeito Terêna. Nesse sentido, pude observar que ele era apenas Kinikináu para mim e, ao que pude entender em conversas com seus familiares, essa identidade era por vezes invocada no âmbito doméstico. Dizer-se Kinikináu para mim era uma maneira de mostrar sua singularidade, um certo orgulho que o levou certa vez a afirmar sua diferença para melhor, comparada com os "donos do lugar". Manipular essas identidades e mantendo-se íntegro em seu Eu, mostrava sua capacidade de escolha – melhor diria, sua liberdade de escolha – de identidades de conformidade com os diferentes interlocutores com quem interagia ou nos diversificados cenários em que se situava.

Erik Erikson chama a esse tipo de identidade de "*surrendered identity*", ou identidade renunciada.[40] No Capítulo 1, "Identidade étnica, identificação e manipulação", de meu livro *Identidade, etnia e estrutura social*,[41] escrevi sobre o mesmo Joaquim Leme:

> Esse caso sugere que bem se trata do que Erikson denomina [...] *surrendered identity*, a saber, uma identidade latente que é apenas "renunciada" como método e em atenção a uma *praxis* ditada pelas circunstâncias, mas que a qualquer momento pode ser atualizada, invocada. Mas essa invocação nos indica que no grupo fechado de sua parentela, os Kinikinau buscam se apoiar em uma ideologia étnica que os municie de valores capazes de fortalecê-los no confronto cotidiano com os Terêna que insistem em considerá-los, há pelo menos 50 anos, como hóspedes![42]

Enfatizei então a existência de mecanismos psicossociais de manipulação da identidade étnica capazes de enfrentar situações de ambigüidade, a saber,

> quando se abrem diante do indivíduo ou do grupo alternativas para a escolha (de identidades étnicas) à base de critérios de "ganhos e perdas" (critérios de valor e não [simplesmente] como mecanismos [automáticos] de aculturação) na situação de contato.[43]

---

40 "Gosto desse termo [identidade renunciada] porque ele não presume ausência total, mas algo a ser recuperado. Isto deve ser enfatizado porque o que é latente pode se tornar uma realidade viva e, assim, uma ponte do passado para o futuro". Erik Erikson, *Identity, youth and crisis*, Nova York, W. W. Norton & Co. Inc., 1968, p. 297.

41 Roberto Cardoso de Oliveira, *Identidade, etnia e estrutura social*, op. cit., pp. 11-31.

42 Idem, p. 12.

43 Ibidem, p. 24.

Acentuo, agora, entre colchetes, palavras que melhor indicam que essa manipulação não se faz apenas pelo costume gerado no processo de fricção interétnica, mas como ações providas de razoável taxa de racionalidade. Uma manipulação que ocorre em circunstâncias possuidoras de um certo grau de indeterminação, que, por sua vez, envolvem condições em que impera liberdade de ação.[44] O Eu é o agente de uma ação só viabilizada pelo exercício de uma indispensável liberdade individual. Eis-nos, assim, na esfera da moral.

Mais recentemente me vi na necessidade de distinguir ato moral de ato habitual ou determinado pelo costume. Em meu artigo "Antropologia e moralidade: Etnicidade e as possibilidades de uma ética planetária",[45] procurei mostrar que o uso da noção de cultura nem sempre ajuda ao antropólogo no exame de questões como a da moral. Há de se deixar claro que cultura remete a *costume tradição*, e não a *norma*, sendo que esta remete às esferas da moralidade e da eticidade. Escrevi então: "que aquilo que já está na tradição ou no costume, não pode ser tomado como normativo". E segundo as palavras do filósofo Ernst Tugendhat, então referido, é "inaceitável que se admita algo como correto e bom porque está já dado de antemão no costume, sem poder prová-lo como correto ou bom...".[46] Sejam quais forem os critérios de moralidade e de eticidade,

---

44 E isso não tem lugar apenas nas estratégias de escolha de identidades étnicas e sociais, mas também em escolhas virtualmente reguladas, como as que recaem sobre cônjuges. Mesmo aqui é sabido – como mencionei ao discutir a controvérsia Lévi-Strauss/Needham – que tais escolhas nunca são *prescritas* de modo absoluto, porém são apenas *preferenciais*, o que significa dizer que inclusive nessa dimensão do parentesco e afinidade, que é uma das mais reguladas por normas, nem por isso essas escolhas não deixam de estar submetidas – no limite – ao livre arbítrio individual (dos cônjuges) ou de seu grupo familiar. Como procurarei mostrar adiante, o usufruto dessa liberdade é que confere a essas escolhas a natureza de ato moral.

45 Roberto Cardoso de Oliveira, "Antropologia e moralidade: Etnicidade e as possibilidades de uma ética planetária", Capítulo 3 de Roberto Cardoso de Oliveira e Luís R. Cardoso de Oliveira, *Ensaios antropológicos sobre moral e ética*, Rio de Janeiro, Tempo Brasileiro, 1996, pp. 51-72.

46 Ernst Tugendhat, *Problemas de la Ética*, Barcelona, Editorial Crítica, 1988, p. 48.

portanto de valores culturalmente adscritos, o nó górdio a ser desfeito estaria no exercício da autonomia – portanto da liberdade – com que os agentes sociais agiriam. Numa moral "administrada" por uma ética discursiva, por exemplo, a liberdade em questão estaria em seu exercício de busca de consenso no interior de uma comunidade de comunicação e de argumentação de perfil apeliano,[47] uma liberdade de manifestação inerente à natureza dessa mesma comunidade.

Mas como a antropologia começa a mostrar-se sensível a essa problemática? Com essa preocupação descubro um interessante texto de um antropólogo da Universidade de Cambridge, James Laidlaw, sugestivamente intitulado "For an anthropology of ethics and freedom".[48] Como é comum ao trabalho antropológico, o autor se debruça sobre uma realidade concreta, empiricamente descrita: o sistema do Jainismo, uma religião indiana. Porém, não pretendo fazer uma resenha desse trabalho, por ser desnecessário para a finalidade das considerações a seguir. Apenas algumas idéias cabem reter para um melhor encaminhamento da questão em foco. É quando Laidlaw observa que a despeito de vários importantes antropólogos terem manifestado seu interesse sobre o tema da ética e da moral não chegaram a desenvolver uma reflexão teórica sobre essa temática; e que, nesse sentido, ele estaria reivindicando a necessidade de ser desenvolvido um modo de se descrevem "as possibilidades da liberdade humana", ou, especificamente, "como a liberdade é exercida em diferentes contextos sociais e tradições culturais".[49] E agrega ser estranho que filósofos como MacIntyre ou Charles Taylor, que se pronunciaram, de diferentes maneiras, sobre o fato de a "moralidade apenas pode[r] ser entendida através de um estudo de organizações [*arrangements*] sociais con-

47 Cf. Karl-Otto Apel, "The *a priori* of the communication community and the foundations of ethics: The problem of a rational foundation of ethics in the scientific age", in *Towards a transformation of philosophy*, Londres, Routledge & Kegan Paul, 1980, pp. 225-300.

48 James Laidlaw, "For an anthropology of ethics and freedon", *The Journal of the Royal Anthropological Institute*, Vol. 8, n. 2, jun 2002.

49 Idem, p. 311.

cretas, eles próprios não se engajaram no frutífero diálogo com antropólogos".[50] É, portanto, nessa direção que me proponho especular.

Retomo aqui a relação entre moral e ética com o exercício da liberdade nas ações de incorporações de identidades, como ilustrei com o comportamento do Terêna Joaquim Leme. Só lamento não ter orientado minha etnografia de então para as decisões que teriam sido discutidas no interior da parentela desse velho Kinikináu relativamente aos matrimônios havidos entre seus membros, particularmente seu filho, Mário Aparício, então com 25 anos e nascido na aldeia, como também com seus dois sobrinhos João e Rufino, ambos respectivamente com 55 e 50 anos, nascidos em fazendas, porém casados em Cachoeirinha. Poderia ter tentado reconstruir a história das decisões tomadas na época, desde que o grupo doméstico em que se organizava a parentela constituía uma verdadeira comunidade de comunicação e, não sei em que escala, também de argumentação... Apenas soube por um dos membros dessa parentela que decisões como a de "arranjar mulher" é sempre discutida – e não posso deixar de supor: *argumentada* – pelos mais velhos, que, por sua vez, assumem o papel de pedir "a mão da moça". Com outras famílias de Cachoeirinha cheguei a obter boas referências sobre essas tomadas de decisão e dos argumentos invocados, muitas vezes no calor das discussões;[51] por esse motivo lamento não ter tido a iniciativa de tomar a família Leme como foco de investigação mais intensiva, já que com ela eu estaria tendo a oportunidade de observar e registrar, através da "análise de drama", o modo de esses índios tratarem a questão das escolhas de cônjuges em conexão com a identidade tribal. Já o velho Leme era casado com uma Layâna, mas seu filho e seus sobrinhos casaram-se com moças Terêna de Cachoeirinha. Mas, afinal, é bom lembrar, eu apenas estava começando meu itinerário na antropologia... E sequer pensava na questão de morali-

---

50 James Laidlaw, op. cit., p. 327, nota 1.

51 Em meu livro *Os diários e suas margens: Viagem aos territórios Terêna e Tükúna* (Brasília/Rio de Janeiro, EdUnB/Fundação Biblioteca Nacional, 2002) reportei-me a dois casos de pedido de casamento testemunhados por mim em 1955, porém entre famílias terêna. A família kinikináu não fugiu ao padrão.

dade em termos de uma ética discursiva que ainda estava por nascer... Porém fica aqui pelo menos uma sugestão para a efetivação de um modelo susceptível de estudar etnograficamente questões morais e éticas em situações concretas.[52]

Devo concluir essas considerações – que não deixam de possuir um caráter bastante exploratório – dizendo que as condições de possibilidade da própria manipulação de identidades por uma pessoa, um *Self*, estão na integridade desse Eu e, isto, na proporção em que ele exercita sua liberdade de decisão – uma decisão refletida que o coloca no espaço da ética. "Ética – como escreve Foucault – é a prática consciente (*réfléchie*) de liberdade".[53] É uma modalidade de liberdade informada pela reflexão. Segundo Laidlaw, para Foucault a "reflexão" nessa formulação é equivalente a "pensamento". E o que para ele significa o pensamento? – interroga-se Laidlaw. E nessa resposta que esse autor encontra em Foucault temos aquela clara diferenciação entre moral e hábito que mencionei mais acima.

Ele – Foucault – descreve isso "não apenas como representações que existem na conduta", nem a matéria com que a antropologia freqüentemente trata, nem as tácitas representações culturais, ou hábitos, ou "discurso".[54] Laidlaw ainda vai reconhecer por conseguinte – apoiando-se em Foucault – que "a liberdade do sujeito ético consiste na possibilidade de escolha do tipo de *self* que ele deseja ser". Essa liberdade de escolha – como procurei mostrar no caso do velho Kinikináu – começa com a manipulação de suas identidades, sem que essa duplicidade identitária o leve a cindir-se em dois, já que seu Eu, o *Self*, continua em pleno comando de

52 Há evidente possibilidade de o conceito apeliano de "comunidade de comunicação e de argumentação" servir de inspiração para submeter os grupos familiais e/ou domésticos – em cujo âmbito são tomadas decisões concernentes à escolha de cônjuges – à descrição etnográfica. Tais grupos cumprem praticamente os pré-requisitos necessários à construção de consensos e, na medida em que os consideremos *qua* comunidades de comunicação e de argumentação, a investigação sobre a eticidade das decisões e sua repercussão no mundo moral só terá a ganhar.

53 Michel Foucault, apud James Laidlaw, op. cit., p. 324.

54 Idem, p. 324, passim.

si. Investigar sistematicamente o que se encontra encoberto por um discurso, em regra tomado como a última estância empírica da investigação etnográfica, é um procedimento de cuja ausência tem se ressentido a antropologia. Assim sendo, o *Self*, as identidades que pode assumir, tanto quanto a liberdade – sendo esta a condição *sine qua non* de sua ação no mundo moral – constituem uma temática que está por merecer o interesse dos pesquisadores em ciências sociais. E os antropólogos, de um modo todo particular, já demonstraram que reúnem o instrumental teórico e a prática etnográfica necessária para levarem com êxito esse desafio. Mas para levar avante essa tarefa – para cuja realização ainda não estou me propondo, pelo menos neste volume – cabe explorar mais o processo identitário num conjunto bastante diversificado de cenários, como procurarei fazer no próximo capítulo.

Bibliografia citada

Apel, Karl-Otto. "The *a priori* of the communication community and the foundations of ethics: The problem of a rational foundation of ethics in the scientific age", in *Towards a transformation of philosophy*, Londres, Routledge & Kegan Paul, 1980.

Barth, Fredrik. *Ethnic groups and boundaries: The social organization of culture difference*, Oslo, Scandinavian University Books, 1969.

Cardoso de Oliveira, Roberto. *Os diários e suas margens: Viagem aos territórios Terêna e Tükúna*, Brasília/Rio de Janeiro, EdUnB/Fundação Biblioteca Nacional, 2002.

———. "Antropologia e moralidade: Etnicidade e as possibilidades de uma ética planetária", in Cardoso de Oliveira, Roberto, Cardoso de Oliveira, Luís R., *Ensaios antropológicos sobre moral e ética*, Rio de Janeiro, Tempo Brasileiro, 1996.

———. *O índio e o mundo dos brancos: A situação dos Tükúna do alto Solimões*, 4. ed., São Paulo, Difusão Européia do Livro, 1996 [1964].

———. *Identidade, etnia e estrutura social*, São Paulo, Pioneira Editora, 1976.

———. *O processo de assimilação dos Terêna*, 2. ed., Rio de Janeiro, Museu Nacional, 1976 [1960].

———. *Urbanização e tribalismo: A integração dos índios Terêna numa sociedade de classes*, Rio de Janeiro, Zahar Editores, 1968.

Cohen, Anthony P. *Self-consciousness: An alternative anthropology of identity*, Londres, Routledge, 1994.

ERIKSON, Erik. *Identity, youth and crisis*, Nova York, W. W. Norton & Co. Inc., 1968.

FOUCAULT, Michel. "The ethics of the concern of the self as a pratice of freedom", *Philosophy and Social Criticism*, Vol. 12, n. 2-3, 1984.

GIDDENS, Anthony. *Modernidade e identidade*, Rio de Janeiro, Jorge Zahar Editor, 2002.

———. *Modernity and self-identity: Self and society in the late Modern Age*, Cambridge, Polity Press, 1991.

———. *Central problems in social theory: Action, structure and contradiction in social analysis*, Berkeley/Los Angeles, University of California Press, 1986.

———. *A constituição da sociedade*, São Paulo, Martins Fontes, 1989.

GOODY, Jack. *The domestication of the savage mind*, Londres, Cambridge University Press, 1978.

HALLOWELL, Alfred Irving. *Culture and experience*, Filadélfia, University of Pennsylvania Press, 1955.

HORTON, Robin. "African traditional thought and western science", in WILSON, Bryan R. (org.), *Rationality*, Grã-Bretanha, Basil Blackwell, 1984 [1967].

KANT, Immanuel. *Anthropologie du point de vue pragmatique*, tradução Michel Foucault, Paris, Vrin, 1984 [1798].

KLUCKHOHN, Clyde. "Universal category of culture", in KROEBER, Alfred L. (org.), *Anthropology today: An encyclopedic inventory*, Chicago, The University of Chicago Press, 1953.

KROEBER, Alfred L. (org.). *Anthropology today: An encyclopedic inventory*, Chicago, The University of Chicago Press, 1953.

LAIDLAW, James. "For an anthropology of ethics and freedon", *The Journal of the Royal Anthropological Institute*, Vol. 8, n. 2, jun 2002.

LAING, R. D. "Intoduction", in BARTH, Fredrik, *Ethnic group and boundaries: The social organizations of culture difference*, Oslo, Jolhansen & Nielsen Boktrykkeri, 1969.

———. *The divided self: A study of sanity and madness*, Londres, Tavistock Publications Ltd, 1960.

LÉVI-STRAUSS, Claude. *As estruturas elementares do parentesco*, Petrópolis/São Paulo, Vozes/Edusp, 1976.

———. *Les structures élémentaires de la parenté*, Paris, Presses Universitaires de France, 1949.

MAUSS, Marcel. "Une catégorie de l'esprit humain: la notion de personne, celle de 'Moi', um plan de travail" (Huxley Memorial Lecture, 1938), *Journal of the Royal Anthropological Institute*, Vol. 68, 1938.

MEAD, George Herbert. *On social psychology*, in *Selected Papers* edited with an Introduction by Anselm Strauss, Chicago, The University of Chicago Press, 1969.

NEEDHAM, Rodney. "The formal analysis of prescriptive patrilateral cross-cousin marriage", *Southwestern Journal of Anthropology*, Vol. 14, n. 2, 1958.

RICHARDS, Audrey. "Socialization and contemporary british anthropology", in MAYER, Philip (org.), *Socialization: The approach from social anthropology*, Londres, Tavistock Publications, 1970.

SÖKEFELD, Martin. "Debating self, identity, and culture in anthropology", *Current Anthropology*, Vol. 40, n. 4, 1999.

TAYLOR, Charles. *As fontes do* self: *A construção da identidade moderna*, São Paulo, Loyola, 1997.

TUGENDHAT, Ernst. *Problemas de la Ética*, Barcelona, Editorial Crítica, 1988.

3

Os (des)caminhos da identidade

(Etnicidade e multiculturalismo)

Devo esclarecer preliminarmente sobre os termos "caminhos" e "descaminhos", utilizados metaforicamente para designar uma ambigüidade, aos quais estou recorrendo para intitular este capítulo. A associação das duas palavras, sintetizada numa única expressão – "(des)caminhos" – sugere a direção que desejo dar àquilo que entendo como sendo o ponto estratégico sobre o qual o estudioso melhor poderá fixar a sua atenção em sua tentativa de elucidar a identidade vista como um objeto de investigação antropológica. Esse ponto estratégico é precisamente o oposto do "ponto cego" – que todos nós, que vivemos nesta época dominada pelo automóvel, sabemos tratar-se de uma cegueira momentânea quando, no trânsito, não conseguimos vislumbrar o que vem por detrás pelas laterais, onde o espelho retrovisor fica absolutamente anulado... Claro que trazer essa imagem tão cotidiana e trivial não é um desses recursos correntes a que se socorrem alguns importantes filósofos britânicos ao lançarem mão de historietas – como bem ironiza Geertz – para ilustrarem suas reflexões. Para mim, neste momento, a imagem só se explica – e se aplica – pelo fato de ter sido ela que me levou a questionar sobre como melhor enxergar ou visualizar esse fenômeno "sociocultural" que denominamos identidade, quando ele está escondido, escamoteado, não só ao olhar do homem da rua, mas também – e muitas vezes – pelo olhar sofisticado do cientista social. E ao aduzir ao termo identidade a expressão "sociocultural" já estou indicando que irei examinar um fenômeno de cuja inteligibilidade não se pode esquivar sem contextualizá-lo no interior das sociedades que o abrigam. E dando um rumo diferente àquele dado por mim no capítulo anterior ou por um filósofo como Charles Taylor, valha o exemplo, quando escreve seu celebrado livro *As fontes do self: A construção da identidade moderna*,[1] minha intenção aqui não é focalizar o Eu, mas o *Nós*, explorando precisamente aquelas instâncias empíricas em que identidades globalizadoras se manifestam. Como poderíamos melhor abordar o fenômeno sem construirmos um foco estratégico para sua elucidação? Pareceu-me – e essa é uma questão que me acompanha há bastante tempo – que devemos procurar equacionar tais identidades enquanto estão *em crise*. Quando, em sua movimentação no interior de sistemas sociais, os caminhos com que se defrontam levam-nas a situações de extrema ambivalência. São seus descaminhos, embora ainda não necessariamente equivocados, pois, em regra, tendem a ser os únicos possíveis – conjunturalmente possíveis –, na medida em que o processo de identificação pessoal (quando o *Self* é o grande estrategista) ou grupal (quando os *Selves* estão enredados numa mesma teia de significações), esse processo chega a estar mais condicionado pela sociedade envolvente do que pelas "fontes" originárias dessas mesmas identidades, sejam elas agora consideradas como "coletividades" (Talcott Parsons), ou "identidade de grupo básico" (Harold Isaacs), ou, ainda, "identidades totais" (Ali Mazrui).[2] Imagino que tratar aqui, topicamente, de uns poucos casos empíricos possa nos auxiliar a compreender que a focalização de crises identitárias relativas a nacionalidades ou a etnias, portanto sobre identidades totais, pode constituir uma estratégia de investigação bastante

---

1 Charles Taylor, *As fontes do self: A construção da identidade moderna*, São Paulo, Loyola, 1997.

2 Cf., por exemplo, H. R. Isaacs, (H. R. Isaacs, "Basic group identity: The idols of the tribe", *Ethnicity*, Vol. 1, n. 1, 1974, p. 17). Esse artigo foi incluído, com algumas alterações, numa coletânea de grande repercussão no meio acadêmico internacional intitulada *Ethnicity: Theory and experience* (N. Glazer e D. P. Moynihan (orgs.), Ethnicity: Theory and experience, Cambridge-Mass, Harvard University Press, 1975), reunindo prestigiosos autores como Talcott Parsons, Daniel Bell, Milton Gordon, Daniel Horowitz, entre outros.

frutífera. Porém, as crises identitárias que procurarei examinar nem sempre poderão ser observadas em toda sua concretude empírica, uma vez que algumas delas apenas podem ser apreendidas em sua virtualidade, a saber, como crises potenciais. Procurarei deixar isso mais claro no decorrer de minhas considerações.

Gostaria de refletir – inicialmente e como meu primeiro tópico – sobre aquilo que chamarei *condições de possibilidade de etnização* das identidades nacionais de imigrantes residentes em sociedades anfitriãs. Naturalmente, falar de etnização é socorrer-nos do conceito de etnicidade – de ampla utilização na literatura das ciências sociais modernas e em cujos textos o conceito é definido como envolvendo relações entre coletividades no interior de sociedades envolventes, dominantes, culturalmente hegemônicas e onde tais coletividades vivem a situação de minorias étnicas ou, ainda, de nacionalidades inseridas no espaço de um Estado-Nação. De uma maneira mais simplificada, o termo etnicidade poderia ainda ser aplicado a modalidades de interação bem menos complexas, como a uma mera "forma de interação entre grupos culturais atuando em contextos sociais comuns".[3] Não obstante, por mais simplificada que possa ser nossa concepção de etnicidade, ela não deve deixar de considerar pelo menos dois aspectos teóricos – como aponta o antropólogo norueguês, Thomas H. Eriksen –, quando diz que, primeiramente,

> etnicidade é uma propriedade de uma formação social *e* um aspecto de interação; ambos níveis sistêmicos podem ser simultaneamente compreendidos. Secundariamente, diferenças étnicas envolvem diferenças culturais que possuem impacto comparativamente [*cross-culturally*] variável [...] sobre a natureza das relações sociais.[4]

---

3 Abner Cohen, "Introduction: The lesson of ethnicity", in Abner Cohen (org.), *Urban Ethnicity*, ASA 12, Londres, Tavistock Publications, 1974, p. xi.

4 Thomas H. Eriksen, "The cultural contexts of ethnic differences", *Journal of the Royal Anthropological Institute*, Vol. 26, n. 1, 1991, p. 131.

Esses dois aspectos têm, a meu ver, o mérito de tornar mais sensível ou sofisticada a clássica definição de outro norueguês, Fredrik Barth, ao revelar o caráter *contrastivo* da identidade étnica, como já se mencionou no capítulo anterior. Mas o que me parece importante de se levar em conta aqui é que interações sociais desse teor têm sido observadas em diferentes latitudes do planeta, envolvendo formações sociais nas mais variadas modalidades de interação, incluindo grupos de migrantes – que, neste capítulo, serão alvo de maior atenção. E isso porque, no mundo moderno, a observação desses grupos oferece uma oportunidade privilegiada para o estudo daquelas formas de interação, onde a *articulação* entre identidade, etnicidade e nacionalidade se impõe como foco de inegável valor estratégico para uma investigação que se pretenda capaz de elucidar os mecanismos de identificação pelos outros, tanto quanto de auto-identificação, não obstante sendo esta reflexo daquela.

Darei destaque, inicialmente, como base para minha argumentação, a situações observadas nos Estados Unidos da América junto a imigrantes brasileiros. Naturalmente que me apoiarei em trabalhos de antropólogos que recentemente pesquisaram nas costas leste e oeste estadunidenses, especialmente em lugares de expressiva imigração brasileira. Vale acentuar que pesquisas de brasileiros sobre os Estados Unidos têm ocorrido com certa freqüência somente nestes últimos anos. Mas, pelo menos desde os anos 1950, a tomarmos em conta a importante comunicação de Oracy Nogueira ao XXXI Congresso Internacional de Americanistas, intitulada "Preconceito racial de marca e preconceito racial de origem",[5] a comparação entre as sociedades brasileira e estadunidense já mostrava o quanto ambas se distinguiam no que se refere à estrutura interna de cada uma no processo de absorção de suas minorias étnicas ou raciais. Com o seu interesse voltado para o "preconceito racial", Oracy Nogueira pôde traçar, não obstante, os lineamentos daquilo que ele chamou "flagrante contraste entre o clima de relações inter-raciais que predomina nos Estados Unidos

---

5 Oracy Nogueira, "Preconceito racial de marca e preconceito racial de origem", in *Anais do XXXI Congresso Internacional de Americanistas*, Herbert Baldus (org.), São Paulo, Editora Anhembi, 1955.

e o que caracteriza o Brasil".[6] O processo de estigmatização observável num e noutro cenário inter-racial ou interétnico é por ele caracterizado pela dicotomia *aparência/ascendência étnica*: o primeiro termo da dicotomia, vigente no Brasil, expressa no preconceito de cor; o segundo termo, manifestado nos Estados Unidos, exprime a presença de preconceito de origem. Evoquemos um trecho de sua comunicação:

> Quando o preconceito de raça se exerce em relação à aparência, isto é, quando toma por pretexto para as suas manifestações os traços físicos do indivíduo, a fisionomia, os gestos, o sotaque, diz-se que é de *marca*; quando basta a suposição de que o indivíduo descende de certo grupo étnico, para que sofra as conseqüências do preconceito, diz que é de *origem*.[7]

Todavia, de meados do século passado para cá muito se investigou sobre essas modalidades negativas de classificação pelos outros e de autoclassificação, investigações essas que passaram a ser enfeixadas sob o tema da identidade e de suas vicissitudes. E aprendemos que a estrutura das relações interétnicas, inerente às sociedades hospedeiras, é muitas vezes fortemente institucionalizada. E tais relações, como se observa certamente mais nos Estados Unidos do que no Brasil, estão reguladas tanto *in mores* como *in juris*, o que lhes confere grande peso na configuração das relações entre imigrantes de diferentes nacionalidades e/ou etnias junto à população nativa.

Para ficarmos apenas com a questão criada com os processos identitários observáveis entre imigrantes brasileiros residentes nos Estados Unidos, consideremos, por exemplo, esse mecanismo identitário que denominei *etnização de identidades nacionais*. Quero me referir, inicialmente, às observações feitas por Gustavo L. Ribeiro sobre imigrantes brasileiros em San Francisco, Califórnia, onde o processo de etnização – pelo menos segundo minha leitura – fica bem aparente.[8] Sua pesquisa tem o mérito

---

6 Oracy Nogueira, op. cit., p. 415.

7 Idem, p. 417.

8 Gustavo L. Ribeiro, "Goiânia, Califórnia, vulnerabilidade, ambigüidade e cidadania transnacional", *Série Antropologia*, n. 235, Departamento de Antropologia, Universidade de Brasília, 1998; Idem, "O que faz o Brasil, Brazil. Jogos identitá-

de realçar o poder da sociedade local na determinação das regras do jogo identitário, graças às características dos novos contextos no interior dos quais os imigrantes passam a viver suas condições de existência. O autor mostra-nos, primeiramente, que as identidades regionais brasileiras, significativas no âmbito interno da comunidade imigrante – como a de goiano, mineiro, paulista ou carioca – passam a ser englobadas pela população hospedeira não necessariamente na de brasileiros – o que seria o natural – mas na de *hispânicos*, o que significa submeter a identidade a um inefável processo de etnização, uma vez que, nesse caso, hispânico não é nacionalidade, é etnia. Há, portanto, o que se pode reconhecer como sujeição dos processos identitários a um sistema social estruturalmente segmentado em etnias – ou, mesmo, grupos raciais... Nas palavras do antropólogo:

> A segmentação étnica americana implica uma luta permanente por visibilidade na cena política, econômica e cultural mais ampla. Em um país onde a política da diferença é dominada por uma elite branca anglo-saxã, os segmentos étnicos procuram tornar visíveis seus pertencimentos a heranças culturais diferenciadas para adquirir distinção e acumular capital simbólico e político como atores no contexto da chamada política da identidade e da ideologia do multiculturalismo.[9]

Os brasileiros são apanhados pela rede de classificação étnica local e, "muito a contragosto – continua Ribeiro –, são, assim, confundidos com hispânicos".[10] Mas essa identificação não fica restrita à costa oeste estadunidense. Ana Cristina Braga Martes, em seu livro sobre a imigração brasileira em Boston, Massachusetts,[11] observa também semelhante rejeição

---

rios em San Francisco", *Série Antropologia*, n. 237, Departamento de Antropologia, Universidade de Brasília, 1998. Idem, "Identidade brasileira no espelho interétnico. Essencialismos e hibridismos em San Francisco", *Série Antropologia*, n. 241, Departamento de Antropologia, Universidade de Brasília, 1998.

9 Gustavo L. Ribeiro, "Goiânia, Califórnia, vulnerabilidade, ambigüidade e cidadania transnacional", op. cit., p. 15.

10 Idem, op. cit., p. 13.

11 Ana C. Braga Martes, *Brasileiros nos Estados Unidos: Um estudo sobre imigrantes em Massachusetts*, São Paulo, Paz e Terra, 2000.

da identidade hispânica. Afirma, assim, que nos depoimentos que obteve sobre imigração aparece nitidamente a tendência à negação dos entrevistados com os hispânicos (*hispanics*). De fato, parecem existir poucas afinidades entre os dois grupos:

> Os brasileiros não moram nos mesmos bairros e desfrutam de uma condição econômica relativamente melhor do que o restante da população latina em Boston [...]. Por outro lado, grande parte dos brasileiros, assim como os demais grupos latinos, querem ter uma identidade própria e lutam por isso. Entretanto, tal recusa está também associada às desvantagens que o rótulo "hispânico" pode acarretar, por tratar-se de um "grupo" que parece, também aos olhos dos brasileiros, desvalorizado nos Estados Unidos. Este comportamento, no entanto, reforça o preconceito contra os latinos e, por decorrência, contra os próprios brasileiros que também tendem a ser vistos como "hispânicos".[12]

Diante desta ambigüidade, que se manifesta no processo identitário do imigrante, poder-se-ia questionar o porquê daqueles brasileiros dos setores mais pobres e mais despreparados da comunidade de imigrantes não assumirem a identidade étnica hispânica – como política pessoal identitária – , quando ela pode significar, por exemplo, uma eventual participação nas quotas da *affirmative action*? Ao menos, seria uma maneira de manipulação positiva da identidade...[13] Porém, tal manipulação encontraria o seu obstáculo na crônica dificuldade de regularizar, ou melhor, legalizar a situação de imigrante, desde que sem a documentação necessária – o *Green Card* –, torna-se impossível participar naquelas quotas e beneficiar-se de eventuais vantagens do *status* de minoria étnica. Trata-se, por conseguinte, da extrema vulnerabilidade com que esse grupo de imigrantes convive quando se equilibra sob a linha ilegal/legal. E isso pode ser generalizado para todos os imigrantes e não apenas para os brasileiros, pois cruzar essa linha em direção à legalidade faz que suas oportunidades

12 Ana C. Braga Martes, op. cit., pp. 172-173.

13 Cf. Roberto Cardoso de Oliveira, *Identidade, etnia e estrutura social*, São Paulo, Pioneira, 1976, especialmente o Capítulo 1 sobre a questão da *manipulação da identidade*; enquanto, para as demais considerações a respeito do caso descrito por Martes, consulte-se seu livro supracitado.

mudem radicalmente.[14] Em suma, o que se pode observar é que essa ambigüidade inerente ao processo identitário que se verifica entre os imigrantes abre uma via para o surgimento de crises de identidade, sejam elas reais ou virtuais.

Mas se a identidade desses imigrantes mais carentes sofrem seus descaminhos, há de se reconhecer que os imigrantes de classe média, mesmo bem qualificados profissionalmente, não escapam de certas armadilhas do processo identitário. A análise do tema feita por uma imigrante uruguaia, professora Helen Regueiro Élan, a partir de sua própria experiência de membro do corpo docente de uma universidade estadunidense, é extremamente aguda e é muito esclarecedora sobre aspectos pouco conhecidos do processo identitário. Seu ensaio, "El índio ausente y la identidad nacional uruguaya",[15] descreve o que ela denomina de identidade *desplazada* ou deslocada, como chamaríamos em português. Tendo sempre se considerado uma pessoa cosmopolita, associada ao fato de ser professora de um departamento de inglês – razão de espanto dos norte-americanos, que sempre lhe perguntavam por que não ensinava num departamento de espanhol –, a autora é levada a se classificar como possuidora de uma identidade deslocada, uma vez que, se na retórica da identidade ser de nacionalidade uruguaia não faz nenhum sentido, nem por isso consegue se ajustar à identidade *hispânica* (graças ao forte caráter etnicista da categoria) e, muito menos, na de *latina*; e, esta última, não só pelos mesmos motivos de discriminação étnica, como ainda pelo fato de não se sentir semelhante a qualquer membro do segmento majoritário de imigrantes latino-americanos possuidor de ancestralidade fortemente indígena. Para Helen Regueiro, estar *desplazada*, ou deslocada,

> é movimentar-se em espaços que estão sempre no meio, dos quais não se pode dizer que sejam nem uma coisa nem outra, dos que não se pode

14 Gustavo L. Ribeiro, "Goiânia, Califórnia, vulnerabilidade, ambigüidade e cidadania transnacional", op. cit., p. 9.

15 Helen Regueiro Élan, "El indio ausente y la identidad nacional uruguaya", in J. Jorge Klor de Alva *et alii* (orgs.), *De la palavra y obra en el Nuevo Mundo*, n. 4, "Tramas de la identidad", Madri, Siglo XXI de España Editores S. A., 1995.

> dizer que encaixem, sem resíduo e sem crítica interna, à adequação do nome e de uma identidade. [Comenta, assim, que] a necessidade nos Estados Unidos de localizar, de nomear e de definir é tão intensa que se torna difícil permanecer fora das categorias estabelecidas. Nem a identidade étnica nem a nacional podem ser o que eram no antigo país: o conceito de ser uruguaio carece de sentido nos Estados Unidos, e no Uruguai [simplesmente] se assume. E o conceito de identidade étnica carece de sentido no Uruguai, e é vital nos Estados Unidos dos finais do século XX. Tanto a identidade étnica como a nacional são constructos com um propósito: no caso da identidade nacional, a coesão de um país por meio da narração de sua cultura e de sua história, e no caso da identidade étnica, a narração a partir da margem da história e da cultura daqueles que precisamente são excluídos da narrativa da primeira.[16]

Estaria a autora expressando a virtualidade de uma crise identitária? Parece-me que sim. E, de certa maneira, sua análise complementa bem as considerações que fiz sobre os imigrantes brasileiros nos Estados Unidos, uma vez que muito do que Helen Regueiro escreveu pode se aplicar – ainda que não necessariamente se aplica – ao imigrante brasileiro de classe média, profissionalmente qualificado, submetido à mesma lógica identitária inerente ao sistema de classificação étnica estadunidense.

Gostaria de me voltar agora para um cenário bastante diferente, mas que poderá ajudar a melhor compreender a dinâmica das identidades, agora me detendo mais na questão das nacionalidades e no espaço europeu. Quero me referir à Catalunha, uma região da Espanha que tem Barcelona por sua capital e possui *status* jurídico autonômico desde a queda da ditadura franquista. Claro que essa escolha não é casual. Pois, se o meu objetivo é refletir sobre o tema da identidade baseando-me em etnografias que domino – uma vez que mesmo relativamente aos Estados Unidos minha vivência naquele país aguçou minha sensibilidade no exame dos dados fornecidos pelos autores que naquele país fizeram suas investiga-

16 Helen Regueiro Élan, op. cit., pp. 320-322.

ções –, agora com relação à identidade catalã e às demais identidades que com ela interagem, é natural que essa seja a minha escolha, já que pude estudá-la diretamente na cidade de Barcelona em 1992.[17] Mas, obviamente, nem por isso deixarei de me socorrer de obras de colegas catalães. Questiono-me, inicialmente: no que o exame da identidade catalã poderá ampliar a compreensão sobre as relações entre identidades e seus respectivos contextos? Entendo que a consideração da realidade barcelonesa, considerada com referência ao seu movimento migratório interno, envolvendo portanto identidades étnicas e regionais do território espanhol, possa iluminar um dos pontos cegos do processo identitário, precisamente aquele que eu chamaria *dupla dimensão* da identidade relativamente ao quadro valorativo em que esta identidade se insere. Como descrever essa identidade bidimensional para que se possa compreendê-la?

Começarei pela menção de alguns dados. Se se considerar que aproximadamente 41% da população de Barcelona, por volta dos anos 1970, era composta de imigrantes; e se forem excluídos os falantes de diferentes idiomas do país – como os galegos, os bascos, os valencianos e os procedentes das ilhas Baleares, estes dois últimos também falantes do catalão –, reduziríamos esse percentual de imigrantes internos ao país a 30,62% que exprimiriam os falantes de castelhano – a língua oficial da Espanha, ainda que o catalão seja, atualmente, uma segunda língua oficial na Catalunha. A diferença entre ambos os percentuais seria da ordem de mais de 11%, logo um percentual significativo de indivíduos classificáveis como etnias minoritárias relativamente à população catalã barcelonesa. Considerando-se apenas as etnias mais numerosas, ter-se-iam, em números redondos e não desprezíveis, 46.918 galegos e 17.962 bascos como membros de grupos étnicos sujeitos à condição de hóspedes da sociedade catalã domi-

17 Roberto Cardoso de Oliveira, "Identidade catalã e ideologia étnica", *Mana: Estudos de Antropologia Social*, Vol. 1, n. 1, 1995; Idem, "A etnicidade como fator de estilo", *Cadernos de História de Filosofia e Filosofia da Ciência*, Vol. 3, n. 5, 1995; além destas referências, dedico-me, no próximo capítulo, a um tratamento mais amplo do processo identitário catalão, discorrendo sobre a história das idéias catalãs, sobre sua própria identidade e as características atuais da ideologia da catalanidade em sua oposição à identidade castelhana.

nante, sofrendo, por conseguinte, toda ordem de preconceitos comuns àquelas situações caracterizadas como de etnicidade. Uma descrição feliz desse quadro marcado pela etnicidade faz o decano dos antropólogos catalães Claudio Esteva Fabregat. Para ele,

> Barcelona é uma sociedade pluricultural e poliétnica: está constituída de uma base étnica catalã e de etnias resultantes de imigrações massivas, de maneira que à sua complexidade socioeconômica relativa soma-se a complexidade etnocultural relativa. Como processo, Barcelona é um conjunto de interações sociais governadas por uma estrutura cultural comum, a urbana e a correspondente ao sistema político administrativo do Estado espanhol. Mas esse conjunto está formado por subconjuntos étnicos com suas culturas específicas, cada um dos quais obedece a uma orientação de comportamento que lhe é própria. Referimo-nos, neste caso, ao modo cultural de ser de cada etnia, à sua diferenciação interna enquanto, pelo menos, língua e folclore, e, ademais, a um modo de ser, a uma axiologia e a uma consciência histórica, isto é, enquanto um grupo etnicamente polarizado nas ocasiões de contrastes.[18]

Nessas ocasiões é que se atualiza a identidade étnica enquanto *identidade contrastiva* – de conformidade, aliás, com o que nos ensina a teoria barthiana relativa ao processo de identificação étnica.[19] A situação das minorias étnicas residentes em Barcelona corrobora claramente essa teoria, enquanto identidades coletivas submetidas, freqüentemente, à humilhação quando não à desonra. E há maneiras as mais diversas de desconsideração moral.[20] E é comum ouvir-se admoestações dirigidas a imigrantes

---

18 Esteva Fabregat, *Estado, etnicidad y biculturalismo*, Barcelona, Ediciones Península, 1984, p. 150.

19 Cf. Fredrik Barth, *Ethnic group and boundaries: The social organization of culture difference*, Oslo, Johansen & Nielsen Boktrykeri, 1969; Roberto Cardoso de Oliveira, *Identidade, etnia e estrutura social*, op. cit.

20 Cf. Roberto Cardoso de Oliveira ("Identidade, etnicidade e nacionalidade no Mercosul", *Política Comparada: Revista Brasiliense de Políticas Comparadas*, Vol. 1, n. 2, 1997, p. 5), quando, apoiado em Charles Taylor, procura elucidar essa importante questão sobre a desconsideração moral na análise de um caso concreto relativamente ao Canadá, escreve: "[...] as demandas de reconhecimento têm pelo menos duas características importantes que se manifestam de maneira acentuada no caso do Quebec: 1. um forte conteúdo simbólico que torna

que não dominam o catalão, como: "Tens que aprender o catalão, se não volte para tua terra"; ou, passando de um argumento lingüístico para um de ordem econômica: "Volte para tua terra! Tu vens para nos tirar o pão".[21] Além dos mecanismos mudos de mercado, que por si só atuam de modo a colocar esses imigrantes nos serviços menos qualificados, observa-se um mundo de representações negativas que marcam o etnicismo catalão frente aos imigrantes de um modo geral, sejam eles galegos, bascos e, sobretudo, os de língua castelhana, como aqueles provenientes da Andaluzia ou de Castilha, ademais de serem formadores dos contingentes mais numerosos dos imigrantes.

Mas se toda a relação social é uma via de mão dupla, o etnicismo vivido pelos catalães não deixa de envolvê-los quando são levados a se assumirem enquanto identidade étnica – portanto sociologicamente minoritária – frente aos castelhanos emigrados de Madri e possuidores de certa respeitabilidade, particularmente quando são funcionários do Estado espanhol. É quando a Catalunha, mesmo desfrutando o *regime autonômico*, criado após à morte do ditador Franco, passa a se relacionar nos termos da opressiva dependência secular que caracteriza sua interação com os castelhanos. Como procurei mostrar algures, essa interação catalã/castelhana é uma verdadeira antinomia que, por sua vez, fundamenta a ideologia da *catalanidad*.[22] As representações negativas vão colhê-los com o mesmo caráter de desconsideração moral que vitimaram galegos, bascos e outros imigrantes regionais. Tanto estes como os castelhanos chegam, em determinadas situações, a tratar os catalães com as mais variadas for-

absolutamente indissociável a relação entre direitos e valores; e, 2. a dificuldade de serem satisfeitas fora de condições dialógicas mínimas, nas quais o reconhecimento do interlocutor reflita uma aceitação genuína da(s) particularidade(s) do outro. Enquanto a primeira característica indica que a falta de reconhecimento, ainda que essencialmente simbólico, pode ameaçar direitos através de atos de *desconsideração* – traduzidos na rejeição ou na desvalorização da identidade do outro –, a segunda sugere que a eventual reparação da *desconsideração* não pode ser plenamente efetivada por meios exclusivamente legais".

21 Esteva Fabregat, op. cit., p. 103.

22 Cf. Roberto Cardoso de Oliveira, "Identidade catalã e ideologia étnica", op. cit.

mas de descortesia: quando irritados com a língua catalã, assim se expressam: "a mim, fale-me como cristão!" ou "os catalães falam como cães!"; e quando politicamente indignados, interpelam: "não quereis ser espanhóis!" ou "sois uns separatistas!"; e parecem, ainda, buscar explicações que, de algum modo, possam levá-los a melhor compreender os donos do lugar, dizendo: "os catalães são muito egoístas e fechados!" ou "falais em catalão para que não os entendamos!".[23] Diante dessas inversões da etnicidade observável em Barcelona, pode-se deduzir que a identidade catalã enfrenta dois desafios: de um lado, o de sustentar o seu domínio sobre os grupos imigrantes ingressados no território catalão; de outro, o de marcar sua soberania frente aos castelhanos, representantes reais ou simbólicos do Estado espanhol. Ao estar entre duas frentes na sustentação de sua identidade, os catalães – conforme as circunstâncias de sua inserção no cenário interétnico – vivem a ambigüidade de sua dupla situação: a de membros de uma sociedade anfitriã – diante das etnias imigrantes – e a de "povo hóspede" do Estado espanhol, dominado pelos castelhanos.

Isso me leva a considerar ainda mais um ponto que talvez ajude a esclarecer melhor aquilo que mencionei há pouco relativamente aos valores vigentes para os catalães, quando inseridos no quadro da nacionalidade espanhola. Tomo por referência uma ampla pesquisa européia sobre valores, que inclui a Catalunha em sua amostragem. Com o título "O sistema de valores dos catalães" e, por subtítulo, "Catalunha dentro da pesquisa européia de valores dos anos 90",[24] o livro resultante cobre uma ampla variedade de tópicos que descrevem os valores catalães associados a objetivos sociais e vitais, à família, à ética e moral, à religião, aos movimentos sociais e instituições, à política, ao trabalho e à economia. Vou-me deter apenas nos valores relativos aos "sentimentos de identidade catalã", parte do tópico sobre valores políticos. Para evitar sobrecarregar esta exposição, fugirei da interpretação das inúmeras tabelas estatísticas em que a

---

23 Esteva Fabregat, op. cit., p. 102.

24 Institut Català D'Estudis Mediterranis, *El sistema de valors dels Catalans: Catalunya dins l'enquesta europea de valors dells anys 90*, Barcelona, Generalitat de Catalunya, 1991.

Catalunha é comparada ao conjunto da população do país, bem como com as diferentes etnias, autonomias ou nacionalidades que compõem esse mesmo conjunto. As entrevistas feitas com catalães que se podem considerar inicialmente – e com brevidade – referem-se a respostas relativas a duas questões: "A quais destes agrupamentos geográficos [relacionados na pergunta] você diria que pertence, em primeiro lugar?"; e, segunda pergunta, "E depois?" As respostas à primeira questão (sobre o lugar de pertencimento) possuem indubitavelmente um peso maior comparativamente às respostas à segunda questão (sobre o lugar que o entrevistado escolheria secundariamente) A equação resultante da combinação das respostas a essas duas questões indica que:

> Para o total da Espanha, o que predominava na primeira menção era a referência à localidade, povoado ou cidade onde se vivia. Em continuação se mencionava o país em conjunto, Espanha; e finalmente a região, o país [em seu sentido de *Catalunya*, *País Basc* etc.] ou a autonomia. Para a Catalunha a ordem é diferente: são menos importantes os sentimentos locais referentes ao povoado ou à cidade onde se vive.[25]

Isso significa que, comparada à Espanha como um todo, a Catalunha se caracteriza por um "menor localismo" – isto é, identificação com o povoado ou cidade em que nasceu –, paralelamente a uma "acentuação da identidade regional ou da nacionalidade catalã".[26] Mas não se pode dizer que as respostas, sobretudo às relativas à primeira questão, tenham sido claras e absolutas – razão pela qual houve necessidade de uma segunda questão; e tal fato levou os responsáveis da pesquisa a constatarem que "a ambivalência é moeda corrente" entre os entrevistados catalães, o que, de certo modo, estaria a indicar crises virtuais no processo de identificação étnica. Em última análise, isso fortalece a interpretação sobre a relativa ambigüidade da identidade étnica de povos, como o catalão, submetidos a condições de existência vigentes em cidades cosmopolitas como Barcelona. E corroborando a essa constatação, a mesma pesquisa vai demonstrar

25 Institut Català D'Estudis Mediterranis, op. cit., p. 213.

26 Idem, p. 214.

que em cidades "tipicamente" catalãs, como Girona ou Terragona (portanto mais conservadoras e provincianas), o sentimento de catalanidade tende a ser muito mais forte, sendo que, praticamente, nelas não se observariam indicadores expressivos de ambivalência na afirmação da identidade como se constata na própria Barcelona.[27]

No intuito de explorar um pouco mais a natureza dos processos identitários, cabe dizer alguma coisa sobre o que considero ser, talvez, senão o melhor, pelo menos um dos mais desafiantes cenários de investigação sobre a relação dialética entre identidade étnica e identidade nacional. E assim continuamos com a mesma orientação de explorar o poder de determinação dos contextos em que se inserem identidades totais. Quero me referir agora ao *contexto de fronteiras*, isto é, de fronteiras entre países. E para quem se habituou ao significado de "fronteira cultural" ou *boundaries*, bastante difundido, cabe dizer que prefiro a expressão "limite cultural" para dar conta do sentido do termo que lhe atribui Fredrik Barth, reservando a palavra fronteira para expressar o conceito tradicional de "fronteira política". Naturalmente que não se trata de realizar pesquisas a respeito *de* fronteiras, mas apenas realizá-las *na* fronteira; e, no caso de investigações sobre identidade étnica ou nacional, sublinhe-se que a fronteira se impõe – como já disse – como um cenário privilegiado. Mas antes de falar sobre pesquisas em fronteiras e de sua relevância específica para o nosso tema sobre os caminhos e descaminhos da identidade, ainda quero permanecer na realidade catalã, porém não mais na Catalunha espanhola, mas no único país oficialmente catalão: Andorra – situado entre Espanha e França, um país inteiramente "de fronteira". Algumas reflexões que sobre ele pretendo fazer servirão de passa-

27 "A proporção maior dos que se sentem catalães encontra-se nas populações de Girona e Terragona; a proporção maior dos que se sentem espanhóis se encontra em Barcelona" (Institut Català d'Estudis Mediterranis, op. cit. p. 217).

gem para o próximo e último tópico desta exposição, antes de empreendermos as considerações finais.

Permanecendo, portanto, ainda com o tema catalão, gostaria de tratá-lo agora numa outra dimensão, isto é, passando da questão da catalanidade para a da "andorranidade" – ou *andorranitat*, no idioma catalão. O que significa esse último termo? Segundo revela uma recente pesquisa realizada em Andorra,

> cabe destacar que a incorporação de população estrangeira [que torna numericamente minoritários os próprios andorranos] propicia um processo de construção nacional em que se procura diferenciar a "andorranidade" da "catalanidade" [...]. Ademais, o acelerado processo de mudança social, somado à heterogeneidade existente no país [com a forte presença de imigrantes de cidadania espanhola ou francesa], é um impedimento importante para a construção de uma "identidade andorrana", já que dificulta a apreensão do sentido de continuidade e do sentido de comunidade que são imprescindíveis para veicular a identidade.[28]

Desde logo pode-se verificar que o quadro que contextualiza o processo identitário é bastante diferente do encontrado em Barcelona. Nesse país de fronteira, menos do que se tratar da identidade étnica, a questão crítica passa a estar na *identidade nacional*, portanto na construção da nacionalidade andorrana sobreposta, por sua vez, à identidade – étnica – catalã, pois que esta é observável tanto na Espanha e na França, quanto em Andorra. Mas não são apenas catalães espanhóis e franceses que emigram para Andorra. Também castelhanos, portugueses e emigrantes de vários outros lugares da Europa procuram se estabelecer nos belos vales dos Pireneus andorranos, tendo-se a destacar ainda a atração que a própria

28 Dolors Comas D'Argemir e Joan Josep Pujadas, *Andorra, un país de frontera: Estudi etnogràfic dels canvis economics, socials i culturals*, Barcelona, Editorial Alta Fulla, 1997, p. 63. "O estudo etnográfico dos Vales de Andorra teve como objetivo reconstruir os principais elementos que dão especificidade à sociedade e à cultura andorranas" (idem, p. 9). Foi encomendada pelo governo de Andorra e realizada em 1994-1995 por um casal de antropólogos, Dolors Comas D'Argemir e Joan Josep Pujadas, docentes da *Universitat Rovira i Virgili* de Terragona, da Catalunha espanhola.

Andorra moderna e urbana exerce nos setores de comércio, finanças e de turismo. Hoje – dizem os antropólogos que a pesquisaram – ela "é uma sociedade opulenta, plenamente imersa no mundo do consumo e do cosmopolitismo"[29] e onde três línguas são de uso corrente: o catalão, como idioma oficial, mais o francês e o castelhano, sendo este último a principal

> língua de interação e intercâmbio com os numerosos turistas que passam pelo país. No contexto de Andorra, o castelhano tem um valor claramente instrumental mais que simbólico ou identitário (exceto para aqueles originários de zonas de fala castelhana).[30]

Diante desse quadro, as evidências que mais se impõem para a elucidação da nacionalidade andorrana são as seguintes:

> 1. Todo o universo cultural deste micro-Estado é catalão; 2. As pessoas nascidas na Catalunha espanhola ou seus filhos têm uma presença muito numerosa no país, superior a dos andorranos; 3. Mais de 70% da população residente é estrangeira (umas 45 mil pessoas), diante dos 19.653 cidadãos do Estado; 4. A segunda residência da imensa maioria dos andorranos está situada nas costas catalãs [no mediterrâneo]; 5. A imensa maioria dos visitantes e compradores em Andorra é catalã; 6. Os meios de comunicação mais influentes em Andorra, por razões lingüísticas, são catalãs, sobretudo a Televisão da Catalunha.[31]

Diante disso, pode-se entender a necessidade dos andorranos de afirmarem sua nacionalidade enquanto distinta da dos demais catalães, fossem eles franceses ou espanhóis.

Diferentemente da antinomia étnica catalã/castelhana vigente na Catalunha espanhola, há pouco examinada, trata-se em Andorra de uma dicotomia[32] que não é étnica, mas nacional. Daí a andorranidade e o esforço

---

29 Dolors C. D'Argemir e Joan J. Pujadas, op. cit., p. 65.

30 Idem, p. 63.

31 Ibidem, p. 66.

32 O uso do termo *dicotomia* em lugar de *antinomia* aponta para a diferença de natureza da relação catalão/castelhano comparada com a relação catalão (espanhol ou francês)/andorrano: a primeira relação envolve conflito (étnico) quando não explícito, pelo menos virtual; ao passo que a segunda relação exprime apenas o caráter de diferenciação (de nacionalidade) na interação.

cívico de sua construção. Para encerrar o exame dessa situação de fronteira, onde etnia e nacionalidade se justapõem como variáveis no processo identitário, vale a pena tentarmos aqui indicar certas características bastante esclarecedoras desse processo, dotado, aliás – como estou procurando mostrar –, de profunda ambigüidade. Essas características estão bem assinaladas pelos colegas catalães mencionados, D'Argemir e Pujadas. É assim que os contrastes entre *nós* e *eles*, marcadores do jogo de exclusão e inclusão que expressa a natureza da identidade contrastiva, podem ser observados com referência aos seguintes operadores simbólicos:

a. a *terra* ou território é certamente o primeiro desses operadores, onde o *nós* são os filhos da terra e os *outros* são os recém-chegados;

b. como segundo operador simbólico, tem-se a *história* real ou suposta – as lendas –, que remontam à época de Carlos Magno, fundador do Principado de Andorra;

c. o *sangue*, como terceiro operador, passa a ser o marcador de uma ancestralidade genética, isto é, ser "andorrano de raiz" (na expressão catalã, *andorrans de soca*);

d. a *língua* aparece como o quarto operador, pois se identifica univocamente todos os catalães de Espanha e França, possui um peso simbólico extremamente importante para a cidadania andorrana, uma vez que Andorra é o único Estado que tem o idioma catalão por língua oficial;

e. a *propriedade*, seja individual ou comunitária, é um atributo de andorranidade que não se pode deixar de considerar;

f. finalmente temos o que se pode denominar de *caráter*, entendido como "o resultado da acumulação histórica, [...] como uma variável abstrata" de conteúdo psicológico, porém central na construção simbólica da cidadania, a bem dizer da essência da identidade andorrana. [33]

Em suma, a questão da nacionalidade, quando comparada com a da etnicidade, apresenta-se no mundo andorrano provavelmente como sua

33 Dolors C. D'Argemir e Joan J. Pujadas, op. cit., p. 134.

expressão mais forte! Nesse sentido, poderíamos considerá-la como o extremo de um espectro (ou *gradient*) de identidades nacionais, onde a nacionalidade ganha contornos excepcionalmente nítidos, com grande poder de sinalização de indivíduos ou grupos no sistema societário envolvente. E, naturalmente, no outro extremo do espectro, as identidades nacionais estariam bastante diluídas comparativamente às identidades étnicas, como, por exemplo – para ficarmos com o outro extremo do espectro –, às identidades de índios situados em regiões de fronteira, observáveis em nosso continente. O caso da identidade andorrana que estamos acabando de considerar serve-nos aqui de ilustração de um "tipo ideal" de identidade nacional, como uma identidade sujeita a ser invocada quase quotidianamente, mesmo quando os cidadãos andorranos se encontram no interior de seu próprio país; pois qual o sentido de alguém invocar sua nacionalidade quando dentro de seu próprio país? Isso é algo que parece não fazer sentido, salvo em áreas de fronteiras comuns com outros países, onde a nacionalidade torna-se então absolutamente operacional – que é, precisamente, o caso de Andorra.

Interessado em aprofundar a elucidação dessa questão das identidades étnicas e nacionais nas situações fronteiriças, decidi iniciar um programa de pesquisa voltado precisamente às relações observáveis em diferentes fronteiras internacionais. Trata-se de um programa de pesquisa capaz de abrigar projetos individuais de investigação comparada destinados, em sua maioria, à elaboração de dissertações de mestrado e de teses de doutoramento, portanto tendo um caráter bastante exploratório.[34] Quanto às estratégias de investigação, vale esclarecer que embora o programa tenha um marco teórico bastante amplo, uma vez que se filia ao campo da etni-

34 É um programa que tem lugar no Centro de Pesquisa e Pós-Graduação sobre as Américas da Universidade de Brasília, destinado ao treinamento de pesquisadores em ciências sociais brasileiros e estrangeiros, notadamente latino-americanos.

cidade e das identidades sociais – como já pude explicitar em artigo[35] –, em nenhum momento ele pretende ter o monopólio de um ponto de vista, ainda que seja antropológico, que venha eliminar a possibilidade de participação de estudantes ou de colegas originários de outras disciplinas, como a sociologia, a ciência política, a psicologia social ou a história. O nosso interesse – dos membros deste programa –, é não apenas comparar situações de fronteira, a começar pela comparação de ambos os lados dessa fronteira, mas também proceder a avaliação das diferentes abordagens ou pontos de vista teórico-metodológicos exercitados no trato de uma mesma e ampla temática.

Abstraindo-nos dos aspectos estritamente acadêmicos desse programa, sua menção nesta oportunidade se justifica porque nos conduz a um patamar de discussão raramente proporcionado entre nós: o da situação vivida nas condições de fronteira, a saber, quando indivíduos e suas famílias vivem compulsoriamente o contato com o Outro, aquele que está "do outro lado", submetido a outras leis, ditadas por outro Estado nacional, a outros costumes, em suma a outros padrões culturais, quando não – em alguns casos como o das relações entre brasileiros e seus vizinhos hispano-americanos – a outros idiomas. Daí porque a situação de fronteira, assim vivida, diverge radicalmente da situação vivida por cidadãos de um "país de fronteira", como vimos no caso de Andorra.

Quais, portanto, as peculiaridades de cidades fronteiriças como as que podemos observar no espaço latino-americano e que se encontram divididas – ou, melhor dizendo, unidas –, seja por uma *rua* (como Rivera e Santana do Livramento ou Chuí e Xuí, todas na fronteira Brasil-Uruguai); seja por uma *ponte* (como Artigas e Quaraí ou Rio Branco e Jaguarão, na mesma fronteira; mais Uruguaiana e Pasos de los Libres ou Foz do Iguaçu e Puerto Iguazu na província argentina de Misiones, ou, ainda, nessa mesma província, Posada e Cidade del Leste no Paraguai, bem como e também fora do Brasil, na fronteira Uruguai-Argentina, as cidades de

35 Roberto Cardoso de Oliveira, "Identidade, etnicidade e nacionalidade no Mercosul", op. cit.

Salto e Concórdia e as de Paysandú-Colón e Concepción del Uruguai). Esses espaços fronteiriços, se bem que concentrados na região do Mercosul – pelo único motivo de que nessa área está se concentrando expressivo número de pesquisas –, tais espaços não excluem outros, como o constituído pela articulação das cidades de Letícia e Tabatinga, praticamente unidas por uma pequena estrada entre Colômbia e Brasil, e por onde transitam índios Tükúna e não índios; ou, ainda, para exemplificar com grandes regiões e não apenas com cidades, a área indígena Raposa/Serra do Sol, habitada pelos Makuxi, nas fronteiras brasileiras com a Guiana e a Venezuela, uma área que tem estado em grande evidência pela luta política para a sua demarcação. Também, é importante assinalar que essas regiões de fronteira, em maior ou menor grau, abrigam sistemas de interação entre nacionalidades e etnias extremamente variadas, e não apenas indígenas, como bem ilustram as áreas Tükúna e Makuxi – que acabei de mencionar –, mas também entre contingentes populacionais massivamente representados por imigrantes de diferentes nacionalidades. Essas áreas de circulação latino-americana e de imigração européia tanto quanto de presença fragmentada de povos originários se apresentam, portanto, nessas várias regiões como exemplos privilegiados de interação intercultural e interétnica.

Vou me permitir reproduzir aqui algumas considerações já feitas alhures sobre esses interessantes cenários e que se encontram abertos à pesquisa.

> É assim que em ambos lados da fronteira se pode constatar a existência de contingentes populacionais não necessariamente homogêneos, mas diferenciados pela presença de indivíduos ou grupos pertencentes a diferentes etnias, sejam elas autóctones ou indígenas, sejam provenientes de outros países pelo processo de imigração. Ora, isso confere à população inserida no contexto de fronteira um grau de diversificação étnica que, somado à nacionalidade natural ou conquistada do conjunto populacional de um e de outro lado da fronteira, cria uma situação sociocultural extremamente complexa. No caso das etnias – se me é concedido o direito de especular –, não se trata mais de considerá-las em si mesmas, isto é, enquanto tais, mas inseri-las num outro quadro de referência: o quadro (inter)nacional. A rigor, poder-se-ia dizer que tal quadro teria sua configuração marcada por um processo transnacional, apontando

> esse termo para o caráter dinâmico das relações sociais vividas em fronteira. E é precisamente esse processo de transnacionalidade que, a meu ver, se impõe ao observador como uma instância empírica sujeita à descrição sistemática. Portanto, no caso de uma situação de fronteira, aquilo que surge como poderoso determinador social, político e cultural – provavelmente mais do que a etnicidade – passa a ser a nacionalidade dos agentes sociais. É quando nacionalidade e etnicidade se interseccionam, tal qual identidades que passam a ocupar um mesmo espaço. E é exatamente esse espaço ocupado pela nacionalidade que tende a se internacionalizar, graças ao processo de transnacionalização que nele tem lugar. Torna-se um único espaço virtual – do ponto de vista social e cultural – ao longo de um processo histórico, onde – como seria de se esperar – apenas a dimensão política, ou melhor, a identidade política e, portanto, a nacionalidade, continuaria a marcar a identificação dos indivíduos num ou noutro lado da fronteira.[36]

Nesse sentido, vale considerar, no que tange ao processo identitário, que se trata de um espaço marcado pela ambigüidade das identidades – um espaço que, por sua própria natureza, abre-se à manipulação pelas etnias e nacionalidades em conjunção.

Vamos examinar mais detidamente o caso das etnias indígenas situadas em áreas de fronteira – e que constituiriam o outro extremo do espectro do processo identitário, ao qual me referi momentos atrás, a saber, em que as identidades nacionais estariam bastante diluídas quando comparadas às identidades étnicas. No cenário do alto rio Solimões, onde estão os já mencionados Tükúna, situados na tríplice fronteira Brasil/Colômbia/Peru, o que se pode observar é a grande facilidade com que esses índios transitam nas fronteiras onde a identidade indígena prepondera nitidamente sobre as identidades nacionais. Se tomarmos a moeda como símbolo de interação entre os atores Tükúna, veremos que o Real brasileiro, o Peso colombiano e o Sol peruano são para as populações fronteiriças um objeto de desejo em nada diáfano, uma vez que as moedas têm sua procura determinada pela maior ou menor taxa cambial do momento! Esses Tükúna – particularmente os que vivem às margens do Solimões,

36 Roberto Cardoso de Oliveira, "Identidade, etnicidade e nacionalidade no Mercosul", pp. 13-14.

uma verdadeira estrada fluvial, pois há os que vivem mais afastados do grande rio, nos altos igarapés – bem sabem o valor de cada moeda ao câmbio do dia... Já quanto à nacionalidade, como uma segunda identidade, é claro que ela será instrumentalizada de conformidade com situações concretas em que os indivíduos ou os grupos estiverem inseridos, como a de procurarem assistência à saúde, à educação dos filhos ou a uma eventual proteção junto a forças militares de fronteira: seriam casos típicos de manipulação de identidade junto a representantes dos respectivos Estados nacionais.[37]

Em outros cenários internacionais nos quais se encontram povos indígenas, portanto em outras fronteiras, formas bastante inovadoras às culturas tribais podem ser observadas, como a necessidade de passaporte invocadas por eles para circulação regional. A divisão dos territórios étnicos por fatores exógenos, como a ação de Estados nacionais invasores, responsáveis por reparti-los em várias jurisdições, conforme nos relata o antropólogo boliviano Xavier Albó,

> levaram indígenas de alguns países, como os Guajiros da Colômbia-Venezuela ou os Shuar do Ecuador-Peru, a postular formalmente uma espécie de passaporte próprio que os permita transitar através do território, para um e outro lado das atuais fronteiras estatais.[38]

O mesmo autor ainda comenta:

> A freqüência com que ocorrem situações semelhantes também em outros países nos faz pensar que a proposta de um Estado plurinacional resultaria em algo mais viável dentro de uma confederação interestatal a nível andino ou continental.[39]

Ainda que me pareça bastante utópico, e, pelo que me consta, não é uma reivindicação das lideranças indígenas no Brasil, esse é um tema da

37 Em meu livro *O índio e o mundo dos brancos*, o leitor encontrará informações etnográficas mais completas sobre a inserção desses índios no sistema monetário.

38 Xavier Albó, "El resurgir de la identidad étnica: Desafíos prácticos y teóricos", in J. Jorge Klor de Alva *et alii* (orgs.), *De la palavra y obra en el Nuevo Mundo*, n. 4, "Tramas de la identidad", Madri, Siglo XXI de España Editores S.A., 1995, p. 431.

39 Idem, p. 431.

maior importância, mas que, infelizmente, extrapola os limites aos quais me impus nesta exposição. Entretanto, é um tema que chama a atenção para várias questões associadas, como as que se relacionam com o multiculturalismo ou a sociedade plural, entre outras, todas elas estratégicas para se pensar o país e a América Latina no âmbito da problemática da construção de uma sociedade e de um Estado efetivamente democráticos.

Mas nada mais interessante ressaltar relativamente às identidades modernas dos "povos originários" – para adotarmos uma expressão "politicamente correta", no âmbito do atual movimento pan-indígena –, é que os elementos culturais de recente desejo, como a moeda ou o passaporte, são o resultado da necessidade que esses povos têm de incorporar em seu modo de vida meios de sobrevivência nesse novo mundo em que foram obrigados a se inserir. "Sofrem então, em nome de uma [suposta] cidadania universal, novas formas de colonialismo etnocêntrico".[40] Mas o que talvez seja o pior é o efeito moralmente perverso do etnocentrismo colonial que tende a transformar a consciência indígena numa "consciência infeliz" – para usar essa mesma expressão hegeliana de que me vali em outro lugar –, levando "o índio a se ver com os olhos do branco", do colonizador.[41] E para voltarmos a um autor já citado aqui, Charles Taylor, vejamos o que ele diz:

> Após gerações, a sociedade branca deu uma imagem depreciativa à qual certamente não tiveram força para resistir. Desse ponto de vista, esta autodepreciação tornou-se uma das armas mais eficazes de sua própria opressão. Seu primeiro objetivo deverá ser desembaraçar-se dessa identidade imposta e destrutiva. Recentemente, uma análise semelhante foi feita pelos povos indígenas e colonizados em geral.[42]

E é verdade que, pelo menos a partir do final dos anos 1960, quando os movimentos sociais de afirmação de identidade começaram a eclodir – como, no caso dos índios, o pan-indianismo está aí para confirmar –, a

---

40 Xavier Albó, op. cit., p. 432.

41 Cf. Roberto Cardoso de Oliveira, *O índio e o mundo dos brancos*, 4. ed., Campinas, Editora da Unicamp, 1996 [1964], pp. 117ss.

42 Charles Taylor, *Multiculturalisme: Différence et démocratie*, Paris, Aubier, 1994, p. 42.

auto-afirmação da identidade indígena passou a ser uma regra de aceitação absoluta pelo movimento. O ser índio passou a ser fonte de dignidade e de auto-valorização do "Nós tribal". Tal como no movimento negro norte-americano cunhou-se a expressão "Black is beautiful", no movimento indígena expressões equivalentes começaram a surgir! O reconhecimento da identidade do indígena enquanto ser coletivo passou então a ser mais do que um direito político, mas um imperativo moral. Diz Taylor, que "o reconhecimento não é simplesmente uma polidez que se faz às pessoas: é uma necessidade humana vital".[43] Pode-se dizer, com isso, que a ambigüidade histórica da categoria índio, enquanto termo identitário originalmente pejorativo, acabou por se desfazer no bojo dos movimentos indígenas libertários.

É o momento de concluir. Pudemos ver que a despeito da variedade dos cenários examinados – variedade essa propositadamente escolhida –, eles têm em comum um conjunto de pontos que vale ressaltar. De uma maneira muito sucinta, apontaria três deles:

1. O *reconhecimento* da identidade étnica ou nacional seria o primeiro, uma vez que ele é fundamental em quaisquer dos cenários escolhidos. Para todas essas manifestações de identidade étnica e nacional talvez se ajuste bem o conceito de *identidades traduzidas*, formulado originalmente pelo escritor paquistanês Salman Rushdie com a expressão "homens traduzidos", para exprimir a idéia de homens e mulheres que são simultaneamente plurais e parciais.[44] Os diferentes casos examinados de um modo ou de outro expressam essas identidades traduzidas, ainda que com intensidade variável segundo os fatores de ordem simbólica, como a cultura, da qualidade do contato

43 Charles Taylor, op. cit., p. 42.

44 Apud Homi K. Bhabha (*O local da cultura*, Belo Horizonte, Editora UFMG, 1998). Naturalmente que estou reformulando o conceito com toda liberdade, retendo muito mais a noção de ambigüidade nele contida.

interétnico e/ou das nacionalidades em conjunção, bem como se as relações entre os agentes sociais são conflituosas ou não. Naturalmente que o caráter crítico da relação entre o *Nós* e os *Outros*, gerador de crises reais ou potenciais, tem um papel definitivo. Nesse sentido, pode-se imaginar uma gradação desde o menor grau de virulência para a maior – como o dos imigrantes sul-americanos (os brasileiros e a professora uruguaia nos Estados Unidos) até a situação de fronteira vivida por povos indígenas (como os Tükúna, os Guajiro ou os Shuar), passando pelos cenários habitados pelos catalães, em que pudemos visualizar a mencionada dialética entre a etnicidade e a nacionalidade (em Barcelona e em Andorra).

2. O respeito à *diferença* é outro elemento da interação social recorrente em todos os cenários considerados. Evidentemente, também aí se pode observar uma variação no espectro do relacionamento entre *Nós* e os *Outros*, desde uma posição em que se rejeita qualquer diferença (como no caso dos imigrantes sul-americanos "brancos"), pois ela tende a assumir uma forma étnica (*hispanic*) quando não simplesmente racista, em lugar de privilegiar a nacionalidade que seria a natural reivindicação de cidadão de um outro país; até a aceitação voluntária da diferença (como os índios na outra ponta do espectro), na medida em que ela seja absolutamente respeitada. Já nos cenários marcados pelas identidades catalã e andorrana, o respeito à diferença se exprime enquanto tolerância recíproca aos costumes tradicionais característicos de uns e de outros, sejam eles catalães espanhóis, franceses ou andorranos, separados por suas respectivas nacionalidades.
3. Como corolário ético aos dois pontos anteriores, pode-se observar nos diversos cenários uma expectativa dos agentes sociais, étnicos ou nacionais, quanto à elevação daquilo que poderíamos chamar de "taxa de *consideração*". É importante de se ter em conta que, enquanto os dois primeiros pontos são de ordem política – em que políticas públicas como a "ação afirmativa" ou o multiculturalismo, entre outras, teriam uma demanda certa –, este ponto é de ordem moral. E, por essa razão, talvez mais difícil de observação empírica. Contudo, creio

que ficou evidenciado no exame dos diferentes cenários que é a *consideração*, que está na base do reconhecimento, aquela sim, mais do que este último, "uma necessidade humana vital" – para repetirmos as palavras de Charles Taylor, agora aplicada à consideração como condição de moralidade nas relações interétnicas ou entre nacionalidades. Finalmente, seria esta mesma consideração pelos *Outros*, indispensável à própria auto-consideração, como a verdadeira fonte de dignidade do *Nós*, tanto quanto do *Self*, seja ele étnico ou nacional. E a ênfase que estou pondo na dignidade das identidades *desplazadas*, traduzidas, ou mesmo estigmatizadas, inerentemente ambíguas devido aos azares dos novos contextos sociais e culturais em que se vêem inseridas, espero que venha a ter um significado especial para o desenvolvimento de pesquisas nesta direção, em que questões de moralidade, sobretudo quando associadas a processos identitários como os que foram examinados, possuam a mesma espessura empírica que os demais fenômenos com os quais as ciências sociais estão habituadas a investigar. O que diagnostiquei como "(des)caminhos da identidade" não significa mais do que um alvo de pesquisa e de reflexão, mas pode ser útil para estimular estudos nesta direção.

Bibliografia citada

Albó, Xavier. "El resurgir de la identidad étnica: Desafíos prácticos y teóricos", in Klor de Alva, J. Jorge *et alii* (orgs.), *De la palavra y obra en el Nuevo Mundo*, n. 4, "Tramas de la identidad", Madri, Siglo XXI de España Editores S. A., 1995.

Barth, Fredrik. *Ethnic group and boundaries: The social organization of culture difference*, Oslo, Johansen & Nielsen Boktrykeri, 1969.

Bhabha, Homi K. *O local da cultura*, Belo Horizonte, Editora UFMG, 1998.

Cardoso de Oliveira, Luís R. "Democracia, hierarquia e cultura no Quebec", *Série Antropologia,* n. 232, Departamento de Antropologia, Universidade de Brasília, 1997.

Cardoso de Oliveira, Roberto. "Identidade, etnicidade e nacionalidade no Mercosul", *Política Comparada: Revista Brasiliense de Políticas Comparadas*, Vol. 1, n. 2, 1997.

———. *O índio e o mundo dos brancos*, 4. ed., Campinas, Editora da Unicamp, 1996 [1964].

———. "Identidade catalã e ideologia étnica", *Mana: Estudos de Antropologia Social*, Vol. 1, n. 1, 1995.

———. "A etnicidade como fator de estilo", *Cadernos de História de Filosofia e Filosofia da Ciência*, Vol. 3, n. 5, 1995.

———. *Identidade, etnia e estrutura social*, São Paulo, Pioneira, 1976.

COHEN, Abner. "Introduction: The lesson of ethnicity", in COHEN, Abner (org.), *Urban Ethnicity*, ASA 12, Londres, Tavistock Publications, 1974.

D'ARGEMIR, Dolors C., PUJADAS, Joan J. *Andorra, un país de frontera: Estudi etnogràfic dels canvis economics, socials i culturals*, Barcelona, Editorial Alta Fulla, 1997.

ERIKSEN, Thomas H. "The cultural contexts of ethnic differences", *Journal of the Royal Anthropological Institute*, Vol. 26, n. 1, 1991.

FABREGAT, Esteva. *Estado, etnicidad y biculturalismo*, Barcelona, Ediciones Península, 1984.

GLAZER, N., MOYNIHAN, D. P. (orgs.), Ethnicity: Theory and experience, Cambridge-Mass, Harvard University Press, 1975.

INSTITUT CATALÀ D'ESTUDIS MEDITERRANIS. *El sistema de valors dels Catalans: Catalunya dins l'enquesta europea de valors dells anys 90*, Barcelona, Generalitat de Catalunya, 1991.

ISAACS, H. R. "Basic group identity: The idols of the tribe", *Ethnicity*, Vol. 1, n. 1, 1974.

MARTES, Ana C. Braga. *Brasileiros nos Estados Unidos: Um estudo sobre imigrantes em Massachusetts*, São Paulo, Paz e Terra, 2000.

NOGUEIRA, Oracy. "Preconceito racial de marca e preconceito racial de origem", in *Anais do XXXI Congresso Internacional de Americanistas*, Herbert Baldus (org.), São Paulo, Editora Anhembi, 1955.

REGUEIRO ÉLAN, Helen. "El indio ausente y la identidad nacional uruguaya", in J. Jorge Klor de Alva *et alii* (orgs.), *De la palavra y obra en el Nuevo Mundo*, n. 4, "Tramas de la identidad", Madri, Siglo XXI de España Editores S. A., 1995.

RIBEIRO, Gustavo L. "Goiânia, Califórnia, vulnerabilidade, ambigüidade e cidadania transnacional", *Série Antropologia*, n. 235, Departamento de Antropologia, Universidade de Brasília, 1998.

———. "O que faz o Brasil, Brazil. Jogos identitários em San Francisco", *Série Antropologia*, n. 237, Departamento de Antropologia, Universidade de Brasília, 1998.

———. "Identidade brasileira no espelho interétnico. Essencialismos e hibridismos em San Francisco", *Série Antropologia*, n. 241, Departamento de Antropologia, Universidade de Brasília, 1998.

TAYLOR, Charles. *Multiculturalisme: Différence et démocratie*, Paris, Aubier, 1994.

———. *As fontes do self: A construção da identidade moderna*, São Paulo, Loyola, 1997.

4

Identidade catalã e ideologia étnica

(Pensamento antropológico e etnização)

Introdução: Leitura e observação

Para alguém treinado como etnólogo de povos ágrafos e de pequena escala, investigar uma sociedade letrada, moderna e possuidora de uma história profunda e ricamente documentada confere à pesquisa etnográfica um caráter radicalmente novo. Menciono isso pelo fato de, não obstante a pesquisa na Catalunha guardar uma certa relação com a etnologia de povos indígenas, com a qual comecei meus estudos sobre identidade e etnicidade no Brasil e, parcialmente, no México,[1] na Catalunha a pesquisa oferece novas perspectivas. Isso quer dizer que do estudo de populações tribais – em suas relações com sociedades nacionais envolventes – passo a me interessar pelo estudo de antropologias

---

1 Limito-me a mencionar, como referência a esses estudos, as seguintes monografias: *O processo de assimilação dos Terêna* (1960), *O índio e o mundo dos brancos* (1964) e *Urbanização e tribalismo: A integração dos índios terêna numa sociedade de classes* (1968). Com relação à experiência mexicana, cabe registrar a pesquisa "Resgate do patrimônio cultural tarasco", patrocinada pelo *Instituto Nacional de Antropología e Historia* – Inah e da qual participei como consultor científico em 1973, durante a investigação de campo realizada em Patzcoaro, Michoacán, México.

"nacionais", portanto só existentes em sociedades complexas e industrializadas, sendo que o tópico de meu maior interesse estaria no relacionamento dessas antropologias nacionais com as antropologias "centrais" ou "metropolitanas", com as quais aquelas guardam posições "periféricas".[2] Seria como passar da etnografia de culturas tribais para a investigação de "culturas antropológicas" ou, sem nenhuma ironia, das tribos indígenas às "tribos" de antropólogos. Do mesmo modo que – seguindo a recomendação de Mauss – sempre me interessou saber *como pensam* os índios e *quem são eles* em seu contato com segmentos dominantes da sociedade nacional, interesso-me igualmente por saber "como pensa" a antropologia, a saber, a comunidade de seus praticantes nas diferentes etapas de sua transculturação dos centros metropolitanos para a periferia. Mas se a atitude teórico-epistemológica adotada foi efetivamente essa, tal não significa que ela não tenha trazido problemas novos e específicos do ponto de vista metodológico, ou, melhor, sobre a estratégia da pesquisa – e cuja busca de solução se constituiu, afinal, no maior desafio com que me deparei. Procurarei expor sucintamente a seguir as dificuldades encontradas e as soluções que imaginei serem suscetíveis de resolvê-las. Antes, duas palavras sobre o título do ensaio. Por "pensamento antropológico" quero me referir a dois de seus sentidos: um que remete à concepção de *Homem catalão*, concepção essa quase uma representação coletiva, manifestada no entendimento popular de "ser catalão" e concretizada na formulação da identidade (étnica) catalã pela intelectualidade do final do século XIX, e princípios do século XX; outro sentido é aquele que envolve todo o processo de cientifização desse pensamento através de seu percurso do folclore à antropologia, esta última enquanto disciplina de propósitos claramente científicos.

---

2 As noções de centro e periferia não são absolutamente novas. Todavia quero registrar que por "centro" entendo aqui as antropologias surgidas na França, Inglaterra e Estados Unidos, nos finais do século XIX, responsáveis, respectivamente, pela constituição dos "paradigmas" racionalista, estrutural-funcionalista e culturalista que se irradiaram para outras comunidades de antropólogos que classifico aqui, por falta de termo melhor, de periféricas. Os argumentos que utilizo para justificar essa classificação estão em meu livro *Sobre o pensamento antropológico* (1988).

Quanto às dificuldades encontradas no caminho adotado para a investigação, talvez a principal delas tenha estado na impossibilidade prática, portanto não teórica, de perguntar pela segunda questão maussiana: "quem são os que pensam", portanto, no caso, os antropólogos. Achei por bem que seria melhor, ao menos num primeiro momento da investigação, recortar o meu objeto de maneira a me circunscrever apenas no nível do *pensamento antropológico*, ou, com outras palavras, no mundo de representações que a própria intelectualidade catalã construiu sobre si mesma ao longo, pelo menos, de dois séculos. Isso quer dizer que uma verdadeira etnografia dos profissionais da disciplina – quando a pergunta sobre quem são esses profissionais não poderia deixar de ser respondida – teria que ser posta de lado por um conjunto de razões: seja pela amplitude dessa comunidade hoje em dia atuante, seja pelo pouco tempo disponível para a pesquisa de campo (uma vez que dispunha de apenas dois meses, o que não me permitiu, por exemplo, visitar a Universidade de Terragona, onde há um grupo de antropólogos dedicados a estudos da própria etnicidade catalã),[3] seja ainda – e talvez possa ser essa a razão principal – pela pouca relevância da etnicidade na antropologia moderna que se faz na Catalunha (uma disciplina, aliás, muito parecida com a que fazemos no Brasil em termos de variedade temática e orientação teórica). De maneira que, para a formulação do problema central da pesquisa, a atual antropologia seria pouco esclarecedora sobre o papel desempenhado pela identidade étnica, enquanto ideologia, na visão que o homem catalão tem de si mesmo e que teria marcado de modo muito forte a disciplina em suas origens. A multiplicidade de orientações da antropologia que se faz atualmente na Catalunha indica apenas uma dessas orientações – talvez a que tenha por foco de investigação a questão da etnicidade –, que estaria contaminada pela catalanidade, como sua marca ideológica. E isso é o que

3 Há um expressivo número de antropólogos nas principais universidades da Catalunha, como a Universidade de Barcelona, na cidade de Barcelona, e a Universidade Autônoma de Barcelona, em Bellaterra (sendo que junto a esta última estive vinculado como professor visitante, em 1992), mas nem todos os seus antropólogos são de cidadania ou cultura catalã.

procurarei examinar no correr deste ensaio, numa tentativa de interpretar aspectos que me parecem importantes na formação da antropologia na Catalunha, enquanto disciplina autônoma.

Outras dificuldades também tiveram lugar. Porém, acredito que no desenvolver do texto elas aparecerão e serão examinadas juntamente com as soluções que encontrei para saná-las. O certo é que a condição de forasteiro em qualquer lugar, quer no interior do Brasil, quer na Europa, abre-nos a possibilidade daquele estranhamento, tão fundamental para o exercício daquilo que chamamos de observação etnográfica. Portanto, o primeiro fato a chamar a minha atenção foi a presença constante da questão catalã na *mídia*. Nos jornais, na televisão ou em revistas culturais, as discussões sobre a identidade e a nacionalidade catalãs apareciam com muita freqüência. Eventos, como as danças dominicais, denominadas *sardana*, reuniam centenas de pessoas num amplo pátio em frente da Catedral Gótica, do século XIV, no centro do famoso Bairro Gótico, movimentando-se em grupos e alardeando um forte sentimento patriótico. Claro que isso tudo fazia muito sentido, mesmo a um forasteiro como eu, sabedor, entretanto, de alguma coisa da luta do povo catalão para manter sua identidade. Ameaçada durante séculos e, mais recentemente, durante a ditadura franquista – quando o próprio idioma catalão fora proibido de ser falado em público, juntamente com a manifestação de seus costumes mais caros –, a identidade catalã só sobreviveu como resultado de muita luta, inclusive no plano simbólico – o que me parece ser da maior importância realçar. Dançar a *sardana* e em espaços públicos significava, por exemplo, simbolizar a recuperação de sua identidade nacional.

Mas, como converter essa observação em algo menos casual do que a de um forasteiro recém-chegado numa cidade de quase 2 milhões de habitantes?[4] Evidentemente Barcelona se abria para o pesquisador graças

4 Dados de 1980 acusam uma população de 1.752.627 indivíduos. Embora o crescimento da população de Barcelona não possua o mesmo ímpeto de que estamos habituados no Brasil, desde que consideremos que em 1970 já havia 1.743.565 habitantes. Para nós isso seria uma diferença quase desprezível, considerando-se aqui o espaço de uma década entre uma e outra estatística. Im-

à ampla possibilidade de informação que a leitura de uma rica literatura catalã propiciava. Não necessariamente de obras de ficção, que, se eu não as desprezava, não dispunha do tempo necessário para lê-las, ainda que reconhecesse constituírem elas boas frestas através das quais o interior da caixa preta da cultura catalã poderia ser mais facilmente desvendado. A literatura que se afigurou como sendo a mais adequada para recorrer foi a de livros e ensaios de caráter histórico, filosófico, antropológico ou sociológico, nos quais a preocupação explícita em dar conta da realidade catalã oferecia ao pesquisador as informações de utilidade mais imediata. As fontes de que me vali estão relacionadas na Bibliografia e nela devidamente identificadas as que estão em idioma catalão. Gostaria, apenas, agora, de fazer uma apreciação muito geral sobre ela, uma vez que de sua leitura abriram-se possibilidades inesperadas de observação, que asseguraram, de certa forma, a efetivação da pesquisa.

Preliminarmente, devo dizer que desde minha primeira ida a Barcelona, ocorrida em 1990, quando participei do Seminário sobre "Identidade cultural e modernidade. Novos modelos de relações interculturais",[5] passei a receber a revista *Catalònia*, editada pelo *Centre Unesco de Catalunya*, uma miscelânea de artigos majoritariamente dedicados à região, constitu-

---

porta assinalar, contudo, que dessa população 60,74% nasceram na Catalunha, sendo os demais habitantes imigrantes de outras regiões da Espanha, dos quais 30,62% de fala castelhana; o restante estava assim distribuído: 2,9% de galegos e 1,03% de bascos. Os demais, provavelmente, não seriam oriundos de regiões da Espanha. Cf. Claudi Esteva Fabregat, *Estado, etnicidad y biculturalismo*, Barcelona, Ediciones Peninsula, 1984, pp. 150-151 (esclareça-se que em algumas de suas publicações, como nesta, o prenome Cláudio é escrito em sua forma catalã, Claudi).

5 Em idioma catalão, denominava-se *Seminari sobre identitat cultural i modernitat. Nous models de relacions culturals*, promovido pela *Federació Catalana d'Associacions i Clubs Unesco* e patrocinado pela *Generalitat de Catalunya*, órgão de administração da autonomia da Catalunha. Nesse seminário pude apresentar uma comunicação intitulada "Un nuevo modelo de las relaciones interétnicas en Brasil" (Roberto Cardoso de Oliveira, "Un nuevo modelo de las relaciones interétnicas en Brasil", in Guillermo Bonfil Batalla (org.), *Hacia nuevos modelos de relaciones interculturales*, México, Consejo Nacional para la Cultura y las Artes, 1993).

indo-se numa excelente fonte de informações e de dados sobre a etnicidade catalã. Só um exame do conteúdo dos 35 números da revista já se constituiria num interessante trabalho sobre o tema central da pesquisa. Todavia, servi-me apenas episodicamente de seus artigos, particularmente de seus editoriais, escritos sempre por seu diretor, Félix Martí – certamente um dos intelectuais mais atuantes no movimento político inspirado na ideologia da catalanidade e observável na Catalunha moderna. Além de fornecer informações preciosas sobre a história e a cultura catalã, juntamente com dados de natureza política e econômica sobre a atual conjuntura regional, *Catalònia* propiciava-me uma familiaridade com o idioma catalão, uma vez que a revista é bilíngüe: inglês e catalão. Portanto, quando dois anos depois eu me decidira a iniciar o presente estudo e situá-lo em Barcelona, já contava com um conjunto de informações sobre o passado e o presente da Catalunha e, ainda, com o idioma, que eu deveria estar apto ao menos para ler. Quanto à comunicação oral, o castelhano seria o suficiente, posto que, ao lado do catalão, é língua corrente.

A importância do idioma catalão estava no fato de grande parte da literatura disponível estar nessa língua, se bem que nem toda ela, como os títulos relacionados na bibliografia indicam. Porém, em catalão estavam os textos mais clássicos que eu pretendia examinar com o intuito de analisar as raízes da *catalanidade*, ou daquilo que podemos reconhecer como a ideologia sustentadora da identidade catalã ao longo dos séculos. No recorte que aí também tive de proceder, procurei selecionar alguns poucos autores, *doublé* de atores do processo de catalanização, localizados no século XIX e na primeira metade do século XX. Deles tratarei mais adiante, no lugar apropriado. O que importa neste momento dizer é que a leitura desses autores começou a ser feita simultaneamente à realização das observações e entrevistas que iam sendo conduzidas em Barcelona. Elas iam proporcionando aquelas interrogações necessárias à realização das entrevistas ao mesmo tempo em que refinavam minha sensibilidade para enxergar o que de mais significativo surgia à minha frente. Já em castelhano havia uma boa série de artigos e livros, para não dizer de jornais, que me permitiam acompanhar o dia-a-dia da Espanha e da Catalunha. Nesse sentido, editoriais e artigos estavam em regra proclamando a questão da nacionalidade catalã e, de um modo todo especial, a permanente problemática do idioma catalão (seu ensino na escola, a alfabetização e o bilingüismo etc.). Todo esse conjunto de informações assegurava-me que o recorte que eu havia dado na pesquisa sobre o pensamento antropológico catalão não tinha sido tão arbitrário como poderia parecer (e a mim chegou a parecer) à primeira vista. A questão da etnicidade se impunha como o tema por excelência, por meio da qual o próprio estudo da antropologia, particularmente de sua formação como disciplina científica, tornar-se-ia bem mais fecundo.

Ir buscar as origens da disciplina de maneira a dar conta do processo de sua formação pareceu-me a estratégia adequada, particularmente depois de ter tentado equacionar o estado da arte da antropologia catalã, ou, melhor diria, a antropologia que se faz na Catalunha. Tive muita sorte em me deparar logo quando de minha primeira ida à Universidade Autônoma da Catalunha com uma coletânea de artigos sobre a *Antropologia dos povos da Espanha*,[6] então recentemente publicada, que me ofereceu um quadro bastante atual não só da antropologia produzida na Catalunha, mas também na de toda a Espanha. Se este livro me proporcionou uma boa visão da antropologia moderna, algo bem próximo a uma amostragem bastante representativa do que se faz em toda a Espanha, um segundo texto me foi fundamental para aprender muito sobre a formação histórica da antropologia, especificamente na Catalunha: a tese doutoral de Luis Calvo Calvo, intitulada "A antropologia em Catalunha".[7] Aliás, Luis

6 Joan Prat, Ubaldo Martínez, Jesús Contreras e Isidoro Moreno, *Antropología de los pueblos de España*, Madri, Taurus Universitaria, 1991.

7 Luis Calvo Calvo, "La antropologia en Cataluña", Universitat de Barcelona, Facultat de Geografia i Historia, Departament d'Antropologia Cultural i História d'América i África, 2 volumes, 1989, mimeo. Parte desta tese foi publicada como *El arxiu d'etnografia i folklore de Catalunya y la antropologia catalana*, Barcelona, Consejo Superior de Investigaciones Científicas, 1991. Ambos os textos escritos em castelhano, porém cabe esclarecer que a referência ao autor quando em catalão é Lluís Calvo i Calvo, enquanto em castelhano é Luis Calvo Calvo.

Calvo Calvo foi também um bom interlocutor e um fraterno colega em me pôr à disposição vários outros textos, além de me fornecer cópias de artigos por ele mesmo consultados na elaboração de sua tese e de difícil consulta em bibliotecas de Barcelona. Toda a leitura que os livros acima proporcionaram, levaram-me a consolidar minha idéia de que o foco da investigação deveria estar efetivamente na questão da *contaminação da antropologia pela etnicidade*, ou, em outras palavras, no papel desempenhado pela catalanidade na formação da disciplina na Catalunha. Isso implicava também o seu reverso, isto é, a *(pré)história da antropologia como uma porta de acesso à etnicidade catalã*, ou a própria formação da idéia de ser e "do Ser" catalão. Admito, desde já, que esse segundo aspecto da pesquisa passou a ocupar, gradativamente, o centro de meu interesse. Por outro lado, a grande complexidade da antropologia moderna catalã, na qual tal contaminação não estava absolutamente tão evidente (como eu imaginava antes de iniciar a pesquisa), tornava muito mais premente resgatá-la naquelas etapas de desenvolvimento da disciplina em que a consciência da identidade catalã e a luta por seus direitos de cidadania mais fortemente se expressavam. Isso se dava sobretudo em duas áreas: a do direito consuetudinário e a do folclore. É nesta última que vamos encontrar os antecedentes mais diretos da antropologia. Mesmo porque o meu interesse primordial, do ponto de vista teórico, estava na investigação desse campo comum em que habitavam a disciplina e a ideologia étnica, a saber, precisamente na intersecção entre ambas.

Uma reflexão ainda sobre a *observação*. O *status* da observação etnográfica, tendo em vista as condições em que se realizava a pesquisa, não pôde deixar de ser secundário, bem diferente, portanto, do que se poderia esperar numa investigação junto a uma população de pequena escala. Não que uma etnografia fosse impossível simplesmente por essa razão; mas unicamente porque o tempo disponível para realizá-la estava longe de ser suficiente, como já me referi. Ao mesmo tempo, sempre supus – e continuo supondo – que a pesquisa apenas estava em seu início e que na primeira oportunidade ela haveria de ser continuada (seja por mim, seja por um colega ou, mesmo, por um aluno doutorando), quando então a observação sistemática haveria de ter lugar. Todavia, nem por isso ela esteve totalmente ausente. Mesmo porque só o fato de residir em Barcelona, visitar suas instituições acadêmicas e científicas, dialogar com colegas e participar da vida cultural da cidade (como concertos, conferências, idas a museus científicos e artísticos etc.), além, naturalmente, de viver juntamente com minha mulher e filha o quotidiano da cidade, conhecendo-a bastante bem graças a um sistema metroviário bastante extenso, tudo isso proporcionava uma grande familiaridade e gerava uma forte empatia, responsável para que o mundo catalão – ou, pelo menos, sua parte urbana – fosse amplamente absorvido pelo meu espírito e por minha sensibilidade. Mesmo uma observação assistemática, desde que combinada com uma leitura sistemática, ensinou-me ser da maior valia. Se a leitura de uma bibliografia em progressiva ampliação imprimia toda sorte de significados ao que se ia vendo, ouvindo e vivendo, o acesso aleatório a jornais e à televisão fazia com que a realidade catalã não cessasse de penetrar no horizonte da pesquisa da maneira a mais frutífera. Devo dizer, para finalizar esta introdução, que, do ponto de vista da história moderna da antropologia implantada na Catalunha, foi igualmente importante o convívio com o *founding father* dessa antropologia, o professor Claudio Esteva Fabregat, bem como da leitura de sua autobiografia.[8] A amizade que há longos anos nos une facilitou bastante esse contato, tornando-o extremamente agradável.

---

8 Cf. Claudi Esteva Fabregat, "Autobiografia intelectual: Trayetoria de una vocación y de una antropologia", *Anthropos: Boletin de Información y Documentación*, n. 10, mar. 1982. Não é exagero dizer que a antropologia social moderna foi praticamente instalada não só na Catalunha, mas também na Espanha, por obra e graça de Esteva Fabregat, um refugiado do franquismo no México, onde estudou e de onde trouxe a disciplina, primeiro para Madri (onde nos anos 1960 criou a *Escuela de Estudios Antropológicos* no *Museo Nacional de Etnologia*), e, posteriormente, para Barcelona (onde viria a ser o primeiro catedrático de antropologia cultural e diretor do recém-criado Departamento de Antropologia Cultural da Universidade de Barcelona em 1972).

Uma nação "de mil anos"

Para um estrangeiro entender o que significa *ser catalão* torna-se indispensável uma referência à própria idéia de nação que, ao longo dos séculos, se inculcou na população da Catalunha. Por isso, a convicção popular – e não apenas entre intelectuais – de a nação catalã possuir mais de mil anos ser amplamente partilhada, seja como mito, seja com argumentos históricos, de maneira a dar a maior consistência possível à identidade catalã.

> Os povos não nascem como os cogumelos, pela graça de Deus. O seu nascimento, na maioria dos casos, como o da Catalunha, supõe um parto longo e doloroso que durou séculos,[9]

escreveu recentemente um autor catalão, como fazendo eco a um inconsciente coletivo de não difícil aferição pelo observador. Esse mesmo autor procura esclarecer, amparado em argumento lingüístico, que a nação catalã não se restringe apenas à Catalunha espanhola, constituída pelas atuais províncias de Barcelona, Tarragona, Lleida e Girona, mas também por toda uma ampla região denominada de *Països Catalans* – como assim vem sendo chamada desde o final do século XIX, mas reconhecida como catalã desde o século XII –, uma ampla região que atravessa os Pireneus, alcançando território francês. Portanto, três Estados dominam essa região: o estado espanhol, o estado francês e Andorra, este último um pequeno enclave nos Pireneus. A língua catalã que se expande nesses três Estados

9 Cf. Climent Forner, "El naixement de Catalunya com a poble", *Catalònia*, n. 26, 1991. Quanto ao fato de a questão da identidade catalã não ficar restrita às esferas intelectuais, vale considerar o livro de Enric Prat de la Riba e Pere Muntanyola (*Compendi de la doctrina catalanista*, Barcelona, La Magrana, 1993 [1894]) e considerado o catecismo catalão, com tiragem de 100 mil exemplares! Escreve, nesse sentido, o antropólogo catalão Josep R. Llobera que "isto é um signo claro de que a doutrina não era patrimônio exclusivo da *intelligentsia* catalã" ("La idea de *Volkgeist* en la formació de la ideologia nacionalista catalana", in N. Escandell i d'Ignasi Terradas (org.), *Història i Antropologia a la Memòria d'Angel Palerm*, Barcelona, Publicacions de l'Abadia de Montserrat, 1984, p. 404, nota 2.

chega a alcançar, a partir do século XIII, as ilhas Baleares e a região de Valência ou *País Valencià*, como é conhecido em catalão. A justificação da crença dos "mil anos" parece estar fundada na evidência de que a palavra *català* aparece num documento latino do século X e seria derivada do termo *castlans*, ou terra de muitos castelos, a semelhança de *Castella* para os castelhanos. Já *Catalunya*, ao que parece, seria derivada de um personagem fabuloso, *Otger Catalò* (ano 723), "herói mítico da Reconquista e companheiro dos Novos Cavaleiros da Távola Redonda", conforme procura esclarecer o mesmo articulista.

O universo mítico catalão é inclusive tema de reflexão pela própria mídia de Barcelona. Na mesma revista *Catalònia*, e no mesmo número, há uma interessante matéria sobre o assunto. Nela um segundo articulista inicia seu texto, intitulado *L'Univers mític dels catalans*, com as seguintes palavras:

> Catalunha é um velho país povoado por ondas sucessivas de gentes [...], de homens vindos de todo lugar, segundo dizem as crônicas medievais da época em que começou a se formar a nação catalã, faz já mil anos.[10]

Depois de falar sobre os diferentes universos culturais que penetram a sociedade catalã – como o pirenaico, o mediterrâneo, o arábico e o hispânico, conseqüência das inúmeras conquistas do solo catalão ao longo dos séculos –, mostra as várias religiões que, de algum modo, ainda podem ser detectadas na atualidade como produto dos diversos movimentos migratórios: o judaísmo, o cristianismo e o islamismo. Para este mesmo articulista ainda há outras fontes culturais a serem levadas em conta para a constituição do universo mítico catalão. Assim diz ele:

> Outras influências deixaram marcas na mitologia e nas legendas catalãs: a arábica, sobretudo na metade sul da Catalunha (que foi muçulmana durante mais de dois séculos), nas danças e nos contos de fada; a frâncica

10 Cf. Joan Soler i Amigò, "L'univers mític dels Catalans", *Catalònia*, n. 96, 1991. Vale sublinhar que não estou interessado em me fundar em fontes ou autores consagrados no campo intelectual catalão; para os meus propósitos, é suficiente e, mais do que isso, necessário, eleger periódicos não especializados, porém inseridos claramente na ideologia da catalanidade como é *Catalònia*.

e germânica, no legendário heróico e cavalheiresco; a cigana, desde o século XV até hoje, ainda que muito minoritária; e ainda outras.

O resultado desse conjunto de influências pode-se dizer que se reflete na elaboração coletiva de uma rica cosmogonia com um número muito expressivo de entidades míticas e de situações bastante características desse *melting pot* – como se configura a sociedade catalã, seja aos olhos do observador, seja na forma de como ela se manifesta em sua própria historiografia.

Parece-me de todo impossível procurar compreender a sociedade catalã – não só a que tem existido ao longo dos séculos, mas sobretudo a atual – sem equacionar a questão da migração. Sobretudo de quem quer focalizá-la pelo prisma da etnicidade. Nesse sentido, os ensaios enfeixados no livro de Esteva Fabregat, *Estado, etnicidade e biculturalismo*,[11] parecem-me bastante esclarecedores. Naturalmente que me restringirei a algumas referências, pois não é lugar aqui para uma resenha – ainda que o livro a mereça por sua importância na literatura moderna sobre a Catalunha. Já mencionei há pouco[12] a questão do povoamento da região catalã através do processo migratório de indivíduos provenientes de outras regiões da Espanha, donas de seus próprios idiomas. Como resultado desse processo, o que se encontra hoje na região – e aqui tomarei preferentemente o seu centro político-administrativo, Barcelona – é um conglomerado de etnias ibéricas, ainda que dominadas por uma única e grande polarização étnica: a catalã/castelhana. Esteva Fabregat chega a classificar essa polarização como sendo *bicultural* – enfatizando, com isso, uma dimensão que vai bem além da polarização lingüística, indo ao plano da cultura. E, também, no plano do Estado. Se bem que se possa lançar dúvidas sobre a adequação da noção de cultura na caracterização do Estado espanhol, essencialmente castelhano, o que o autor quer relacionar é precisamente a fusão do idioma castelhano com o Estado, ao qual a Catalunha está submetida há séculos. O que ele observa é que toda a migração

11 Claudi Esteva Fabregat, *Estado, etnicidad y biculturalismo*, op. cit. Embora o prenome do autor esteja grafado em catalão, o livro está em castelhano.

12 Nota 4 supra.

das diversas regiões da Espanha para Barcelona, obedecendo a um processo migratório rural-urbano, graças à atração que o pólo industrial e desenvolvido exerce sobre as populações camponesas das áreas subdesenvolvidas, vai encontrar um espaço urbano efetivamente moderno, porém submetido a um Estado lingüístico e culturalmente diferente, considerado pelos naturais da região como usurpador de sua soberania. Veremos, adiante, qual a profundidade histórica dessa ideologia nacionalista catalã. Passemos a palavra a Esteva Fabregat:

> Como já assinalamos, a existência social de cada grupo étnico em Barcelona se sustenta na base de dois programas ou culturas que atuam de modo paralelo: a do Estado espanhol constituindo uma cultura estatal e integrando o que vem a ser a nacionalidade espanhola [...]. A outra cultura, a catalã, [...] assimila da etnia espanhola a parte da cultura que se estende como válida para todo o território espanhol. Dentro do sistema social barcelonês se mantém, pois, paralelamente estável ambas as culturas, ou pelo menos têm uma vigência dinâmica, enquanto as demais culturas regionais imigradas são paulatinamente absorvidas, e até dissolvidas, dentro do cadinho unificador da cultura espanhola, em um caso, e da cultura catalã, em outro. Ambas constituem dois aspectos de um mesmo processo, um geral ou espanhol e outro particular ou catalão, e ambos representam modelos culturais que, em disjuntivas politicamente orientadas, refletem duas adscrições étnicas.[13]

Entre as várias outras etnias que convivem no solo barcelonês, há de se observar algumas que, segundo o autor, resistem mais do que outras sua adscrição às identidades étnicas dominantes. São a galega, a andaluza e a basca. Isso é atribuído ao fato de elas envolverem consciências étnicas politicamente militantes, dentre as quais a basca parece ser a mais ativa e a mais mobilizada ideologicamente, basta observar sua famosa organização ETA. De algum modo, pode-se dizer que, mesmo nessas etnias, a identidade original tende a se dissolver no novo contexto sociocultural à medida que diminui o contato com a região de onde emigraram até a perda de qualquer laço mais significativo com a cultura anterior. Essa perda, a rigor, mais do que implicar um processo de desculturação, o que parece para

---

13 Claudi Esteva Fabregat, *Estado, etnicidad y biculturalismo*, op. cit., pp. 153-154.

mim mais relevante seria questionar o porquê da não existência (ao que me consta) de organizações (ou "Casas" de tal ou qual região) em Barcelona, capaz de manter vivos os laços culturais e de identidade com as etnias originais.[14] O certo é que mesmo se essas organizações existissem, tudo indica que as segundas gerações e as seguintes não teriam condições de se manter infensas à ação das etnias dominantes. Isso faz que nos restrinjamos a examinar um pouco mais o quadro polarizado pelas identidades catalã e castelhana, está última incorporada pelo Estado espanhol, e que, por essa razão, será aqui identificada como *nacionalidade* espanhola.

Retomemos Esteva Fabregat em sua tentativa de equacionar a relação entre a etnia catalã e a nacionalidade espanhola. Para descrever essa equação, ele recorre à noção de "identidade bifurcada", entendendo-a – se eu o interpreto bem – em termos de processo. A saber, considerando essa identidade bifurcada como a expressão de mecanismos geracionais e históricos, graças aos quais o imigrante de língua castelhana, imbuído da identidade espanhola (por meio da qual afirma sua nacionalidade e sua lealdade ao Estado espanhol), acaba por adotar – ele próprio ou sua descendência – a identidade catalã. Falando sobre esse imigrante, assim se expressa Esteva Fabregat:

> O problema de uma segunda ou posterior identidade étnica se coloca pois na segunda geração, ou na primeira, quando o indivíduo chegou a Barcelona na idade infantil. Esta segunda adscrição é a que constitui propriamente o que chamamos *identidade bifurcada*, posto que a identificação que adota não é definitiva, se considerarmos que conserva muitos elementos de sua cultura de origem. E é na terceira geração quando desaparece a bifurcação étnica e aparece propriamente a catalã. Este é

---

14 Infelizmente a pesquisa ainda não obteve dados sobre essas "Casas". É provável que elas existam, porém me parece também provável que elas - caso existam - desempenhem uma função menos integradora relativamente às identidades regionais do que se poderia esperar, caso levemos em conta o que nos ensina a teoria das organizações étnicas (cf. Fredrik Barth, *Ethnic groups and boundaries: The social organization of culture difference*, Oslo, Scandinavian University Books, 1970; Roberto Cardoso de Oliveira, *Identidade, etnia e estrutura social*, São Paulo, Pioneira, 1976; Idem, *Enigmas e soluções: Exercícios de etnologia e de crítica*, Rio de Janeiro, Tempo Brasileiro, 1983, capítulos 6 e 7.

> um processo cuja lentidão ou velocidade relativas depende do *status* étnico original e do *status* socioeconômico na origem e na chegada.[15]

O autor trabalha, naturalmente, com algumas variáveis como a condição econômica, a categoria profissional (se o imigrante é funcionário do Estado espanhol ou não), mas que, devido à natureza de meu argumento, posso perfeitamente desprezá-las. Gostaria apenas de reter aqui o caráter de oposição, quando não de conflito, entre as identidades étnicas em confronto. Nesse sentido, a bifurcação étnica observada é importante, uma vez que remete para a dinâmica de uma identidade, na medida em que esta se mostra aberta às diferentes determinações inerentes ao contexto catalão numa Barcelona de grande peso cultural. Pois o que a cidade passa ao imigrante é o de uma "nação de mil anos" que deu certo... Não é difícil imaginar o grande apelo integrador dessa representação, cuidadosamente passada pela mídia catalã.

Quando tive a oportunidade de examinar a situação do imigrante no México, do ponto de vista da etnicidade, pude observar o quanto pesa na construção da identidade étnica dos imigrantes o *status* alto da nação (ou de etnia) original. Isso verificou-se no estudo do imigrante norte-americano no lugar chamado *San Miguel de Allende* naquele país. Observou-se, então, que mesmo aqueles imigrantes norte-americanos negros (normalmente discriminados no interior da própria comunidade branca norte-americana), ainda que fossem estigmatizados pelos mexicanos como "*gringos*" – onde se incluíam, igualmente, os brancos norte-americanos ou *Wasps* –, eles jamais desfrutavam dos aspectos perversos da condição de minoria étnica.[16] Ora, esse "efeito demonstração" de uma cultura ou so-

15 Claudi Esteva Fabregat, *Estado, etnicidad y biculturalismo*, op. cit., p. 158.

16 Cf. Roberto Cardoso de Oliveira, *Enigmas e soluções: Exercícios de etnologia e de crítica*, pp. 126-149. Vale registrar que nesse ensaio são comparados imigrantes norte-americanos, alemães e espanhóis, além dos purépecha ou tarascos, indígenas originários do estado mexicano de Michoacán tomados como um caso de migração rural-urbana, uma vez que foram estudados na Cidade do México; e, finalmente, examinou-se o processo de construção de uma identidade mestiça ou *mexica*, produzida no interior de um fenômeno político-cultural denominado "Movimento Confederado Restaurador da Cultura Anáhuac".

ciedade representadas como de caráter superior não deve ser desconsiderado no exame da construção e da manipulação das identidades étnicas observáveis em Barcelona. Preliminarmente, tem-se de reconhecer que a etnicidade observável na Catalunha, de modo específico na cidade de Barcelona, possui características particulares quando comparada com qualquer outro lugar e não apenas com o México. A emigração para Barcelona é de tal monta que faz com que o nativo catalão se sinta como um indivíduo portador de uma identidade indubitavelmente superior e, nesse sentido, o próprio uso da língua catalã o torna um ser diferenciado, porém em nada inferior; ao contrário, ele se porta como um cidadão de uma sociedade anfitriã – e esse mesmo catalão chega a ser visto pelo imigrante como um discriminador. E, efetivamente, a relação interétnica chega a assumir aspectos bastante conflituosos e não apenas *contrastivos*, como a teoria da identidade étnica indica.[17] Eis como observa isso Esteva Fabregat:

> A relação social interétnica pode adotar um modo especialmente conflituoso. Isto é, abundam os casos em que o catalão se dirige ao indivíduo imigrado e lhe diz: "Tens de aprender o catalão, se não voltes para tua terra!" Ou pode interpelá-lo: "Voltes para tua terra! Tu vens nos tirar o pão.[18]

E como toda relação social – interétnica ou não – é uma via de mão dupla, o próprio autor vai observar a forma pela qual reage o imigrante quanto àquilo que ele representa como sendo um comportamento discriminatório, sobretudo na esfera da comunicação:

> O caso é que, em função do emprego de seu idioma, catalães e imigrados passam a se considerar estranhos entre si, e especialmente os segundos tendem a se sentir separados ou marginalizados pelos catalães quan-

17 Cf. Fredrik Barth, op. cit., pp. 9-38; Roberto Cardoso de Oliveira, *Identidade, etnia e estrutura social*, op. cit. O conceito de "identidade contrastiva" foi proposto por Barth e utilizado por mim numa tentativa de elaborar as bases de uma teoria da identidade étnica, mas sobretudo com o intuito de estimular pesquisas etnológicas sobre o tema que fossem menos impressionistas e mais analíticas na realização do trabalho etnográfico.

18 Claudi Esteva Fabregat, *Estado, etnicidad y biculturalismo*, op. cit., p. 103.

> do estes falam catalão entre si em contexto de relacionamento social comum. O fato de que o catalão fale em seu idioma aos imigrados e o fato de que estes não o entendem é considerado um fator de discriminação social e, em muitos casos, o imigrado tende a se sentir mal e ofendido [...]. Às vezes a suscetibilidade do imigrado em matérias lingüísticas se exacerba, e então pode valer-se de respostas e expressões acres, tais como: "A mim fale-me em cristão"; "Os catalães falam como cães"; "Não quereis ser espanhóis! Sois uns separatistas";"Os catalães são muito egoístas e fechados"; ou "Falais em catalão para que não os entendamos.[19]

Para esses imigrantes regionais, o castelhano cumpre a função de "língua geral", afinal de contas a língua oficial do país, sendo o catalão apenas o idioma de uma região ou "autonomia". Nesse contexto, o castelhano é considerado o idioma da "nação espanhola", a língua pátria, mesmo que não seja materna, como a de muitas outras autonomias, como a basca, a galega ou a andaluz, por exemplo. Por outro lado, o fato de o castelhano ser a língua do Estado espanhol, isso traz com ela um valor de prestígio cultural nada desprezível para identidades que vivem a condição de verdadeiras minorias étnicas em território catalão. Esse fato enseja uma sorte de manipulação de identidade muito especial: o imigrante pode abrir mão (ainda que temporariamente) de sua própria identidade étnica para recorrer exclusivamente à identidade espanhola.

Porém jamais se poderá dizer que uma "nação de mil anos" – como a catalã – não tenha fortes atrativos para o imigrante, sobretudo se se levar em conta suas artes, sua indústria e seu próprio modo de realizar a vida urbana, como atesta a moderna e desenvolvida Barcelona. Como já se mencionou parágrafos atrás, a catalanização das segundas e terceiras gerações de imigrantes é um fato comum. Vale a pena examinar mais de perto certas particularidades da relação entre catalães e espanhóis no espaço barcelonês. Aqui o teor da relação interétnica muda substancialmente. Ela incorpora uma ambigüidade que passa a ser a sua característica mais marcante. Já não se pode dizer que o catalão aja – e se pense – como um anfitrião voluntário, como ocorre com outras etnias regionais que, a rigor,

---

19 Claudi Esteva Fabregat, *Estado, etnicidad y biculturalismo*, op. cit., p. 102.

vêm suprir Barcelona de mão-de-obra menos qualificada, a execução do trabalho pesado, deixando aos nativos catalães as atividades mais qualificadas. Frente ao imigrante espanhol de idioma castelhano, especialmente com o funcionário do Estado espanhol, tudo indica que ele se porta como o anfitrião compulsório. A dominação da etnia castelhana, representada por seu papel na ordem estatal, tende a ser intolerável ao catalão, cônscio de sua identidade étnica que, por sua vez, encontra amparo na ideologia da catalanidade. Se o imigrante castelhano, geralmente emigrado de zonas rurais, participa das mesmas condições que o imigrante de outras etnias, sendo, portanto, igualmente discriminado e assim, como tal, se sente, o funcionário do Estado revela uma outra disposição. Esteva Fabregat faz a seguinte distinção:

> O certo é que as relações interétnicas em Barcelona apresentam, com freqüência, um signo conflituoso. É também evidente que essa tendência é o efeito das afirmações etnocêntricas relativas que revelam ter os catalães no tratamento que dão aos não catalães. Os grupos majoritariamente implicados nestas relações são os formados pelos imigrados, por um lado, e pelos funcionários integrados na administração estatal, por outro [...]. Cada um desses tipos, o imigrado e o funcionário, representa uma diferente relação dinâmica com respeito aos catalães. Enquanto o primeiro, o dos imigrados, inclui expectativas de integração por assimilação ao catalão, o segundo não é considerado, geralmente, dentro dessa perspectiva, porque, dada sua condição de funcionários estatais, seus membros tendem a prescindir coletivamente da idéia de sentir-se e de ser e atuar como catalães. Muitos deles são pessoal ministerial escalado com destino a Barcelona, e em suas expectativas de ascensão estão incluídas as transferências para Madri como meta final de sua carreira [...]. Há casos em que, por sua prolongada permanência em Barcelona, eles e seus filhos se sentirão identificados com o modo de viver barcelonês, mas dificilmente assumirão dita identidade étnica.[20]

Não há como deixar de concordar com Esteva Fabregat quando ele se vale do conceito de *colonialismo interno* para caracterizar a etnia catalã, que, mesmo vivendo no próprio território catalão, é dominada pelo Estado espanhol, hegemonicamente castelhano. É um conceito que pro-

20 Claudi Esteva Fabregat, *Estado, etnicidad y biculturalismo*, op. cit., pp. 157-158.

vavelmente o autor importou da América Latina, via México, onde, como já se mencionou, ele formou-se como antropólogo.[21] Todavia, algumas considerações se impõem a quem – como este etnólogo – teve alguma experiência de viver em Barcelona, ainda que por um período curto. Para um forasteiro, vindo do América Latina e com familiaridade com a etnicidade indígena no Brasil e, em menor escala, no México, é difícil aceitar que o indivíduo catalão viva efetivamente na atualidade uma verdadeira situação colonial, mesmo levando-se em conta sua sujeição ao Estado espanhol. Vale assinalar que a *Generalitat de Catalunya*, que administra toda a região catalã, atua sob o signo do Estatuto de Autonomia de 1979, elaborado após a liquidação do franquismo – sob cuja influência jamais se poderia pensar numa Catalunha minimamente autônoma. Trata-se de um estatuto que embora não atenda às expectativas do movimento político catalão, orientado para o reconhecimento de uma soberania total da nação catalã, ele já é um resultado democrático da Constituição espanhola de 1978, promulgada graças à morte de Franco. De certo modo, esse Estatuto de Autonomia passa a assegurar direitos até então não legitimados pelo Estado espanhol. Pelo menos um, que eu gostaria de sublinhar, é o do reconhecimento do idioma catalão como sendo oficial na Catalunha, isto é como um segundo idioma ao lado do castelhano. Cabe registrar por ora que a ambição do movimento catalão vai bem além de meras questões de administração interna regional. A se considerar o documento "Bases para o futuro nacional da Catalunha",[22]

21 Em meu artigo "O movimento dos conceitos na antropologia" (*Revista de Antropologia*, n. 36, 1993, pp. n13-31), pude mostrar como determinados conceitos, como o de "colonialismo interno", de "fricção interétnica" e de "etnodesenvolvimento" podem ser considerados, a rigor, como reformulações de conceitos originários em centros antropológicos europeus, uma vez que na Europa a questão do "outro externo" sempre preponderou sobre a do "outro interno", podendo-se dizer que esta última questão teria sido a responsável pela elaboração do conceito de colonialismo interno. Os argumentos que apóiam esta interpretação estão devidamente expostos no aludido artigo.

22 Resumidamente, ei-lo: 1. Catalunha tem de ser um Estado soberano; 2. como tal deve ser admitida na ONU; 3. deve ser parte da Comunidade Européia com todos os direitos e deveres; 4. deve estabelecer novas relações com os outros

por meio do qual as metas políticas do movimento catalão ficam claramente estabelecidas, começa-se a entender o sentido da afirmação de que a Catalunha vive uma situação de colonialismo interno. Aos olhos de um forasteiro, talvez fosse mais apropriado dizer que o homem catalão, menos do que viver essa situação, apenas *representa* as suas condições políticas de existência como sendo suscetíveis de esclarecimento por meio do conceito de colonialismo interno.[23] Pelo menos parece ser esta a posição assumida por Esteva Fabregat. E é nesses termos que a autonomia conseguida em 1979 se bem que necessária jamais foi suficiente. Para esse autor, todavia, a questão cultural parece chamar especial atenção, provavelmente por sua grande visibilidade:

> A etnia-nação predominante assume o papel de uniformizar as culturas internas e de dotá-las de uma só identidade e consciência. Nisto consistirá o aparecimento progressivo de um *colonialismo interno* que, primeiro, terá tido uma fase puramente política de dominação até culminar posteriormente na fase do *colonialismo cultural.* Esta fase prolonga, pois, a cul-

---

povos da Espanha em termos de liberdade e solidariedade; 5. terá poderes legislativo, executivo e judicial, administrando-se por si mesma; 6. cobrar impostos, dispondo de seus recursos financeiros de modo a planejar sua política econômica, trabalhista e social; 7. regulará o regime de saúde e de seguridade social; 8. poderá defender o seu território e garantir a segurança interna, contribuindo com a paz e com a segurança européia e mundial; 9. determinará o uso e a ordenação de seus territórios e zelará pelo meio ambiente e a natureza; 10. o catalão será a única língua oficial, porém será garantido o direito de uso pessoal de outras línguas faladas no território; 11. desenvolverá a sua identidade cultural e levará a termo uma política científica e tecnológica; 12. determinará seu modelo educativo de conformidade com a sua tradição pedagógica; 13. catalanizará os meios de comunicação, respeitando os direitos pessoais de todos os cidadãos; 14. fomentará a sua participação nas ONGs, como, por exemplo, no próprio Comitê Olímpico; 15. estabelecerá sua política imigratória, evitando discriminações sociais. Cf. Climent Forner, "Unes noves bases per la Catalunya", *Catalònia*, n. 29, 1992, p. 38.

23 Cabe aqui a distinção entre "consciência" e "situação" nos termos em que Lukács faz relativamente à classe social (Cf. Georg Lukács, *Histoire et conscience de classe*, Paris, Minuit, 1960, p. 95). Nesse caso os catalães teriam mais uma *consciência* de colonizados do que estariam vivendo efetivamente uma *situação* colonial.

> tura da nação dominante às nações assumidas dentro do Estado e, estas, tendem a se converter em sujeitos de um domínio que, sendo primeiro político, tende a ser também cultural.[24]

Eis, portanto, como se manifesta a etnicidade catalã no interior de uma "nação de mil anos". Algo bastante diferente, portanto, do que se observa entre as etnias indígenas latino-americanas, onde a exploração econômica sustentada pela dominação política do colonizador vai transformá-las, inequivocamente, em minorias sociológicas. Nestas, a exploração e a dominação podem ser aferidas pela mera observação exterior, enquanto no caso da etnia catalã, em seu relacionamento com a castelhana, a dominação política e cultural só pode ser percebida *du dedans* ou pela forma discursiva de sua manifestação. Todavia, a emergência de identidade étnica catalã em oposição à etnia castelhana, amalgamada ao Estado espanhol, pode ser examinada melhor se considerarmos de uma maneira mais detida a formação da ideologia da catalanidade, como o substrato dessa identidade contrastiva. Veremos, a seguir, como essa ideologia vai selecionar um conjunto de elementos da cultura ou tradição catalã, para com eles construir os pilares dessa identidade.

O *Volkgeist* catalão

É surpreendente como certas categorias herderianas, como a de *Volkstum* e outras que lhe são associadas, como as de afinidade, solidariedade social e nacionalidade,[25] às quais ainda se poderia acrescentar a de linguagem, são recorrentes tanto no pensamento catalão antigo como no moderno. Só que, enquanto para Herder aquela categoria não envolvia um quadro

---

24 Claudi Esteva Fabregat, *Estado, etnicidad y biculturalismo*, op. cit., p. 124. A ênfase é minha (RCO).

25 Preliminarmente, para Herder, a natureza cria as nações, não os Estados. E argumenta: "Milhões de pessoas no globo vivem sem Estados [...]; o que o Estado pode nos dar é um instrumento artificial; infelizmente, também pode nos privar de algo muito mais importante – roubar-nos a nós mesmos", apud Isaiah Berlin, *Vico e Herder*, Brasília, EdUnB, 1982, p. 208, nota 263.

político, atendo-se às características exclusivamente culturais, já para os formadores da catalanidade a dimensão política iria se impor gradativamente, na proporção de sua instrumentalização como nova ideologia na luta contra o Estado espanhol, castelhano. Portanto, quando autores catalães fazem vez por outra menção a Herder, como o grande romântico inspirador do *Volkgeist* catalão, deve-se ter sempre em conta esta perspectiva. Talvez por esse viés seja-nos possível distinguir, inicialmente, duas concepções relativas ao espírito catalão, inerente a uma "nação de mil anos": aquela que se inscreve na obra de autores como Josep Torras i Bages, com seu *La tradició catalana*,[26] em que a instância religiosa é central, se bem que as implicações políticas não sejam de todo descartadas; e uma outra concepção, emergente no livro de Valentí Almirall,[27] *Lo catalanisme*, e fortalecida na obra de Enric Prat de La Riba, segundo a qual a dimensão política passa a ser sua essência e que, segundo as palavras de seu editor, Carme Arnau, "para Prat de la Riba tudo é política, até mesmo toda a literatura" (*Per a Prat de la Riba tot és política, fins i tot la literatura*); seu livro *La nacionalitat catalana* [1906] consolida, portanto, uma perspectiva que já prenuncia o século XX;[28] isso, todavia, não tira desse autor um perfil ainda tipicamente oitocentista – considerando-se que o espírito do século XIX não se esgota na virada do século, mas, como é sabido, vai até à eclosão da Grande Guerra (1914-1918). Esse pequeno conjunto de autores – e alguns deles verdadeiros atores políticos – pode, assim, levar-nos a encontrar um bom caminho que nos conduza à compreensão das idéias básicas a partir das quais se formaria a ideologia da catalanidade.

Em uma investigação desta natureza não se pode ignorar o artigo seminal – pelo menos para os propósitos deste ensaio – do antropólogo catalão, Josep L. Llobera, intitulado *La idea de Volkgeist com a element definidor.*

---

26 Josep Torras i Bages, *La tradició catalana*, Barcelona, Edicions 62, 1988 [1892].

27 Valentí Almirall, *Lo catalanisme*, Barcelona, Edicions 62, 1979 [1886].

28 Enric Prat de la Riba, *La nacionalitat catalana*, Barcelona, Edicions 62, 1986 [1906].

La formació de la ideologia catalana.[29] O que ele nos diz? Inicia seu artigo com a seguinte afirmação, que vale transcrever:

> A consciência nacional, no sentido moderno do termo, existiu na Catalunha durante cerca de um século. Aceita-se convencionalmente que, como um corpo doutrinário mais ou menos coerente, a ideologia nacionalista catalã foi formulada no período compreendido entre a publicação de *Lo catalanisme* de Almirall, em 1886, e a publicação de *La nacionalitat catalana*, de Prat de la Riba, em 1906. Ambos os trabalhos representam, por caminhos diferentes, os fatos-chave de um período em que a identidade nacional catalã foi recriada sobre as bases da idéia de *Volkgeist.*[30]

O objetivo aqui será, portanto, o de acompanhar através dos textos de autores oitocentistas, como Torras i Bages e Valentí Almirall, a formulação de um conjunto de idéias inspiradas na idéia mãe de *Volkgeist*, interpretada como sendo um "princípio ativo espiritual", sempre presente – como indica o próprio Llobera. Em seguida procurarei mostrar a presença contínua desse mesmo espírito no discurso catalão sobre a nacionalidade, o que vai ocorrer na obra de Prat de la Riba, igualmente um autor oitocentista, porém do *fin de siècle* e de princípios do século XX, a se julgar pela primeira edição de seu *La nacionalitat catalana*, conforme a citação acima. Esboçarei ainda e de maneira bastante esquemática a própria concepção de uma identidade étnica amplamente difundida na sociedade catalã. Uma concepção que se encontra desenvolvida em autores, já do século XX, como o filósofo Josep Ferrater Mora e o historiador Jaume Vicens i Vives, provavelmente os seus melhores intérpretes.

---

29 Llobera publica, a rigor, dois artigos com títulos diferentes, porém assemelhados: o primeiro, publicado em 1983, teve por título "*La idea de Volkgeist com a element definidor. La formació de la ideologia nacionalista catalana*" e foi inserido no periódico *L'Avenç* (n. 63, pp. 24-35); o segundo artigo, publicado no ano seguinte (idem, 1984, pp. 403-423), será a edição da qual me valerei para citação. Trata-se de um texto mais bem acabado e mais completo, certamente sua versão definitiva.

30 Cf. Josep R. Llobera, "La idea de Volkgeist com a element definidor: La formació de la ideologia nacionalista catalana", in N. Escandell i d'Ignasi Terradas (org.), *Història i Antropologia a la Memòria d'Angel Palerm*, Barcelona, Publicacions de l'Abadia de Montserrat, 1984.

A sacralização de uma cultura

Há certamente um componente religioso na própria concepção da etnia catalã. "*Catalunya la va fer Déu*" – é como a entende Josep Torras i Bages: uma Catalunha feita por Deus. Bispo de Vic, Torras i Bages também a entende como cristã. E se não é dele, bem que poderia ser sua a afirmação de que "a Catalunha será cristã ou nada será". Torras i Bages expressa de um modo bastante radical o espírito religioso cristão que marca uma das dimensões mais tradicionais da cultura catalã, provavelmente aquele que tem suas raízes no campesinato catalão. Ele mesmo descendente de família camponesa, nunca se afastou de suas origens, chegando a escrever a pastoral *O campesinato cristão* (*La pagesia cristiana*), na qual "faz o elogio daquela sociedade e do tipo de vida que comportava".[31] Torras i Bages expressa a força do componente regionalista na constituição do espírito catalão. Para ele há um valor ético no regionalismo catalão. E isso ele exprime no título do "Livro Primeiro" que compõe *La tradició catalana*, intitulado "O valor ético do regionalismo catalão", seguido, por sua vez, do "Livro Segundo", "O valor racional do regionalismo catalão". Enquanto neste segundo livro expõe as idéias de pensadores ilustres catalães (Sant Ramon de Penyafort, Beato Ramon Llull, Sant Vicenç Ferrer, Francesc Eiximenis, Ausias March e Joan Lluís Vives), no primeiro procura articular a tradição catalã com o catolicismo. Para ele a própria idéia de "gente catalã" remete ao fato segundo ao qual "a nossa raça foi governada e dirigida, fomentada e educada pela Igreja, desde que se tor-

31 Esses são comentários de Carme Arnau, redator da breve introdução histórica do texto *La tradició catalana* da edição de 1981 (Barcelona, *Edicions 62*). É oportuno esclarecer sobre esse livro de que a origem de toda a sua primeira parte – precisamente a que vai até a página 122 – e que é a mais relevante para este ensaio, é constituída de artigos publicados no semanário *La Veu de Montserrat* entre 1886 e 1888. São, portanto, textos contemporâneos do livro de Valentí Almirall, *Lo Catalanisme*, cuja primeira edição data de 1886. Torna-se importante mencionar isso porque esses dois autores já assumem posições diferentes, quando não contrárias, a respeito da própria idéia do Ser Catalão, como se verificará mais adiante.

nou possível dizer povo catalão...".[32] A Igreja estaria, assim, intimamente vinculada às tradições catalãs e, com elas, à própria natureza do povo. Porém, graças ao cristianismo, esse povo natural seria expurgado de qualquer vício, iluminado que seria o seu entendimento pela luz divina. Pois, para Torras i Bages,

> o objeto do cristianismo é limpar a natureza humana de vícios e fortalecê-la pelo bem [...]; de maneira que quando um povo está influído por ele o caráter dos homens e os seus usos e instituições são de uma admirável naturalidade.[33]

Nessa concepção, verifica-se que a sacralização do povo catalão passa pela domesticação de sua natureza graças à ação da Igreja, considerada – nas próprias palavras do autor – como a "perpétua educadora da nossa gente". O catolicismo recria praticamente a natureza da gente catalã. Para esse povo, essencialmente católico na concepção de Torras i Bages, "Cristo, restaurador da natureza, é o coração da nação catalã".[34]

Mas como seria esse homem catalão? Quais as suas características? Esse é um tema recorrente no horizonte catalão, uma vez que freqüentemente comparece nos escritos de seus pensadores. Valentí Almirall, por exemplo, esforça-se em seu livro *Lo catalanisme* em sistematizar os traços mais marcantes do caráter catalão. E, é de se supor, que Torras i Bages, seu contemporâneo e, de certa maneira, opositor de muitas de suas idéias, sentiu-se levado a também aludir o tema, ao menos no "Prólogo" da segunda edição (1906) de seu *La tradició catalana*. É assim que ele vai dizer que

> [...] nos tempos modernos [1906, portanto já no século XX], Catalunha cresceu muito consideravelmente e obteve um lugar proeminente entre os povos ibéricos; os antigos germens escondidos na terra, dentro do húmus catalão constituído por nossa *tradição*, o *amor e a constância do trabalho*, a *modéstia da vida*, o *espírito prático e sensato*, pouco dado a fantasias, o *respeito à hierarquia familiar* e outras virtudes fecundadas pelas condições poderosas e expansivas da vida moderna, terminaram e produzi-

32 Josep Torras i Bages, op. cit., p. 33.

33 Idem, p. 33.

34 Ibidem, p. 34.

ram um semblante esplêndido da vida catalã, o país multiplicou e a nossa gente teve um bom lugar no grande laboratório moderno.[35]

Todas as "virtudes" sublinhadas estavam, pode-se dizer, integradas na consciência coletiva catalã, como marcadoras da identidade do Homem catalão. Como se verá mais adiante, nos textos de Almirall e, sobretudo, no de Ferrater Mora, essas virtudes se assumirão como traços distintivos do caráter catalão e em clara oposição ao caráter castelhano, afirmando-se, assim, e de forma sistemática, a identidade étnica catalã nos termos do modelo de uma "identidade contrastiva".

É interessante insistir sobre essa tentativa de sacralização da cultura catalã, que, se presente no inconsciente coletivo de certos segmentos da sociedade catalã, particularmente no campesinato, tem no bispo Torras i Bages o seu vocal mais importante. Destacarei aqui pelo menos um tema que me parece eloqüente sobre essa tentativa. Trata-se do binômio e de suas possibilidades de esclarecimento da relação entre regionalismo e universalidade conforme tentou fazer Torras i Bages, na medida em que procurou explicar a aparente contradição entre a *particularidade* do regionalismo, tão arduamente defendido por ele, e a *universalidade* da Igreja Católica, inserida em sua própria essência de instituição religiosa. Como conciliar tais realidades tão antinômicas? Essa conciliação é tentada por meio do seguinte argumento: tomando por referência o direito consuetudinário, de grande relevância para a tradição catalã, Torras i Bages vai dizer, por exemplo, que a Igreja, ao admitir o direito consuetudinário, que por sua natureza é essencialmente regionalista, admite igualmente a prevalência dos costumes particulares sobre a lei escrita.[36] Não obstante o

---

35 Citação retirada do "Prólogo" reeditado na edição consultada de 1988, pp. 19-20. O sublinhado é meu (RCO).

36 Torres i Bages, todavia, está falando explicitamente sobre a relação das Igrejas regionais com a Igreja central pontificada na figura do papa e as questões que surgem entre os concílios nacionais e o concílio universal. Porém, fica claro que os problemas surgidos nesses relacionamentos só podem ser enfrentados sob a égide de um princípio de harmonia entre termos antitéticos. Cf. Josep Torras i Bages, op. cit., 39.

forte peso dos costumes, eles só se legitimariam – se assim posso interpretar o autor – a partir de sua penetração pelo espírito cristão, isto é, a humanidade, originalmente selvagem, seria restaurada por Jesus Cristo.

> O regionalismo por si só, isto é, a multiplicidade de vida na sociedade humana por certo que teria gravíssimas dificuldades para estabelecer ou continuar a civilização sobre a terra: até daria lugar para que nascessem entre os homens aquelas invejas e pretensões para as quais tem inclinação a família humana, composta de membros diferentes. O regionalismo utilitário levaria ao "selvagismo". Ademais, atendo àquela obrigação divinamente imposta à nossa linhagem de dominar e subjugar a terra, é necessária uma unidade, já que ao esforço da região lhe falta, por sua própria natureza, aquele poder que só possuem as grandes unidades, e que é necessário pela grandiosa empresa de sustentar em todo o mundo o império da verdadeira civilização e a união entre si de todos os membros da família humana. Até estudando a nossa natureza encontramos nela dois elementos, aspirações ou necessidades: um que corresponde à unidade, um outro que supõe a variedade ou o regionalismo.[37]

Os argumentos de Torras i Bages falam por si mesmos enquanto expressam o desejo em compatibilizar a ideologia regionalista com o dogma da universalidade da Igreja Católica. E vale notar que ele procura separar o Estado leigo da Igreja, ambos – Estado e Igreja – enquanto unidades jurídicas, na medida em que confere a esta última o "respeito à tradição e à natureza de cada povo".[38] Nesse sentido, seu esforço – ou sua retórica – torna-se um bom indicador de seus compromissos com a fé na religião e na tradição. Assevera, em primeiro lugar, que não acredita na idéia de uma uniformidade entre os povos, e que, pelo contrário, seria a singularidade de suas culturas, expressa sobretudo em cada tradição, língua e direito consuetudinário, o elemento efetivamente rico e constitutivo de uma nação. Tendo por base a experiência catalã no mundo ibérico, opõe aqui nação a Estado. Estado este visto como responsável pela imposição de uma uniformidade entre regiões e/ou nações (melhor dizendo, etnias) absolutamente inaceitável. O Estado espanhol, castelhanizado, te-

37 Josep Torras i Bages, op. cit., p. 97.

38 Idem, p. 98.

ria introduzido, portanto, uma ordem feita de artificialismos no mundo natural das regiões constitutivas não apenas da Espanha, mas de muitos outros países da Europa. A Catalunha seria um exemplo disso. Porém, poder-se-ia deduzir que para Torras i Bages a região catalã teria características bastante próprias. Não apenas o conteúdo de suas tradições, o seu idioma e o seu direito, mas a natureza indubitavelmente cristã de seu *Volkgeist*. Para ele, o "bom regionalismo", portanto "não utilitário", é precisamente aquele no qual estaria encarnada uma tendência "naturalista e cristã" em oposição à tendência civilista, incorporada num Estado de inspiração racionalista e positivista, contra o qual o católico catalão só pode se opor. E toma, nesse sentido, uma posição de advertência quando assevera que "A tendência civilista que hoje domina nas esferas do governo deve se opor à tendência naturalista e cristã, cuja encarnação está no bom regionalismo".[39]

Restaria, talvez, um último comentário sobre as idéias de Torras i Bages que nos podem auxiliar a compreender melhor o sentido que dá à noção de tradição, afinal de contas tema central da obra tomada aqui por referência. Fazendo referência a Vico, procura mostrar que não obstante o enaltecimento que ele, Torras i Bages, faz da tradição, e, por via de conseqüência, do regionalismo, isso de nenhum modo afetaria sua crença na renovação. Tradição e renovação, portanto, não podem ser tomados como termos antitéticos:

> [...] um dos que estudaram e explicaram mais apregoadamente a história humana nos tempos modernos e ao gosto da gente racionalista, o famoso Vico apresentou como a lei da humanidade a eterna renovação, [e ao mesmo tempo] um perene retorno ao passado; e, por outra parte, a tradição é condição necessária da sabedoria humana, que é impossível sem ela.[...] Tradição quer dizer ensinamento, transmissão de conhecimentos.[...] Uma geração ensina a outra geração, a experiência dos antigos instrui os presentes, porque a experiência é a mãe da ciência, e não se tem caudal de idéias mais exatas, puras e fecundas que as que permanecem após um longo curso de séculos.[40]

39 Josep Torras i Bages, op. cit., p. 118.

40 Idem, p. 119.

O contexto no qual Torras i Bages se insere, ao fazer essas considerações, inclusive com menção a Vico, diz respeito a uma defesa que faz das encíclicas *Immortale Dei* e *Libertas*, nas quais tradição e renovação, nelas abrigadas, não se encontram em contradição. Nem do ponto de vista da Igreja, nem do ponto de vista racionalista, encarnado no pensamento de Vico. E, continuando em sua defesa da tradição e da renovação, escreve:

> Tradição e estancamento são dois termos antitéticos até em sua significação gramatical: porque a palavra tradição e, por conseguinte, o conceito que expressa, inclui a idéia de movimento, de curso, de transmissão, oposta, como se vê, à significação de quietude do segundo termo; por isso, no caudal da tradição trabalham todas as gerações, até mesmo todos os homens, modificando-se continuamente e sendo sempre o mesmo. Não é a tradição uma coisa arcaica, uma relíquia do tempo da velhice, senão que possui perpetuamente uma beleza perfeita; os anos passam e ela jamais passa, porque vive perenemente a plenitude da vida.[41]

Torras i Bages quer mostrar com todos esses argumentos que a Igreja respeita as tradições dos povos, mas, ao mesmo tempo, não os imobiliza, pois "professa como dogma de fé sobrenatural, a natureza variável, transitória, o *fluxus* da vida temporal da humanidade"; e agrega que jamais a Igreja "rejeita as inovações e mudanças exigidas pela nova face que continuamente vão assumir os povos".[42] E, ao reconhecer a tendência regionalista bastante viva na Catalunha e, com ela, o poder da tradição (e de seu rejuvenescimento constante), vislumbra

> o valor ético do Regionalismo como a forma felicíssima da vida social. A razão natural, a experiência histórica, as humanas necessidades, as virtudes e os vícios de nossa linhagem, a autoridade da Igreja e de sua prudentíssima legislação, clamam a favor do Regionalismo.[43]

Portanto, Torras i Bages atribui ao regionalismo uma função integradora da sociedade catalã em torno dos mais altos valores éticos, inscritos na tradição, praticamente sagrados na medida em que não colidem com

---

41 Josep Torras i Bages, op. cit., pp. 119-120.

42 Idem, p. 120.

43 Ibidem, p. 121.

uma Igreja sábia e compreensiva. A retórica com a qual conduz sua argumentação, tanto quanto o conteúdo de seus argumentos, dá uma boa idéia de seu intento de sacralizar a cultura catalã.

A dessacralização do Volkgeist

Ao separar dois momentos do discurso catalão instaurador de seu *Volkgeist*, Josep R. Llobera dá uma interpretação bastante feliz. Mostra que, num primeiro momento, o "princípio espiritual ativo" que habita aquele discurso atua como um "princípio gerador, isto é, era visto como o gerador da língua, da arte, da lei e de tudo aquilo distintamente catalão. O *Volkgeist* era criação indireta de Deus [...]". Portanto, acrescenta ainda Llobera, "desde o momento em que a nação é de origem divina, todas essas manifestações são sagradas, porque provêm de Deus". E conclui: "o *Volkgeist* é a parte intermédia entre a divindade e os seres humanos".[44] Entretanto, há de se reconhecer que naquele *fin de siècle* os ideólogos catalães já estavam imbuídos do espírito do positivismo, como reconhece o próprio Llobera, na medida em que tal fato já está expressando um segundo momento da construção da ideologia da catalanidade. Esses positivistas incipientes "estavam convencidos de que na idéia de *Volkgeist* haviam encontrado o conceito científico que lhes permitia mostrar a Catalunha qualificada como nação".[45]

Contemporâneo de Torras i Bages, Valentí Almirall i Llozer (1841-1904) vai expressar com seu livro *Lo catalanisme* uma concepção de catalanidade inerentemente urbana, menos comprometida com a religiosidade que com tanta força penetrou o mundo camponês. Pode-se dizer que Almirall representa a burguesia citadina, barcelonesa, e um de seus biógrafos, Rovira i Virgili,[46] diz ter sido Almirall

44 Josep R. Llobera, op. cit., p. 405.

45 Idem, p. 404.

46 Citado por Carme Arnau na nota biográfica que este escreveu para a edição de *Lo catalanisme* (op. cit., pp. 5-9). O editor acentua ser esse livro "uma obra cabal

> intelectual e culturalmente muito superior à grande maioria de nossos políticos e escritores oitocentistas. Era um dos pouquíssimos catalães que seguiam o movimento das idéias e dos fatos no mundo.[47]

Isso provavelmente explica o seu intento de adotar uma postura positivista em seus estudos e investigações, o que o coloca numa posição contrária a de Torras i Bages, um pensador – como se viu – religioso, romântico e profundamente conservador. Todavia, ambos têm em comum a defesa do regionalismo, como a ideologia por excelência fundadora do *Volkgeist* catalão. Mas no enfrentar a questão do regionalismo, notam-se diferenças sensíveis entre ambos e que, no cotejamento de seus argumentos, elas ficarão bastante claras ao leitor. E é óbvio que a pretensão de Almirall em dar fundamento científico – ou positivo – a esses argumentos está, certamente, na base dessas diferenças.

Que Almirall foi um intelectual de ação, devotado a uma afirmação constante da catalanidade, comprovam não apenas seus escritos – sobre os quais me referirei mais adiante –, mas sobretudo certas iniciativas onde se conta a criação do *Diari Català* (existente de 1879 a 1881), considerado o primeiro periódico escrito em catalão, como também os primeiros congressos relativos à defesa da nação catalã (1880-1882), além de seu primeiro centro político, o *Centre Català*, em 1882. Mas se imaginarmos que essa atuação política estivesse ausente de conflitos no próprio campo da defesa da nação catalã, estaríamos incorrendo em erro. Eis uma pequena amostra: eleito em 1887 para presidente do *Centre Català*, Almirall logo teve de enfrentar uma dissidência, cujos membros acabariam por fundar uma outra organização, a *Lliga de Catalunya*. Ademais das diferenças ideológicas entre as duas organizações, o motivo concreto da cisão foi o projeto da Exposição Universal de Barcelona, para cuja realização a forte hostilidade entre

---

do pensamento político catalanista e o ponto de partida doutrinário do nacionalismo progressista posterior". Diz ainda que "não se trata apenas de uma obra bem documentada, rigorosa e clarificadora – coisa que a distingue nitidamente dos ensaios regionalistas românticos –, senão de uma linha de pensamento que ainda não foi superada".

47 Valentí Almirall, op. cit., p. 5.

Almirall e o alcaide da cidade, Rius i Taulet, inviabilizaria a participação do *Centre Català*, centro este que iria organizar um certame literário ou *Jocs Florals*, no mesmo ano de 1888.[48] Esse episódio mostra, também, a importância desses eventos cívico-literários, como são esses Jogos Florais, para o fortalecimento da própria catalanidade. E na condução desses esforços em marcar a identidade catalã, não faltariam divergências como esta numa biografia como a de Almirall. Mas entendo que seriam seus escritos o fator de maior influência na elaboração da ideologia catalã, dada a sua ampla difusão na população barcelonesa, no interior da qual essa ideologia encontraria todas as condições para sua germinação.

Em seus escritos, Almirall defende algumas teses que cabem aqui ser destacadas por estarem revestidas de um grande poder de persuasão. A principal delas, o substrato de uma "teoria nativa" da identidade étnica, é a seguinte: a de definir a identidade catalã em oposição à castelhana, como uma identidade claramente contrastiva. E é interessante acentuar que esse contraste, reconhecido – ou, melhor dizendo, intuído por essa quase-teoria – constitui uma das melhores ilustrações de uma teoria antropológica moderna da identidade étnica, como a enunciada por Fredrik Barth, conforme me referi parágrafos atrás, e que acredito havê-la desenvolvido em vários trabalhos, graças à utilização de material etnográfico relativo à realidade indígena brasileira.[49] Assim, vejamos: a construção da identidade

---

48 Esses *Jocs Florals*, que tinham larga tradição na cultura catalã, já haviam sido restabelecidos na primeira metade do século, após haverem sido praticamente eliminados pelas diferentes tentativas ocorridas no passado no sentido de neutralizarem a língua e a identidade catalãs. Esses *jocs* seriam, portanto, restaurados no século XIX. Para um clássico do pensamento catalão, Rubió i Ors, escrevendo em 1841, asseverava que a "Catalunha pode aspirar ainda a independência, não à política, pois pesa muito pouco em comparação com as demais nações [...], mas sim a literária [...]" (apud Josep Miracle, *Restauració dels Jocs Florals*, Barcelona, Aymà S.A. Editora, 1960, p. 21). Mas o certo é que na chamada Renascença catalã esses certames literários desempenhariam uma função igualmente política na recuperação da identidade étnica como base à reconstrução de uma nação.

49 Cf. Fredrik Barth, op. cit.; e Roberto Cardoso de Oliveira, *Identidade, etnia e estrutura social*, op. cit. e *Enigmas e soluções: Exercícios de etnologia e de crítica*, op. cit.

catalã tem lugar numa oposição sistemática à identidade castelhana. Parece ser praticamente impossível sequer pensá-la sem referência expressa à população castelhana.Vimos que a história das relações da Catalunha com o poder central castelhano na Espanha mostra o alto grau de conflito e, sobretudo, sua profundidade na sociedade catalã. E certamente, num cenário histórico dessa ordem, tal oposição não poderia deixar de estar presente no processo de auto-identificação do sujeito catalão. A obra de Almirall é extremamente sensível a esse quadro de confronto interétnico quando, para falar sobre seu próprio povo, começa por descrever – à sua maneira – a gente de Castela. Consentâneo com a atmosfera psicologista da época, quando o assunto em foco é o espírito de um povo, Almirall vai opor o caráter catalão ao caráter castelhano, marcando este último com a idéia de degeneração para enaltecer o primeiro pela enumeração de suas virtudes. Mas, antes, cabe indicar alguns preliminares de seu raciocínio. Procura, inicialmente, justificar a oposição entre catalães e castelhanos que se pode observar num território dividido por numerosos povos espanhóis. Escreve Almirall:

> Tomemos apenas as duas [diferenças características] que mais diretamente nos interessam: a nossa, a que forma o povo catalão, e a que tem logrado se impor, isto é a castelhana. Não vou estudar a basca, nem nenhuma outra das muitas que poderiam ser consideradas, pois sairíamos de nosso propósito, para o qual basta demonstrar que entre nós e os nossos dominadores há suficiente diferenças para serem considerados como dois povos distintos. Não faremos tampouco um verdadeiro estudo antropológico, etnográfico nem etnológico de um e de outro, nem dos indivíduos de que são formados, pois o nosso objeto não requer senão a demonstração daquelas diferenças, com indicações dos efeitos que produziram na marcha histórica de nosso país.[50]

Ao formular o alvo de seu estudo, Almirall separa a Espanha em dois grandes grupos étnicos polares – ainda que não use esse termo: o central-meridional, representado pelos castelhanos; e o pirenaico ou norte-orien-

---

Como se pode ver, no caso catalão, observa-se uma interessante confluência entre o modelo nativo e a teoria antropológica.

50 Valentí Almirall, op. cit., p. 32.

tal, personificado pelos catalães. Os demais povos hispânicos se aproximariam de um ou de outro pólo.[51]

Mas depois de reconhecer as grandes conquistas do povo de Castela, como a grande epopéia da descoberta da América, passa a destacar sua decadência e os componentes mais expressivos do caráter castelhano. É assim que vai dizer que:

> Hoje a gente castelhana, considerada tanto em seu conjunto como povo, quanto individualmente, está completamente decaída e degenerada, mas não perdeu nada de suas condições características. Os vícios que adquiriu são os próprios de seu temperamento, que não compensa nada daquelas virtudes que deslumbravam no período de sua virilidade e grandeza. É tão idealista como sempre; conserva o mesmo amor ao abstrato, e sua paixão pela absorção e o predomínio é tão marcada como em seus melhores tempos. A diferença se nota só na qualidade das aspirações e dos meios que emprega para consegui-las. Seus ideais são tão raquíticos quanto sua imaginação atrofiada; suas abstrações não passam de paradoxos; os meios são torpes e de baixa lei. Inepta para toda empresa positiva, vegeta na miséria moral e material, e aquela raça, uma das mais simpáticas das que povoam a Europa apesar do desequilíbrio de suas faculdades, baixou para ocupar um dos últimos lugares do mundo civilizado.[52]

Almirall chega a classificar o castelhano como sendo eminentemente idealista e amante do abstrato! É interessante ressaltar aqui que o sentido dado à palavra idealista na cultura catalã é profundamente pejorativo, uma vez que o termo se opõe a uma das qualidades mais exaltadas pelo próprio cidadão comum catalão, por se crer dotado de uma visão materialista ou, se quiser, prática da vida social e econômica. Assim como o caráter idealista é visto negativamente, na medida em que entra em contradição com o materialismo catalão, também outras características têm o mesmo efeito. "O caráter catalão é o reverso da medalha do genuíno castelhano".[53] E para mostrar o quanto ambos se diferenciavam, Almirall procura

---

51 Valentí Almirall, op. cit., p. 43.

52 Idem, p. 43.

53 Ibidem, p. 51.

comparar um a um os elementos constitutivos de cada caráter, sem, entretanto, relevar o que ele também considera como uma decadência do homem catalão, certamente contaminado pela degeneração do próprio povo castelhano:

> Nos bons tempos, este [o castelhano] era o tipo do generalizador, e nós éramos eminentemente analíticos. Eles se exaltavam por uma abstração idealista; nós buscávamos sempre vantagens positivas. Para o castelhano, apaixonado das formas, as condições às quais dava maior importância eram a finura, a elegância, a magnificência; para o catalão, poucos cuidados das aparências, a brusquidão não era um grande defeito, assim como o era o pecar muito ou pouco pelo lado oposto. O olhar daquele como que abraçava um vasto campo, não via bem os detalhes dos objetos; o nosso via bem os detalhes, mas, em contraposição, abraçava um campo reduzido.[54]

Esse espírito analítico que Almirall qualifica como sendo positivo, por ser pouco dado a generalizações supérfluas, significa que embora o homem catalão se veja reduzido a "feitos menos brilhantes", ao contrário daqueles que o homem castelhano logrou realizar, os feitos que esse espírito, isto é o *Volkgeist* catalão, consegue alcançar são, em contrapartida, "muito mais sólidos".[55]

A tese do regionalismo é naturalmente retomada, porém num sentido eminentemente prático, a saber, de prática política. Enquanto com Torras i Bages o regionalismo tem um sabor religioso-metafísico, com Almirall ele se articula com propostas concretas voltadas para a instância política, em que o cenário de luta e de reivindicação tem lugar no espaço do Estado espanhol. A afirmação do idioma catalão lado a lado das artes que se manifestavam nos *Jocs Florals*, como a poesia lírica, o teatro e os cantos populares, era o resultado do Renascimento (o *Renaixement*) catalão. Tratava-se, a rigor, apesar das características literárias desse renascimento, da restauração da história catalã e, com ela, o espírito de uma nação. Para Almirall, impunha-se a idéia de um novo tipo de "federalismo", no qual

---

54 Valentí Almirall, op. cit., p. 51.

55 Idem, p. 51.

a idéia de *união* haveria de substituir a de *unificação* das etnias espanholas. Em suas próprias palavras:

> [...] os fatos do ano 1868 [golpe de Estado, com a destituição da rainha Isabel] vão deitar por terra as instituições fundamentais do Estado espanhol. O protesto formulado pelo Renascimento [...] encontrou eco em boa parte da juventude da Catalunha, e a nova situação convidava a dar forma e corpo às reivindicações. O poder central estava tão débil que há muito custo podia se agüentar; a tribuna estava aberta para todos; os direitos de reunião e de associação se exerciam sem nenhuma limitação nem impedimento; até os comícios convidavam a todos os catalães a influir na coisa pública, sem privilégios de classe nem de fortunas. A opinião pública estava momentaneamente excitada e havia desfraldado a bandeira da reivindicação. A fórmula do Renascimento [...] se condensou em uma singela fórmula: "Nem unificação, nem independência; nem separação, nem absorção". "Desde hoje", dizia o espírito do povo catalão, "podem viver juntos e felizes aqueles que, distintos e diversos por natureza e caráter, resistiram bem às imposições da força, protestando quando não lhes era permitido fazer outra coisa. Não desejam unificar-nos, mas sim unir-nos. A união para fins comuns, baseada no respeito mútuo, é o único caminho da regeneração para as regiões espanholas".[56]

Não é preciso acrescentar muito mais para se entender que a ideologia da catalanidade que se gestava tinha um objetivo bastante prático e se ancorava numa tradição cultural, cujo renascimento a viabilizava expressamente.

Porém, no renascer dessa tradição, renascia com muita força o idioma catalão, que passava a assumir uma dimensão fundamental no processo de construção da nacionalidade. A cultura literária parece ter sido uma instância de valor estratégico, algo como um repositório das características mais nobres do *Volkgeist* catalão, porém – quem sabe? – menos ameaçadoras aos olhos do Estado castelhano. Mas o idioma estava lá, como o elemento mais poderoso na manutenção daquela tradição e, por isso, facilmente transformado num instrumento político de afirmação de uma identidade étnica. Não só versos e prosa, literária ou científica, mas sobretudo

56 Valentí Almirall, op. cit., p. 74.

discursos políticos, juntamente com documentos de grande importância, passavam a ser escritos em catalão. Ainda que o idioma não fosse considerado pelo próprio Almirall como "o elemento mais importante na personalidade de um povo, é o mais visível".[57] E assim considerando, o nosso autor vai discorrer sobre o tema demonstrando uma surpreendente familiaridade com questões tão modernas como são as das relações entre etnias e Estados nacionais:

> Os interesses morais e materiais podem fazer com que agrupamentos que falem da mesma maneira constituam povos distintos, não sendo porém um bom exemplo os americanos que falam inglês, ou os belgas e suíços que falam francês; mas aqueles que falam línguas distintas não logram jamais formar um mesmo povo. Os que se encontram em tal situação podem, sim, agrupar-se em Estado nacional, como sucede com os mencionados suíços e belgas, e os distintos povos que formam hoje a Confederação Austro-Húngara, no caso em que a nação não está formada por um só, mas por vários povos. Sempre que assim se forma um conjunto nacional, a força das coisas o leva a não poder viver num Estado simples. Sua organização própria, à qual chega tarde ou cedo, é a de Estado composto. A variedade de linguagem tem importância extraordinária não pelo que realmente é, senão pelo que se supõe. Uma língua distinta supõe um distinto caráter. A forma de expressar as idéias responde à forma de concebê-las. O pensar e o sentir de um povo são correlatos às condições da língua que emprega.[58]

Essas considerações levam Almirall a concluir, relativamente ao caso espanhol, que é perfeitamente possível formar um conjunto nacional com os povos da Espanha, sem, entretanto, confundi-los em uma só e indistinta unidade. "Ali onde há vários povos, não há nenhuma uniformidade".[59] E qualquer tentativa de impor essa uniformidade é vista por Almirall como produto da tirania, coisa que o *Renaixement* soube muito bem entender que não seria pela anulação do idioma catalão que a Espanha poderia continuar a ser uma nação.

---

57 Valentí Almirall, op. cit., p. 77.

58 Idem, p. 77.

59 Ibidem, p. 77.

> Por fortuna, o Renascimento compreendeu a manobra e não se deixou convencer nem persuadir. Falem e escrevam em catalão, e não deixem de usá-lo até e quando tenham obtido as grandes reparações que nos devem. O uso de nossa língua é a manifestação mais eloqüente de nossa personalidade e um argumento incontestável em prol da justiça de nossa causa. Enquanto vigorar a língua catalã, todo ato de unificação [...] será um ato de verdadeira tirania.[60]

Palavras como essas fazem de Almirall um dos ideólogos da catalanidade que com mais vigor soube desenvolver um discurso de cunho eminentemente político, bem diferente em estilo e em profundidade das falas de púlpito de autores como Torras i Bages. Todavia, é inequívoca a continuidade entre os dois tipos de discurso – o religioso e o laico – no que diz respeito à temática da tradição, do regionalismo, do idioma e do respeito à diferença cultural. Todos esses temas continuarão a encontrar ressonância em autores posteriores, como procurarei mostrar adiante, quando a ideologia da catalanidade vai se robustecendo mais e mais na medida em que passa a refletir o amadurecimento da questão da nacionalidade, como vai ter lugar na obra de um Enric Prat de la Riba; ou a exprimir com maior nitidez os traços marcantes da identidade catalã, o que vai ocorrer especialmente através de Josep Ferrater Mora e Jaume Vicens i Vives.

Nacionalidade e identidade étnica

O perfil de Enric Prat de la Riba i Sarrá (1870-1917), esboçado por um de seus comentadores,[61] vai mostrá-lo como alguém que desde jovem já nutria um grande interesse pela cultura catalã, como sugere o pedido

60 Valentí Almirall, op. cit., p. 78.

61 Trata-se do mesmo Carme Arnau, autor das notas biográficas das obras já mencionadas de Torras i Bages e de Valentí Almirall, ambas da mesma *Edicions 62*. Com relação a Prat de la Riba, Arnau procura mostrar que desde a infância ele já mostrava ter seriedade, responsabilidade, dotado de um espírito reflexivo, além de timidez; membro de uma família de um grande proprietário rural, tornou-se um intelectual politicamente ativo, tendo sido secretário da *Lliga de*

que, ainda criança, teria feito a seu pai para assinar a revista *La Renaixensa*, por sinal uma das poucas escritas em catalão. Dentre sua produção escrita, o trabalho mais importante que lhe pode ser creditado será sempre *La nacionalitat catalana* (1986 [1906]), uma obra que retoma praticamente todos os elementos constitutivos da catalanidade, presentes nos escritos de seus antecessores, acrescentando, porém, uma reflexão mais madura sobre a questão da nacionalidade. Já na introdução do livro, o nosso autor principia por admitir que nos primórdios do século XVIII "já havia começado o inverno para a terra catalã":

> O despovoamento, a decadência do comércio, a anulação da marinha haviam empobrecido a Catalunha. As leis, os funcionários, a orientação das vias comerciais que do Mediterrâneo haviam passado ao Atlântico, a situação internacional que tornava os turcos e os piratas argelinos senhores de nosso mar e barravam a expansão da Catalunha com o cerco infranqueável daqueles bárbaros, o desbaratamento administrativo do Estado, as guerras longas e onerosas sustentadas para repelir as imposições do "uniformismo" ou as invasões estrangeiras, tudo ia contra a prosperidade da Catalunha.[62]

Portanto, diante daquelas circunstâncias, tornava-se imperioso um movimento como a Renascença para restabelecer as antigas tradições, só elas capazes de servirem de base para a reconstrução da identidade catalã e, com ela, a construção da nacionalidade. Para Prat de la Riba o Renascimento catalão teria se realizado em quatro fases:

1. "o período industrial, a atividade econômica, a riqueza";
2. "a renovação histórica, literária e artística";
3. "o despertar da consciência reflexiva do ser nacional"; e
4. "a fase política, a organização do organismo político da nacionalidade".[63]

Catalunya e participante ativo na *Unió Catalanista a Manresa*, onde foram aprovadas as "Bases para a Constituição Regional Catalã" (1892). Publicou vários trabalhos entre livro e opúsculos.

62 Enric Prat de la Riba, op. cit., p. 16.

63 Idem, pp. 24-25.

Esta última fase corresponde a uma tarefa ainda a ser efetivada e, para a qual, certamente ele se propunha. Pretendo me deter mais especificamente nessa última fase, uma vez que é sobre ela que Prat de la Riba vai – a meu ver – realizar suas reflexões mais originais, sempre, no entanto, muito sintonizadas com a ideologia vigente da catalanidade.

Que a terceira fase lhe parecia insuficiente para a constituição da nacionalidade, Prat de la Riba procurou ser bastante claro desde o início, quando mostra que por mais importantes que a língua e as artes fossem para o despertar da identidade catalã, "a obra era incompleta. O ser da Catalunha continuava engastado ao ser castelhano, como os pólipos do coral".[64] Para ele, toda a literatura que vinha sendo dedicada ao *Volkgeist* catalão, em sua busca de se diferenciar da gente castelhana, ainda que se tenha demonstrado insuficiente, havia sido fundamental para se dar o passo adiante rumo à edificação da nacionalidade:

> A obra desses homens não vai ser uma teoria, nem uma doutrina, nem somente um programa: vai ser um sentimento, o sentimento da pátria, o *catalanismo*, que continha, como a semente contém a árvore, o programa, a doutrina e a teoria.[65]

Ao creditar aos pensadores catalães, seus antecessores, o mérito dessa importante semeadura ideológica-literária, Prat de la Riba estava se inserindo na mesma tradição e dando-lhe continuidade; agora, porém, mais sintonizada com a questão do Estado. Nesse sentido, pode-se dizer que ele se propõe à elaboração de uma teoria do Estado catalão.

Não pretendo aqui apresentá-la em sua inteireza, mesmo porque ela é bastante fragmentária, mas apenas indicar alguns de seus pontos mais relevantes para a temática deste ensaio. Em primeiro lugar, cabe dizer que Prat de la Riba considera que "cada nacionalidade deve ter o seu Estado".[66] E entende essa nacionalidade nos seguintes termos:

---

64 Enric Prat de la Riba, op. cit., p. 42.

65 Idem, p. 44.

66 Ibidem, p. 95.

> Sendo uma unidade de cultura, uma alma coletiva, com um sentir, um pensar e um querer próprios, cada nacionalidade há de ter a faculdade de acomodar a sua conduta coletiva, isto é, à sua política, ao seu sentimento das coisas, à sua *ponderação* (*seny*), ao seu franco querer.[67]

Ao enfatizar a palavra *seny*, para a qual melhor caberia *interpretá-la* como "sabedoria" do que simplesmente *traduzi-la* por ponderação, juízo, sensatez, cordura, prudência, ou mesmo *buen sentido*, *ingenio lógico*, ou, ainda, *la razón equilibrada*, como se costuma vertê-la ao castelhano[68] – pois é um termo catalão quase intraduzível, porém central no seu *Volksgeist*. Desejo indicar desde agora uma das qualidades – ou conjunto delas – mais marcantes na constituição de uma identidade étnica, na forma como ela é concebida na ideologia da catalanidade. É um termo sobre o qual voltarei a examinar adiante, especialmente através do exame do discurso de um filósofo como Josep Ferrater Mora. O que me parece relevante agora acentuar, como produto do exercício desse *seny* em sua aplicação na forma de pensar o Estado, é o seu indiscutível pragmatismo.

Coerente com esse pragmatismo, Prat de la Riba considera a nacionalidade como um fato. E é esse fato que ele se propõe articular com sua concepção de Estado, vendo nesse Estado um elemento aglutinador das "entranhas mesmas da nacionalidade", adotando suas idéias, seus preconceitos, suas tendências, seus erros, seus sentimentos, seus pensamentos e "tradições que os séculos acomodaram nas regiões do espírito coletivo em que impera o inconsciente",[69] portanto com um grande poder de determinação igualmente coletiva. Vale-se, nesse sentido, de expressivas metáforas, como a de que:

> O Estado, pois, vem a ser como um organismo, como uma parte viva da nacionalidade; por isso não pode pertencer a duas nacionalidades diferentes, como um mesmo coração não pode bater em dois peitos ao mesmo tempo, como um mesmo cérebro não pode servir de instrumento da

---

67 Enric Prat de la Riba, op. cit., p. 95. O sublinhado é meu (RCO).

68 Cf., por exemplo, o historiador espanhol Maximiniano Garcia Venero, História del nacionalismo catalán (tomo I), Madri, Editora Nacional, 1967, p. 10.

69 Enric Prat de la Riba, op. cit., p. 95.

> vida anímica de dois homens diferentes. E mais: cada nacionalidade há de ter um só estado que traduza em ação e conduta as aspirações coletivas.[70]

Ao insistir na perspectiva política adotada em sua análise do fato da nacionalidade, pretende rebater objeções contumazes contra a existência de Estados pequenos, segundo as quais se estaria retrocedendo "ao clã, à tribo, ao feudalismo", desviando-se, portanto, do caminho da história. Contra essa objeção argumenta com realismo que, nesse caso, pequenos Estados, tais como Portugal, Grécia ou Holanda, deveriam desaparecer; o que, para ele, isso sim é que seria uma regressão. A fórmula "a cada nação um Estado" é, para Prat de la Riba, um "fato jurídico que corresponde ao fato social da nacionalidade".[71] Pois, para ele, "a aspiração de um povo de possuir política própria, ter um Estado seu, é a fórmula política do *nacionalismo*".[72]

É interessante observar que Prat de la Riba reconhece uma tendência bastante forte de se admitir como sendo verdadeira a afirmação de que as transformações do Estado caminham historicamente de "unidades sociais rudimentares a unidades mais vastas, mais complexas": desde aquele que dirigia apenas a família patriarcal até o Estado moderno, passando por diferentes outras formações como o "Estado-clã", o "Estado-tribo", o "Estado-cidade", o "Estado feudal" e o "Estado-reino". E a perspectiva, já aberta em sua época, de se admitir igualmente outras formações estatais, ainda mais complexas, como o "Estado-raça", o "Estado-continente" e, finalmente, o "Estado-universo" indo até à utopia do "Estado-humanidade". Mas isso em nada contradiz aquilo que para ele é uma "verdade primeira" de que "a lei da estrutura natural da sociedade humana universal é a lei das nacionalidades":

> Que a nacionalidade é sociedade integral, natural, espontânea, superior à vontade dos homens, superior à vontade dos poderes públicos, resisten-

70 Enric Prat de la Riba, op. cit., pp. 95-96.

71 Idem, p. 97.

72 Ibidem, p. 96.

> te a toda espécie de adversidade, triunfadora de todos os obstáculos por grandes, por imensos, por irresistíveis que sejam; que, assentada sobre as profundas camadas de granito irremovível, vê cair e passar por sobre seus impérios e civilizações, de século a século, sem perder seu ser, sem mudar sua substância, sendo sempre ela mesma.[73]

Curioso verificar como na percepção política de Prat de la Riba os problemas atualíssimos das explosões de etnicidade no mundo moderno, isto é, o ressurgimento das nacionalidades ou etnias na Europa de hoje, tanto quanto a formação de grandes unidades político-econômicas, haja vista tipos de organização como o "Mercado Comum Europeu", o "Acordo de Livre Comércio da América do Norte" – Nafta ou o "Mercosul", praticamente já são antecipados, em sua viabilidade, no horizonte do autor. Para ele, há de se considerar, todavia, que essa "evolução" do Estado, de suas formas mais simples às mais complexas, nem sempre pode ser considerada como uma progressão positiva. "Ao contrário, quando se passa da cidade ao reino ou ao império, vêm sempre, em todos os tempos e em todas as civilizações, oscilações e recuos".[74] E ilustra isso com inúmeros casos observados na história do Oriente e do Ocidente. Em todos esses casos, desde o caso da antiga Atenas até o da moderna Barcelona, Prat de la Riba procura tomá-los como justificativa de sua asserção maior de que "uma só nacionalidade era o substrato desses Estados; não continham toda a nação, mas não continham tampouco nações diferentes"; ou, em outras palavras, "a sociedade que esses Estados dirigiam era uma sociedade homogênea".[75]

A tese final de Prat de la Riba, relativamente à questão da possibilidade de um Estado Catalão, é a de negar, primeiramente, a antinomia entre o nacionalismo e o universalismo – ou mundialismo –, mostrando que tal aparente incompatibilidade se resolveria na instituição de um Estado composto ou uma Federação de Estados Nacionais. Diz que "não são tendências que se contradizem, nem aspirações incompatíveis. Ao

73 Enric Prat de la Riba, op. cit., p. 99.

74 Idem, p. 99.

75 Ibidem, p. 100.

contrário, se completam, se ajudam mutuamente".[76] Argumenta, nesse sentido, que

> assim é com o nacionalismo, impondo o respeito às personalidades nacionais e exaltando as excelências da forma federativa, converte-se em elemento propulsor do universalismo. [...] O nacionalismo, colocando-se como elemento primeiro das formações de Estados a personalidade das nações, executa, na sociedade internacional, uma revolução fecunda: sólida, torna indestrutíveis os fundamentos sobre os quais definitivamente haverá de constituir-se.[77]

Simultaneamente, acredita ainda Prat de la Riba, "o universalismo fará triunfar as aspirações nacionalistas".[78] Pois jamais será pela força que se constituirão os Estados ou as federações. Sempre será necessário o consentimento dos povos para que seus líderes os levem para organizações federativas. Por um lado, exorcizado o Estado unitário como o único possível, com a admissão do Estado composto ou da Federação; por outro, desfeita a acusação de ter o nacionalismo tendências regressivas, restaria ao autor mostrar, tomando o próprio caso da Catalunha, que "hoje os povos que querem consagrar os direitos da nacionalidade com a posse de um Estado próprio nem por isso têm de se separar dos outros povos que com eles acompanharam a história".[79] O que o leva a concluir que a "conseqüência de toda a doutrina aqui exposta é a reivindicação de um Estado catalão, em união federativa com os Estados das outras nacionalidades da Espanha".[80] E mais:

> Do fato da nacionalidade catalã nasce o direito à constituição de um Estado próprio, de um *Estat Català*. Do fato da atual unidade política da Espanha, do fato da convivência secular de diversos povos, nasce um elemento de unidade, de comunidade, que os povos unidos têm de manter e solidificar. Do que se segue o *Estat compost*. Estes dois fatos primários, fundamentais: o da personalidade nacional da Catalunha, e o da

76 Enric Prat de la Riba, op. cit., pp. 101-102.

77 Idem, p. 102.

78 Ibidem, p. 102.

79 Ibidem, p. 103.

80 Ibidem, p. 104.

unidade da Espanha, fortalecidos por duas leis correlativas: a da liberdade que implica autonomia e espontaneidade sociais, a da universalidade que leva à constituição de potências mundiais, resolve-se em uma forma de harmonia que é a *Federació Espanyola*.[81]

Prat de la Riba mostra, assim, que o nacionalismo catalão não implica mais na reivindicação de um Estado separatista, mas que, ao contrário, tem por aspiração a união das nacionalidades ibéricas sob uma organização federativa, onde os respectivos Estados possam viver em harmonia, uma vez que é por aí que entende estar "o caminho dos grandes ideais progressistas da humanidade".[82]

Malgrado essa concepção de Estado composto ou federativo não ter sido uma figura jurídica plenamente alcançada na Espanha moderna, pudemos ver que a política das autonomias acabou por se constituir num importante passo nessa direção. De qualquer maneira é uma questão ainda sujeita a muita controvérsia na atmosfera política da Catalunha. Porém, a questão que, todavia, continua a desempenhar um papel altamente aglutinador do povo catalão – ao que parece sem maiores dissensões – é a própria ideologia da catalanidade, expressa com todo o vigor na concepção da identidade étnica. Consideremos o que nos diz a respeito o filósofo Josep Ferrater Mora, nascido em Barcelona no ano de 1912.[83] Em seu

81 Enric Prat de la Riba, op. cit., p. 105.

82 Idem, p. 105.

83 Ferrater Mora é bastante conhecido como filósofo na América Latina, particularmente por seu *Dicionário de filosofia*, editado, primeiramente, em 1944, e de lá para cá teve cerca de seis edições, incluindo-se aí quatro versões progressivamente ampliadas. Provavelmente a maior parte de sua vida profissional teve lugar no exterior, desde sua saída de Barcelona, quando de sua ocupação pelas forças franquistas, ainda na segunda metade dos anos 1930. Foi portanto no exílio que publicou a maior parte de sua obra. Embora bastante diversificada, ela é relativamente extensa, cobrindo desde crítica literária até textos filosóficos bastante interessantes, como "El ser y la muerte: Bosquejo de una filosofia integracionista" (1962), "El ser y el sentido" (1967) e "De la materia a la razón" (1979), através dos quais relaciona teorias devotadas seja à existência humana, seja à natureza. Mas neste ensaio tomarei por referência apenas "Les formes de la vida catalana" (1986).

livro *Les formes de vida catalana*, cuja primeira edição é de 1980, o autor praticamente sistematiza aquilo que se pode considerar como constituindo os elementos mais importantes característicos da identidade catalã.

A intenção preliminar de Ferrater Mora, ao escrever seu livro, foi a de mostrar aos não-catalães o que é ser catalão. Contudo, ao longo de sua redação, decidiu que seu texto poderia ser importante para os seus próprios concidadãos na proporção em que estaria revelando a eles "as suas raízes mais ocultas". O tom de seu discurso e os argumentos que aduz ficam entre um certo psicologismo historicista e um moralismo ufanista, o que permite considerar o texto como a expressão de uma ideologia étnica sistematicamente construída. Procurarei ser bastante esquemático na apresentação de suas idéias, limitando-me a explorar o núcleo de sua concepção do homem catalão. Destaca, como constitutivos desse catalão, quatro traços, que, aliás, qualifica de "virtudes"; são eles: a *continuidade* (*continuïtat*), a *sabedoria* (*seny*), o *comedimento* (*mesura*) e a *ironia* (*ironia*). O sentido que cada um desses traços, conforme os interpreta Ferrater Mora, possui para o *Volkgeist* catalão é o que procurarei examinar nos próximos parágrafos.

O marco diferencial entre a Catalunha e a sociedade global espanhola é mais uma vez acentuado no discurso da catalanidade quando Ferrater Mora escreve que o "mundo hispânico se apresenta de pronto como um viver essencialmente *descontínuo*, como uma existência dispersa e fragmentária".[84] Verifica-se aqui, ao tratar de um dos principais traços catalães, que o autor apela para o contraste catalão/castelhano, ainda que minore a questão quando procura mostrar ser tal descontinuidade apenas aparente, uma vez que a alma hispânica, todavia, e numa visão mais profunda, tem se mantido indelével, em que pesem as vicissitudes históricas do mundo espanhol. A obra de um Unamuno, por exemplo, exemplificaria essa continuidade de raiz mais profunda. Ao passo que, no caso do mundo catalão, essa continuidade vige tanto nas profundezas da alma catalã, como tam-

84 Josep Ferrater Mora, *Les formes de la vida catalana i altres assaigs*, Barcelona, Edicions 62, 1986 [1980], p. 36. O sublinhado é meu (RCO).

bém em sua superfície. Há, a rigor, uma permanência histórica, facilmente aferível, contrariamente ao que ocorre no mundo hispânico. Escreve Ferrater Mora:

> Quando assinalo que uma das formas da vida catalã é a continuidade, estou aludindo, portanto, a uma realidade que todos os povos possuem mais ou menos intensamente, mas a Catalunha apresenta um tal vigor que nos permite assenhorear-nos de uma parte substancial da sua alma.[85]

Aqui o autor se vale de uma argumentação de teor hegeliano, quando assevera que a valorização da continuidade não significa esquivar-se de mudanças bruscas e mesmo violentas; porém, há de admiti-las na medida em que a trajetória anterior é incorporada conforme é ultrapassada. A lógica dessa incorporação permite supor que a mudança ou o novo ganha sentido no interior do velho e o modifica:

> À medida que cada nova ação é sobreposta às passadas, estas últimas são substancialmente modificadas, porque o que se agrega não é um mero apêndice que possa arbitrariamente eliminar-se; o que se agrega concorda profundamente com o que já existia [...]. Ocorre com os atos que têm tradição, que prolongam e ao mesmo tempo absorvem o passado, o mesmo que com um frase truncada à qual se incorporam sucessivos novos elementos. Esses elementos não podem se justapor ao azar; acham-se, de certa maneira, condicionados pelos anteriores.[86]

A metáfora da frase, no final da citação, tem um sabor todo especial, quando admite que "a frase da vida tem então cada vez um maior sentido, vai arredondando e completando sem acabar-se jamais".[87] Destarte, a descontinuidade estaria em inovações que não fazem sentido com a tradição, posto que desconsidera o passado. Nesse caso,

> a inovação é sempre dolorosa, porque, desligada do passado e do futuro, não se incorpora jamais definitivamente à vida e, portanto, não pode ser, como diria Hegel, com uma palavra exatíssima, absorvida.[88]

---

85 Josep Ferrater Mora, op. cit., p. 32.

86 Idem, p. 34.

87 Ibidem, p. 34.

88 Ibidem, p. 38.

Quanto ao *seny* – termo nativo que prefiro conservar em lugar de traduzi-lo –, estou seguindo a própria recomendação de Ferrater Mora, para quem há certos nomes do vocabulário de um povo que "traduzi-los é traí-los". *Seny* é certamente um deles e, provavelmente, o mais expressivo do *Volkgeist* catalão. O próprio autor compara o termo catalão com a palavra portuguesa *saudade*[89] para mostrar a dificuldade em traduzi-lo; uma observação com a qual só podemos concordar.

> O *seny* nos traça de uma maneira tão acabada os contornos da alma catalã que se não soubéssemos que um povo transborda sempre os limites de toda definição e de toda palavra, o escolheríamos como a que permite situarmo-nos mais facilmente justo no meio de sua vida.[90]

Diz ainda Ferrater Mora que palavras como essas "esboçam com suficiente aproximação o contorno da alma e iluminam zonas que, de outra forma, permaneceriam na sombra".[91] Porém, apesar das dificuldades de encontrar outras palavras para expressar tudo aquilo que o *seny* pode dizer ao próprio homem catalão, nós teríamos de utilizar todo um conjunto delas, como *prudència, enteniment, discreció, circumspecció*. Ainda que prudência, entendimento, discrição e circunspecção não queiram dizer a mesma coisa que *seny*, elas estão nele implicadas. Creio não ser necessário examinar mais extensamente todas as significações contidas no termo, mas gostaria de chamar a atenção para apenas um de seus aspectos que me parece dos mais relevantes do ponto de vista filosófico, nos termos propostos pelo próprio Ferrater Mora, e que talvez possa ser interpretado como sendo um dos traços mais mediterrâneos contidos na ideologia da catalanidade. Digo isso porque ele evoca imediatamente a virtude grega da *Phronesis*, ou sabedoria, também prudência, evocando igualmente as raízes gregas da cultura milenar catalã (como parece admitir a própria ideologia da catalanidade). Como encaminharmos essa questão? Talvez o melhor caminho seja o de tentar responder uma das perguntas mais interes-

---

89 Josep Ferrater Mora, op. cit., p. 50.

90 Idem, p. 51.

91 Ibidem, p. 50.

santes proposta por Ferrater Mora: o *seny* seria "uma paixão ou uma forma de conhecimento".[92]

A questão é intrigante! Reconheçamos, em primeiro lugar, um certo ar de família com o clássico debate no interior do pensamento grego, como nos relata um helenista como Werner Jaeger, com seu erudito livro *Paidéia: Os ideais da cultura grega*, ou um filósofo moderno como Hans-George Gadamer, com seu *Verdade e método*. Não cabe aqui reproduzir os termos desse debate, fugiríamos ao assunto de que estamos tratando. Cabe apenas dizer que *Phronesis*, significando conhecimento prático ou moral, estaria em oposição ao conhecimento teórico (*Episteme*)[93] no modo aristotélico de formular o conceito; enquanto para Platão, por exemplo, a *Phronesis* seria "a unidade do bem como norma suprema, como ideal, o primeiro lugar entre as virtudes".[94] Num e noutro caso, a noção implica a proposta de um saber comprometido com a ordem moral. Por essa razão é que para mim *Phronesis* guarda uma relação bastante estreita com *Seny*, e que a interpretação que Ferrater Mora dá a este último termo só faz consolidar essa semelhança. Vejamos: para ele – que não abre mão de dissecar o *seny* em seus componentes constitutivos – desde logo aponta a *prudência* (entre outras palavras "nenhuma das quais querendo dizer propriamente o mesmo que o *seny*", desde que ele "equivale a todos") como "uma maneira de conhecer as coisas, mas uma maneira de conhecer que não

92 Josep Ferrater Mora, op. cit., p. 51.

93 Para Aristóteles a *Phronesis* é tratada em sua *Ética*, onde ocupa lugar importante como conhecimento moral, sendo, como escreve Gadamer, um conhecimento prático ou uma outra forma de conhecimento quando comparada aos conhecimentos teórico e técnico. Cf. Hans-George Gadamer, *Truth and method*, Nova York, The Crossroad Publish Co., 1982, pp. 21 e 281.

94 Cf. Werner Jaeger, *Paidéia: Los ideales de la cultura griega* (tomo III), México, Fondo de Cultura Económica, 1949, p. 340. Essa virtude cardinal do homem grego é tratada por Platão extensamente em seu diálogo sobre *As leis*, ao qual Jaeger se reporta, assinalando ainda que o termo significa "o conhecimento socrático do 'Bem', que é ao mesmo tempo bondade" (op. cit., p. 292); para, em outro lugar, dizer que ele exprime "a *areté* do espírito" (op. cit., 283), ou a sua virtude máxima.

deriva da razão, senão da experiência do mundo e dos homens".[95] E logo agrega, tornando mais clara a noção na medida em que a distingue do conhecimento científico, dizendo ser ela "uma sabedoria e, como tal, um conhecimento diferente do saber científico da natureza".[96] Há ainda nesse saber prudente algo como "piedade" e "comiseração" a integrá-lo no trato das coisas humanas.[97] E, nesse sentido, há um componente de paixão ou de sentimento na esfera da razão, e que pode resultar na incorporação da virtude da serenidade no uso do conhecimento acumulado pela experiência humana. Em meu modo de ver, é quando o *seny* e a *phronesis* se identificam na palavra "sabedoria".

Considerado o *seny* desta maneira, caberia distingui-lo do *entendimento* e que, desde logo, para Ferrater Mora, remete para a "consciência". E esclarece dizendo que "ainda que o entendimento siga uma virtude menos intelectual que a razão, é sempre mais intelectual que a prudência ou que a sabedoria".[98] Ao separar entendimento de sabedoria e intelecto de razão, o autor assevera que o homem entendido (*l'home entenimentat*) não pode ainda ser considerado como sábio, "mas já se acha no caminho de conseguir aquela 'sabedoria mundana' que é, no sentido mais vigoroso do termo, judiciosa".[99] Isso permite inferir que

> O entendimento é primordialmente uma reflexão que tem necessidade de raciocinar, mas com uma espécie de discurso que, ao invés da mera razão, acha-se atrelado também à experiência e é como uma consciência da mesma experiência. Esta outra manifestação ou aspecto do seny se opõe continuamente à loucura, à alienação, e significa acima de tudo uma vigilante posição sobre si.[100]

Todavia, ser sábio ou judicioso (*ésser assenyat*) é ser igualmente "discreto" e "circunspecto", ser também alguém que "olha sempre cautelosa-

---

95 Josep Ferrater Mora, op. cit., p. 52.

96 Idem, p. 52.

97 Ibidem, p. 52.

98 Ibidem, p. 53.

99 Ibidem, p. 53.

100 Ibidem, p. 53.

mente o seu entorno". O que não quer dizer que esse alguém não seja firme em suas decisões, mas, ao contrário, que cada ação deve ter um objetivo que faça sentido, e, portanto, seja realizada com a necessária gravidade. "Como a prudência e o entendimento, a circunspecção ou a discrição não significam propriamente o *seny*, mas nenhum *seny* é possível sem prudência, sem entendimento, sem circunspecção e sem discrição".[101] Ferrater Mora adverte, contudo, em seu esforço de captar a essência do *seny*, que há de se evitar cair em jogos de palavras. Mas reconheça-se que todo esse esforço tem, ao que parece, uma única direção: a de tornar o *seny* efetivamente na virtude máxima catalã. Compreendido como "sentido comum", não coincide com a sua forma vulgar, porém está claramente relacionado com o seu sentido filosófico, portanto intelectualizado; e se ele se nutre da experiência, esta não o limita, uma vez que ele é "um saber que parece recusar tanto a compreensão puramente intelectual como a visão puramente sensível",[102] tanto relativamente aos homens quanto às coisas. O autor identifica aí uma tensão entre o intelecto e a experiência. E se a relacionarmos com a moral, veríamos no *seny* como a sabedoria é inseparável da moralidade:

> Mas, no qualificar o homem sensato de filósofo, o catalão quer dizer que não é apenas um homem que tenha conseguido cuidadosamente um acordo da razão com a experiência, senão também e sobretudo que é um homem que subordinou essa razão e essa experiência à moralidade de seus atos.[103]

Creio que essa breve caracterização do *seny* seja suficiente para marcar bem essa virtude tão nuclear do homem catalão, esse *home assenyat* que é, "no sentido mais forte do termo, o homem inteiro [*l'home sencer*]".[104]

As outras duas virtudes destacadas por Ferrater Mora, quando comparadas com a do *seny*, empalidecem bastante, se assim posso me expressar. Como já foi mencionado, são elas: o *comedimento* (*mesura*) e a *ironia*. Ambas

---

101 Josep Ferrater Mora, op. cit., p. 55.

102 Idem, p. 58.

103 Ibidem, p. 63.

104 Ibidem, p. 66.

remetem para a dimensão individual do catalão, e é onde fica mais evidente o psicologismo que esse tipo de caraterização comporta na exploração do *Volkgeist*. "Se o *seny* e a continuidade são, em certa maneira, virtudes coletivas – diz Ferrater Mora –, o comedimento é principalmente uma categoria de indivíduo".[105] Pois não existem povos comedidos, porém pessoas. O que significa essa virtude no discurso da catalanidade? Pelo menos para o autor, a mim me parece que essa virtude constitui uma das âncoras mais fortes a prender o homem catalão àquilo que se poderia chamar o mundo mediterrâneo, dominado pela cultura grega clássica! Dentre os diferentes mundos que envolvem "a existência catalã, o comedimento corresponde exclusivamente ao Mediterrâneo".[106] Comparado o mundo mediterrâneo – para não dizer grego – com o hispânico e o europeu, aquele parece ter sido predestinado a marcar o perfil do indivíduo catalão. E talvez ainda mais do que herdeiro do homem grego, o catalão – na opinião de Ortega y Gasset e adotada por Ferrater Mora – é "o herdeiro do homem antigo".[107] Seja lá como for, a personalidade que o autor pretende delinear tem um perfil tendenciosamente dos antigos gregos. Talvez o traço mais relevante desse perfil do catalão esteja na sua capacidade de "admitir o 'sim' e o 'não' em todas as coisas",[108] o que significa procurar ver sempre os dois lados das coisas, e o que faz dele um homem ponderado.

Mas desta ponderação, deste seu comedimento, não está ausente um traço que Ferrater Mora vê como sendo tipicamente grego: a ironia. E ele distingue claramente a ironia "romântica" da ironia socrática – atribuindo a esta última uma função definida na constituição da personalidade catalã. Ao conferir à ironia romântica um papel dissolvente, de levar confusão às coisas, Ferrater Mora dizia que ela se "compraz em desconjuntar as coisas, não para mostrar o que são, senão para assinalar o que não são: ironizar

105 Josep Ferrater Mora, op. cit., p. 70.

106 Idem, p. 73.

107 Ibidem, p. 75.

108 Ibidem, p. 75.

equivalia a confundir e não a esclarecer [*destriar*]".[109] O autor realiza uma apreciação de vários tipos possíveis de ironia para se deter na sua modalidade grega, a qual se liga esse grande "personagem conceptual" (como diria Deleuze) que é Sócrates. Não cabe aqui acompanhar todas as considerações de Ferrater Mora sobre tipos de ironia, nem mesmo examinar os seus argumentos relativos ao que ele classifica como sendo a "ironia castelhana" – amarga, pregoeira, conceituosa –, ironia essa que, em larga medida, se opõe àquela que ele acredita personificar a individualidade do homem catalão. Já sabemos que o princípio contrastivo que opera na construção da identidade étnica também aqui estaria presente. Todavia, presumo que importe mais, neste momento, esclarecer a natureza da ironia catalã, supostamente grega, comparando-a à ironia romântica. Escreve Ferrater Mora:

> Assim, o romântico despojava a ironia daquilo que lhe outorga o mais evidente atrativo: a humildade. Porque a autêntica ironia é sempre humilde, e se apressa menos a dissolver o mundo para criá-lo novamente que a reconhecê-lo na sua realidade nua. A ironia clássica e socrática é precisamente o contrário da ironia romântica: é a tendência a reconhecer sempre os limites das coisas: é o desígnio de separar, de distinguir, e por isso essa humilde ironia vem a ser freqüentemente o que é menos romântico do mundo: a caricatura.[110]

Esta é certamente a ironia catalã na forma pela qual ela é idealizada no contexto da catalanidade, a considerarmos os termos por intermédio dos quais Ferrater Mora a concebe. E embora esse autor seja, talvez, aquele pensador que de modo mais sistemático procurou traçar o perfil catalão, isso não significa que suas idéias – ou idealizações – não gerem controvérsias. Vou tomar, como ilustração dessas controvérsias, algumas considerações que Jaume Vicens i Vives[111] faz em seu *Notícia de Catalunya* (1984)

---

109 Josep Ferrater Mora, op. cit., p. 91.

110 Idem, p. 91.

111 Jaume Vicens i Vives nasceu em Girona, em 1910, e morreu em Lion aos 50 anos de idade. Realizou pesquisas nos arquivos da Catalunha desde 1929 e, a partir de 1933, vinculou-se ao ensino universitário, tendo sido catedrático de

relativamente a algumas questões que podem ser consideradas centrais na concepção que Ferrater Mora elabora sobre o *Volkgeist* catalão.

Mencionarei apenas a questão do *seny* e o lugar no qual Ferrater Mora o situa na constelação de virtudes catalãs, considerando-o – como vimos – um dos quatro principais traços do perfil catalão. Para Vicens i Vives o *seny* só poderia situar-se no centro dessa constelação, como a sua virtude cardinal, destacando-se, por isso, do conjunto desses traços. E isto, provavelmente, porque essa qualidade psicológica e moral está firmemente enraizada na história do povo catalão e de seu trabalho nas difíceis e seculares condições de vida. Assim diz ele que o *seny*

> é fruto de uma experiência secularmente transmitida e herdada na difícil conquista da riqueza, sobretudo nos momentos capitais do século XVIII, quando nos impuseram, com um gesto tirânico, a nossa miséria física e espiritual.[112]

Ao mostrar como esse *seny* está carregado de historicidade, Vicens i Vives vai dizer que "só a experiência histórica assegura ao *seny* catalão uma valia transcendental".[113] Essa consciência de sua própria história – e de uma história sofrida – faz desta um referencial permanente na edificação e consolidação de sua identidade. Por essa razão, segundo o autor, "o *seny* não pode ser [apenas] o comedimento de ouro, nem a exata apreciação das coisas, nem a audácia calma",[114] que Ferrater Mora lhe atribui. Vicens i Vives pretende resgatar de certa maneira não só a paixão, mas o "arrebatamento" (*arrauxament*), o elemento dionisíaco dos antigos gregos, sempre presente no *Volkgeist*, e que torna o catalão "o herdeiro direto do homem antigo".[115] Nesse traço de cultura mediterrânea clássica a catalanidade parece assentar suas bases históricas ou míticas, porém dotadas de

---

história moderna na Universidade de Barcelona. O prólogo que encabeça seu *Notícia de Catalunya* (1984) foi assinado em fevereiro de 1960, o que mostra que ele faleceu pouco depois.

112 Jaume Vicens i Vives, *Notícia de Catalunya*, Barcelona, Libres A Má, 1984, p. 195.

113 Idem, p. 195.

114 Ibidem, p. 195.

115 Ibidem, p. 196.

grande poder de persuasão, cumprindo-se assim o papel que se espera de toda ideologia. Dando destaque à *rauxa*, o autor parece encontrar no espírito catalão um certo equilíbrio dionisíaco/apolíneo, quando mostra que esse arrebatamento (algumas vezes confundido com loucura) é um condimento importante na própria atualização do *seny*; seria como baixar do céu para a terra, quando os impulsos emocionais e as circunstâncias de paixões – que não medem conseqüências – torna o *arrauxament* a antítese do *seny*.

> Porque a *rauxa* não é um ataque de loucura [...], senão um defeito do espírito de comedimento diante do fanatismo e da paixão sem limites. O *arrauxament* é a base psicológica das ações subversivas catalãs, a justificação histórica do *tot o res* [do tudo ou nada], a negação do ideal de compromisso e pacto ditado pelo *seny* coletivo.[116]

Todavia, esses arrebatamentos, ainda que desagregadores, "são transitórios", são como o vento e, após a sua passagem, "as forças de resistência" contidas no espírito mostram-se "superiores às da desagregação".[117] Mas talvez esteja no componente passional do *Volkgeist* a grande força da gente catalã. Segundo Vicens i Vives, há de chegar o dia em que existirão circunstâncias "nas quais a tensão passional da catalanidade possa se dedicar totalmente a fazer da Catalunha um país modelo, europeu e 'de bom passar'".[118]

O horizonte para o qual os olhos de Vicens i Vives estão voltados é de uma Catalunha possuidora de uma identidade bastante específica e diferenciadora de outros povos europeus e, mesmo, hispânicos. E mais uma vez ele procura retificar o filósofo Ferrater Mora quando destaca o poder de afirmação do espírito catalão formado ao longo de sua história. Diz ele que

> [...] não podem dizer que a história da Catalunha segue um perpétuo condicional, uma pequena escorregadela léxica de Ferrater Mora. Não. A vida dos catalães é um ato de afirmação continuada: é o *sim* [*sí*], não o

116 Jaume Vicens i Vives, op. cit., p. 197.

117 Idem, p. 197.

118 Ibidem, p. 201.

> *se* [*si*]. Por isso a primeira característica da psicologia catalã não é a razão, como nos franceses; a metafísica, como nos alemães; o empirismo, como nos ingleses; a inteligência, como nos italianos; ou a mística, como nos castelhanos. Para a Catalunha o móvel primário é a *vontade de ser* [*voluntat d'ésser*].[119]

Haveria ainda muitos outros aspectos do ser catalão que Vicens i Vives procurou desenvolver em seu pequeno livro, como que procurando aprofundar suas considerações sobre a catalanidade. Mas nisso, como todos seus antecessores, ele não fez mais do que contribuir para o fortalecimento de uma ideologia étnica, portanto cultural, aplicada à (re)construção de uma nação espoliada em sua individualidade e soberania durante séculos. Tão forte se tornou essa ideologia que parece ter contaminado toda a cultura catalã, até mesmo a própria formação da antropologia, como uma "cultura científica". Uma disciplina constituída – conforme indicam as fontes – originariamente para dar conta, cientificamente, desse mesmo homem catalão. Procurarei examinar na próxima seção as características dessa formação.

Do folclore à antropologia

Para elucidar a segunda grande questão proposta neste ensaio, a saber, a contaminação da disciplina antropológica pela etnicidade (posto que a primeira questão – a concepção do homem catalão – fora tentada nas seções anteriores), impõe-se, agora, a seguinte consideração preliminar: as explorações difusas e impressionistas que escritores catalães faziam dos costumes, da língua e das tradições populares já não ofereciam, por si só, bases mais sólidas para fundamentar a singularidade da identidade catalã, por mais que eles procurassem contrastá-la com a outra identidade de que era portadora a gente castelhana. Portanto, se as relações de oposição e contraste poderiam ser consideradas suficientes para pelo menos marcar a diferença entre povos irmãos, não obstante havia a premente necessidade de robustecer com dados empiricamente aferíveis a especificidade do

119 Jaume Vicens i Vives, op. cit., p. 201-202.

povo e da cultura catalã. Isso só seria possível pela via da pesquisa científica. E dentre as disciplinas suscetíveis de fornecer o enfoque necessário para tanto, surgia a disciplina do folclore, possuidora de uma tradição respeitável no mundo acadêmico catalão. É nessa conjuntura que se destaca a figura de Tomàs Carreras i Artau. Porém, só será num segundo momento, bem mais recente, com o retorno à Barcelona em 1968 de um antigo exilado do franquismo, Claudio Esteva Fabregat – várias vezes aqui mencionado –, que a antropologia social e cultural, como a entendemos hoje, irá se consolidar na Catalunha. Mas vamos nos ater ao momento de transição, tão bem representado pela obra de Carreras i Artau, deixando o período iniciado pela atividade incessante de Claudio Esteva Fabregat – e que poderíamos chamá-lo de período moderno, para examiná-lo na última seção deste ensaio. Passemos, pois, a esse período de transição.

Eis o que nos diz um dos mais qualificados biógrafos de Carreras i Artau, o antropólogo catalão Lluís Calvo i Calvo:

> A atuação de Carreras é um reflexo fiel da constituição da ciência etnológica catalã. A sua biografia se confunde com a história da etnologia catalã, e se converte em vertebradora do *continuum* historiográfico e a dota de coerência interna. De fato, a história individual vem a ser história coletiva.[120]

Todavia, não se procurará aqui articular as duas histórias, a pessoal e a da disciplina – que seu biógrafo chama de coletiva. Minha tentativa será a de focalizar na obra de nosso autor o componente etnicista onde quer que esteja presente, seja na sua própria produção escrita, seja em sua ação, como verdadeiro programador da nova disciplina. Mas não farei uma leitura *in extenso* de sua obra, parecendo-me suficiente me deter apenas em algumas de suas idéias que foram responsáveis pela ativação do processo de implantação da antropologia na Catalunha.

O que parece indubitável é o papel desempenhado por Carreras i Artau no direcionamento científico da pesquisa que se fazia na área da etnografia e do folclore. E nessa área sua atenção convergia prioritaria-

120 Luis Calvo Calvo, "La antropologia en Cataluña", op. cit., p. 13.

mente, ao que parece, para o direito consuetudinário e para o estudo da moral. É assim que em seu artigo "Investigações sobre a ciência moral e jurídica de Catalunha", publicado em 1911, praticamente delineia um programa voltado para a exploração científica do universo catalão através do que ele denominou psicologia coletiva. Uma disciplina que não esconde as influências da *Volkerpsychologie* de Wundt, dos estudos de Lévy-Brühl sobre a "mentalidade primitiva", ou dos de Tylor sobre a "civilização primitiva" ou, ainda, os de Boas sobre a "mente do homem primitivo"; são influências múltiplas, provenientes dos vários centros metropolitanos de irradiação dos quadros conceituais básicos da moderna antropologia.[121] São influências, como não é difícil perceber, que apontam para a dimensão psicológica dos fenômenos sujeitos à descrição etnográfica, como que exprimindo o período da formação da antropologia em que as modalidades do pensar coletivo tendiam a ser enfeixadas por uma espécie de psicologismo – e do qual Carreras i Artau não escaparia de sua influência. Assim diz ele:

> A aplicação dos procedimentos de psicologia coletiva à história da consciência moral e jurídica da Catalunha; o conteúdo e hierarquia dessa consciência, ou seja, as concepções científicas ou reflexivas e as concepções pessoais de gênio; o estudo particular das fontes de investigação dessas diversas categorias de concepções, a saber, das produções poéticas em seus diversos gêneros, das lendas e tradições perpetuadas (folk-lore) com a conseguinte e necessária depuração, dos tratados dos teólogos e filósofos, das obras jurídicas e legislativas, e mui especialmente das ricas e inesgotáveis concepções de direito e economia consuetudinárias [...]

121 Por moderna antropologia entendo a antropologia sociocultural que se originou na segunda metade do século XIX, especialmente na França, na Inglaterra, nos Estados Unidos da América, e que, praticamente, manteve seus respectivos paradigmas relativamente atuantes até os dias de hoje. Por essa razão é que a contribuição alemã não pode ter a mesma expressão que as dos países mencionados; ela se dá de maneira elíptica – através da filosofia hermenêutica – em sua adoção pela moderna (ou pós-moderna) "antropologia interpretativista", ainda que bastante controvertida. Em publicações anteriores exploro sistematicamente essa questão, valendo-me da noção kuhniana de paradigma. Cf. Roberto Cardoso de Oliveira, *Sobre o pensamento antropológico*, 3. ed., Rio de Janeiro, Tempo Brasileiro, 2003 [1988].

> têm, como resultado de toda essa investigação de conjunto, [...] de apontar os traços permanentemente característicos da consciência moral e jurídica da Catalunha [para] revelar a fisionomia espiritual do povo catalão e mostrar a significação histórica e futura deste povo em suas relações naturais com os demais povos ibéricos.[122]

Acredito que essa extensa citação se justifique, dada a ampla informação que oferece. Por ela se verifica que o grande *desideratum* desses estudos está – já desde suas origens – na elucidação da identidade étnica catalã.

O folclore aparece assim como tema de investigação e como disciplina, esta última destituída, todavia, da cientificidade que Carreras i Artau e seus contemporâneos, afinados com o mesmo objetivo, procuravam implantar nos mesmos estudos. O século XIX havia plantado fortemente as raízes desses estudos, inspirados no romantismo alemão (especialmente em Herder) e no movimento renascentista catalão – sua particular *Renaixença*, a rigor, o renascimento da língua, da cultura e da identidade catalãs, subjugadas por séculos de dominação castelhana. No bojo desses fatos "a via folclorista vai ficar profundamente influenciada pelo romantismo e a *Renaixença*", comenta Lluís Calvo i Calvo. E prossegue:

> A salvaguarda ou a recuperação dos valores pátrios se convertem em estímulo permanente para muitos folcloristas. Nacionalismo e recuperação da própria identidade [são] como eixos vertebrais dos nossos folcloristas.[123]

Mas para dar a esses estudos o alcance científico de que necessitam, elabora-se um guia, particularmente inspirado no já então celebrado *Notes and queries on anthropology*, publicado na Grã-Bretanha desde 1874. Guia redigido em 1921 pelo próprio Carreras i Artau, em sua condição de

---

122 Tomàs Carreras i Artau, "Investigaciones sobre la ciencia moral y jurídica de Cataluña", *Cataluña*, n. 170-171, Barcelona, 1911, pp. 19-20, apud Luis Calvo Calvo, *El arxiu d'etnografia i folklore de Catalunya y la antropologia catalana*, op. cit., p. 87.

123 Luis Calvo Calvo, *El arxiu d'etnografia i folklore de Catalunya y la antropologia catalana*, op. cit., p. 91.

Catedrático da Faculdade de Filosofia e Letras, com a colaboração de Batista i Roca, então professor auxiliar da mesma faculdade da Universidade de Barcelona. Intitulado *Manual per a recerques d'etnografia de Catalunya* e editado em catalão pelo Arxíu d'etnografia i folklore de Catalunya, os autores advertem em seu Proêmio (*Proemi*) que

> tratando-se de uma empresa coletiva que pouco a pouco vai desenvolvendo o seu pensamento, este Manual terá de ser objeto de revisão sempre que o ARXÍU considere necessário condensar em forma normativa os avanços obtidos durante um período determinado, nos seus métodos de investigação e nas novas perspectivas de trabalho.[124]

Esse caráter sempre provisório do *Manual* acompanha o próprio planejamento do *Notes and queries*, que, à época, já estava em sua quarta edição (a de 1912).

Entretanto, se o *Manual* atende às necessidades de caráter metodológico, mais exatamente à demanda de técnicas de coleta de dados, cabe perguntar sobre a orientação especificamente epistêmica dessa tentativa de cientifização. A se julgar pela presença do positivismo e da denominada "Filosofia do Senso Comum" (FSC), como doutrinas de significativa influência no século XIX, pode-se dizer que foi através delas que os estudos sobre a cultura catalã postularam seu ingresso no campo propriamente científico – ou, pelo menos, nos termos em que este campo era concebido pela intelectualidade da época. Vou me valer aqui de algumas avaliações do já mencionado Lluís Calvo i Calvo:

> Concretamente – diz ele – consideramos que os postulados defendidos pela FSC são uma das bases que deram alento à boa parte dos estudos folclóricos do século XIX catalão. Por que afirmamos tal coisa? Obviamente, porque durante o tempo de vivência dessa filosofia na Catalunha sua transcendência foi importante já que penetrou em muitos [e] distintos setores da vida catalã: desde os intelectuais [...] até a burguesia do momento.[125]

124 Tomàs Carreras i Artau e J. M. Batista i Roca, *Manual per a recerques d'etnografia de Catalunya*, Barcelona, Arxiu d'Etnografia i Folklore de Catalunya, 1922, p. 4.

125 Luis Calvo Calvo, *El arxiu d'etnografia i folklore de Catalunya y la antropologia catalana*, op. cit., p. 37.

Tendo seu desenvolvimento mais acentuado na Escócia dos séculos XVIII e XIX, especialmente com Thomas Reid (1710-1796), Dugald Steward (1753-1828) e William Hamilton (1788-1856), a filosofia do senso comum veio ao encontro da ideologia da catalanidade, contribuindo para a consolidação de um dos pilares da identidade catalã que se expressa – como já tive a ocasião de examinar – numa de suas categorias constitutivas: a de *seny*. Sempre se poderá acrescentar longas considerações sobre essa categoria do pensamento catalão, dada a posição central que ela ocupa na definição da *persona* catalã. Porém, parece-me suficiente recorrer, para os propósitos deste ensaio, a uma interessante afirmação do mesmo Lluís Calvo i Calvo, justificando o uso corrente da expressão "filosofia do senso comum" em seu país: "Aqui se adota esta denominação em detrimento da denominada 'filosofia escocesa', já que conflui mais com o pensamento próprio catalão daquele momento".[126] Pode-se dizer que essa filosofia escocesa veio, afinal, encaixar-se perfeitamente num dos alicerces da ideologia da catalanidade.

Embora caiba reconhecer que já se esclareceu bastante sobre o significado do *seny* em seção anterior, não podemos deixar de considerar a concepção que dele teve Carreras i Artau. Em outras palavras, como esse autor situa essa categoria no *Volkgeist* catalão. Começa por examinar as idéias de um dos clássicos mais importantes do pensamento catalão, as do humanista Joan Lluís Vives (1492-1540). Assim escreve Carreras i Artau:

> Podem, pois, concluir que se os ideais do humanismo europeu proporcionaram a Lluís Vives as asas do seu pensamento, o fundo ancestral – reelaborado por um espírito que faz da observação de si e do mundo o primeiro cânone do correto pensar – lhe dá [...] o sentido de ponderação e de equilíbrio, ou dito em uma palavra usada pelo mesmo Vives, o seny.[127]

---

126 Luis Calvo Calvo, *El arxiu d'etnografia i folklore de Catalunya y la antropologia catalana*, op. cit., p. 37, nota 2.

127 Tomàs Carreras i Artau, "Problemas actuales de la psicologia colectiva y étnica y su trascendência filosófica", in *Asociación Española para el Progresso de las Ciencias*, Congreso de Barcelona [Discurso Inaugural de la Sección VI], 1929, p. 79.

A invocação do *seny* por um pensador tão antigo na história das idéias catalãs faz-nos reconhecer a força de uma tradição intelectual que certamente serviu de elemento modelador – ou pelo menos de força instigadora – da nova disciplina que se desenhava em princípios do século XX. Isso equivale dizer que o solo no qual se iria plantar a semente da antropologia, já nele germinavam idéias que acabariam por se expressar na filosofia do senso comum dos séculos XVIII e XIX de influência decisiva para a consolidação do folclore e sua transformação em disciplina científica. É assim que assevera Carreras i Artau:

> Fiel ao propósito de estabelecer ligações e revelar linhas de pensamento, limitar-me-ei a apontar que desde Lluís Vives para cá, e graças ao concurso de diversos fatores históricos, vem-se elaborando na Catalunha uma doutrina sistemática do sentido comum – verdadeira filosofia do seny –, pela qual se tem obtido importantes desenvolvimentos e aplicações, sobretudo durante o século XIX.[128]

E numa demonstração da vitalidade dessa filosofia, afirma que

> a doutrina do sentido comum de Lluís Vives não é episódica, nem está reclusa ao âmbito estritamente filosófico, senão que informando toda a obra vivista, fecunda os diversos domínios da vida prática.[129]

Pode-se dizer que ela seria, já desde uma visão seiscentista como a de Vives, o condimento da ideologia da catalanidade.

Todavia, se a filosofia do senso comum serviu como escora à ideologia da catalanidade, uma vez que não seria exagero admitir que a representação que o homem catalão soube construir sobre si mesmo se adequava perfeitamente a essa concepção filosófica, o mesmo não se poderia afirmar com a ênfase similar relativamente à questão do conhecimento científico. Este deveria estar – como efetivamente chegou a estar ainda que parcialmente – penetrado pela influência do positivismo. Pelo menos essa é a percepção de autores catalães à época. A tomarmos em conta posições de figuras significativas – como a do próprio Carreras i Artau – para o

---

128 Tomàs Carreras i Artau, *Introducció a la història del pensament filosòfic a Catalunya*, Barcelona, Llibreria Catalònia, 1931, pp. 79-80.

129 Idem, p. 81.

desenvolvimento da antropologia, particularmente em sua acepção sociocultural (portanto distinta da antropologia física, ou simplesmente antropologia, como era comum chamá-la), podemos aquilatar a importância do positivismo e, com ele, a emergência do cientismo como uma "idéia-valor" – para falarmos com Louis Dumont – que se tornaria hegemônica na busca do conhecimento do homem catalão.

Numa solenidade de sua recepção pública na *Real Academia de Buenas Letras de Barcelona*, em 1918, Carreras i Artau, discursando sobre a psicologia e a etnografia de um clássico do pensamento político e jurídico catalão, Joaquim Costa (1846-1916), comenta haver ele tentado uma

> fórmula de renovação filosófica da Escola Histórica Catalã, concebida segundo um conteúdo mais amplo que o estritamente jurídico, moldada numa direção francamente psico-etnográfica. Como objeto concreto [...] assinalava a *psicologia do povo catalão*, tema este que, no meu entender – assevera Carreras i Artau –, já é hora de investir com toda parcimônia, mas com critério rigorosamente científico.[130]

E, a rigor, o que entendia por critério rigoroso nada mais era do que o predomínio do *método* sobre teorias vagas e abstratas.[131] "Qualquer transformação científica não consistia, tão-somente, a criar novos pressupostos teóricos senão também metodologias adequadas".[132]

E nesse sentido, a ter por base os escritos de Carreras i Artau – como é exemplo disso o seu excelente *compte rendu* sobre os "Problemas atuais da psicologia coletiva e étnica e sua transcendência filosófica", escrito em 1929 –, pode-se dizer que lá pelos anos 1920 já havia um significativo

---

130 Tomàs Carreras i Artau, "Una excurció de psicologia y etnografía hispanes: Joaquim Costa", discursos llegits en la "Real Academia de Buenas Letras" de Barcelona, Barcelona, Imprenta de la Casa Provincial de Caritat, 1918, pp. 8-9.

131 A influência aqui do positivismo durkheimiano não deve ser desprezada, notadamente com referência ao lugar do método na aquisição de conhecimento. Nesse sentido, consultar Roberto Cardoso de Oliveira, "O lugar (e *em* lugar) do método", in idem, *O trabalho do antropólogo*, 2. ed., Brasília/São Paulo, Paralelo 15/Editora Unesp, 2001 [1998], Cap. 4.

132 Luis Calvo Calvo, *El arxiu d'etnografia i folklore de Catalunya y la antropologia catalana*, op. cit., p. 107.

domínio das teorias antropológicas de procedência francesa, alemã, inglesa e norte-americana no cenário científico catalão. E o lugar do "método de observação objetiva" estava assegurado, como se pode depreender de sua própria familiaridade com *Les règles de la méthode sociologique* de Durkheim.[133] Mas a influência que recebe do positivismo durkheimiano não é sem crítica. Na mesma medida em que enfatiza a necessidade do método de observação objetiva, defende igualmente o uso do "método introspectivo". Nesse sentido, observa que "Comte e seus discípulos", ao condenarem a introspecção, "demonstraram com isso serem uns medianos sociólogos, posto que não souberam apreciar as condições sociais do método introspectivo".[134] Por esse método, Carreras i Artau quer assinalar a importância das autobiografias, como instrumentos importantes para a investigação. E recolhendo os ensinamentos do positivismo inglês, considera que

> os grandes empiristas ingleses – Hume e Stuart Mill – nos legaram as melhores autobiografias. Como o indivíduo puro não existe e não é mais do que uma abstração, assim também toda psicologia é sempre social. Quando anteriormente opusemos a psicologia individual à psicologia coletiva, o fizemos em sentido relativo, analogamente a [maneira de] como os místicos explicam o "homem interior" ou espiritual pelo "homem exterior" e vice-versa. Por isso, preferimos sempre usar a denominação de psicologia coletiva em vez da de psicologia social, que nos parece claramente equívoca.[135]

A presença de um certo psicologismo em autores como Carreras i Artau faz pensar que para ele seria difícil conceber uma etnologia totalmente separada da psicologia; naturalmente de uma psicologia coletiva como gostava de sublinhar, seguindo aí seus autores favoritos como o Wundt da *Völkerpsychologie* e o Lévy-Brühl da *Mentalité primitive*. E não se

---

133 Cf. Tomàs Carreras i Artau ("Problemas actuales de la psicologia colectiva y étnica y su trascendência filosófica", op. cit., pp. 61-62), onde realiza um interessante exame da questão do método em Durkheim.

134 Idem, p. 83.

135 Ibidem, pp. 83-84.

pode deixar de considerar que esses mesmos autores seriam aqueles cujas investigações foram as que melhor teriam conduzido os "folcloristas científicos" e os primeiros etnógrafos ao tema privilegiado, como sói ser a psicologia do povo catalão. O *Manual per a recerques d'etnografia de Catalunya*, a que já me referi, ilustra eloqüentemente o intento de privilegiar o tema, quando intitula todo seu capítulo final "Psicologia del poble catala". E no que diz respeito à questão do estudo do folclore como fonte de dados sobre esse povo, não deixa de examinar criticamente o positivismo durkheimiano, dizendo que

> contra o exclusivismo da escola sociológica francesa que não utiliza mais que as fontes etnográficas referentes aos povos selvagens há de explorar as *fontes folclóricas* [...].[136]

Eis o interesse precípuo da antropologia catalã em formação. Voltada para o que os alemães chamavam de *Volkskunde*, portanto para o interior da região catalã, essa etnologia está claramente comprometida com o programa de reunir evidências que ensejem o conhecimento científico da etnia catalã, do homem catalão. É assim que em seu *Manual* diz haver procurado dar instruções visando a formar "bons observadores em relação a cada assunto, como condição indispensável para [...] toda pesquisa etnográfica".[137] O principal objetivo seria o de qualificar de tal modo esses observadores para verem "através dos produtos etnográficos objetivamente considerados *as características mentais do povo catalão*";[138] de resto, uma tarefa que, segundo os autores do *Manual*, até agora não se havia realizado, pois em lugar de "pura pesquisa" só teria havido "interpretação e síntese", ambas em seu sentido de especulação. E precisamente para fugir à possibilidade dessa especulação os autores elaboram nove "instruções e perspectivas de exploração" distribuídas nos diferentes capítulos do *Manual* e destinadas a restabelecer a "unidade psicológica entre o

---

136 Tomàs Carreras i Artau, "Problemas actuales de la psicologia colectiva y étnica y su trascendência filosófica", op. cit., p. 84. O sublinhado é meu (RCO).

137 Tomàs Carreras i Artau e J. M. Batista i Roca, op. cit., p. 52.

138 Idem, p. 52. O sublinhado é meu (RCO).

objeto e o sujeito folclóricos, de modo a imprimir um caráter integral e mais profundo às pesquisas".[139]

Destarte, vê-se com isso que o programa de Carreras i Artau estava voltado mais a resolver questões postas pela realidade catalã do que em abrigar-se em paradigmas que pudessem desviá-lo do caminho da elucidação da *identidade étnica catalã* (ainda que ele não se valha desta expressão), por mais cientificamente legitimado que possa estar por tal ou qual paradigma. Todavia, há a preocupação em procurar procedimentos que levem o pesquisador a assenhorear-se progressivamente dos recursos do método científico. Percebe-se uma decidida intenção reformista na maneira de pesquisar, como comenta Calvo i Calvo:

> Esta reforma metodológica vai estar conectada com as mudanças que a ciência etnológica produziu nos anos 20: o *modo de etnografar* inicia a sua transformação até o ponto em que vai colocar a necessidade de estadias prolongadas nas povoações, o estudo intensivo de uma área ou o conhecimento da língua indígena. Neste momento, *o colecionar para explicar* vai deixar de ser prioritário.[140]

É quando o assim chamado "folclorista" assume uma nova condição: a de etnólogo. O estudioso passa da situação de excursionista e de mero colecionador de elementos do folclore para a de pesquisador, agora dotado de recursos metodológicos conectados a teorias antropológicas já disponíveis no início do século XX.

Mas qual seria a rigor o sentido desse psicologismo? Efetivamente não se trata de identificá-lo com qualquer tentativa reducionista do fato social ou cultural ao psicológico. Há de relativizar esse "psicologismo". Não seria exagero dizer que o seu sentido não difere muito do que modernamente um autor como Lévi-Strauss quis dizer algures que a antropologia era uma psicologia... A diferença é que Carreras i Artau, ao falar em psicologia, estava interessado especialmente em *mentalidades*, querendo mostrar com tal afirmação que a esfera do pensamento seria, também, território da antropologia. Carreras i Artau igualmente não confunde as esferas,

139 Tomàs Carreras i Artau e J. M. Batista i Roca, op. cit., p.52.

140 Luis Calvo Calvo, *El arxiu d'etnografia i folklore de Catalunya y la antropologia catalana*, op. cit., p. 56.

no caso, do cultural e do psicológico; e muito menos não submete uma à outra. Já em 1923, inspirado em Vico, escrevia que "mentalidade e cultura são conceitos correlativos e inseparáveis".[141] Essa idéia de uma disciplina que considere as mentalidades como seu foco privilegiado não poderia reduzir o objeto da etnologia exclusivamente ao chamado "primitivo" ou "selvagem". O nosso autor esforça-se para tornar essa etnologia uma disciplina adequada à pesquisa do campesinato catalão, esse homem simples, porém possuidor de grande sabedoria, como a fábula cervantina a consagrou na figura de Sancho Pança. Não um intelectual, mas, certamente, um homem *assenyat*, ou dotado de indiscutível bom senso: um homem rústico porém sábio. Escreve ele que:

> Cabe explicar psicologicamente porque os sujeitos mais humildes, absolutamente iletrados – recordem a experiência de Sancho Pança no Dom Quixote! – são precisamente eles que oferecem um filão mais abundante e rico para a exploração folclórica.[142]

Para assegurar legitimidade às incursões etnológicas no mundo folclórico da Catalunha, a preocupação de Carreras i Artau foi a de criticar aquela antropologia que confundia o "homem primitivo" com o homem apenas simples. Assim, diz:

> O termo "primitivo" requer uma análise mais detida. [...] Primitivo, porém, não quer dizer *absolutamente* simples ou elementar. Simples é até certo ponto a pequena semente da qual sairá [...] a futura planta, tal como a grande árvore que desafiará os ventos e as tempestades; e, não obstante, estudada aquela mesma semente ao microscópio, o embriólogo descobrirá uma complexidade jamais suspeitada pelo observador vulgar.[143]

E continuando suas restrições às antropologias que ignoram esse fato, Carreras i Artau não deixa de nominá-las, endereçando sua crítica sobre elas de modo a não deixar dúvidas sobre sua concepção de uma disciplina que ele considerava adequada ao estudo da cultura catalã.

---

141 Tomàs Carreras i Artau, "Estudis de psicologia ètnica: El concept de 'mentalitat primitiva'", in *Anuari de la Societat Catalana de Filosofia*, n. 1, 1923, p. 214.

142 Idem, p. 227.

143 Ibidem, p. 215.

> A escola antropológica inglesa dominada pelo duplo princípio da seleção natural darwiniana e evolução progressiva, de um lado, e a escola sociológica francesa inspirada na lei dos três estágios de Auguste Comte, por outro, vulgarizaram o conceito de "sociedades inferiores" em oposição ao de sociedades cultas ou civilizadas. A mentalidade primitiva, quando é desenvolvida *normalmente*, manifesta-se com uma ordem de produtos, não certamente de classe superior nem inferior se comparados com os produtos semelhantes das sociedades civilizadas, senão *diferentes*, bem próprios, *sui generis*, quase sempre caracterizados por uma ingênua e forte originalidade.[144]

Depois de esclarecer, após extensa argumentação – que não cabe aqui reproduzir –, Carreras i Artau vai enfrentar outra ordem de problema, envolvendo, agora, o mundo folclórico visto por ele como objeto legítimo da disciplina. Para tanto, submete à crítica a teoria das sobrevivências, então corrente na antropologia inglesa. Começa por rejeitar a concepção tyloriana de que

> as manifestações tradicionais conhecidas com o nome de *Folklore* (mitos, legendas, superstições, usos, ritos, cerimônias etc.) que perduram no interior das sociedades civilizadas sejam resíduos de culturas anteriores caídas em desuso.[145]

Tal concepção toma essas manifestações como sobrevivências e considera que os fenômenos de civilização seriam "produzidos desde fora, em virtude de sucessivos aluviões sociais".[146] Eis como Carreras i Artau desenvolve sua argumentação:

> A teoria das sobrevivências mais do que falsa é deficiente por um lado e excessiva por outro, segundo comprova uma severa revisão psicológica da mesma. Não explica por que as sobrevivências se sustentam e, por outra parte, estende indevidamente o conceito de sobrevivência a produtos populares, certamente de contextura primitiva, mas que não seria difícil provar que são de nova criação. O professor R. R. Marett, de Oxford, em uma série de estudos reunidos recentemente em um livro

---

144 Tomàs Carreras i Artau, "Estudis de psicologia ètnica: El concept de 'mentalitat primitiva'", op. cit., p. 215. O sublinhado é do original.

145 Idem, p. 217.

146 Ibidem, p. 217.

> interessantíssimo e ao mesmo tempo sintomático, pois denuncia uma transformação da escola inglesa, fez uma séria crítica à teoria das sobrevivências. A vida de um povo [segundo Marett] não é puramente estruturada pela pressão cultural exercida desde fora, senão que é o resultado de um desenvolvimento que se opera desde dentro, mediando um processo de seleção sobre tudo que se lhe apresenta. O folclorista deve atentar ao aspecto psicológico no estudo das sobrevivências, os quais não são meras relíquias do naufrágio do passado, senão possuem um valor atual; são também expressão daquelas tendências de nossa natureza comum que tem a sorte de persistir depois de um longo processo. Não cabe confundir primitivo no tipo com o primitivo no tempo.[147]

Nada mais oportuno do que essa crítica de Marett feita do interior da antropologia inglesa. Ainda que não inteiramente, posto que continua a aludir ao "fato" equívoco da sobrevivência, ainda assim trata-se de uma reação à antiga teoria. O importante para Carreras i Artau era, portanto, redirecionar a antropologia de sua época dos povos "selvagens" ou "primitivos" para os camponeses (*pagesos*, em catalão), de onde, a rigor, teria emergido o homem catalão, como já há muito consagrava a ideologia da catalanidade – como procurei mostrar em seções anteriores, especialmente quando examinei o pensamento de um dos mais destacados forjadores daquela ideologia: Josep Torras i Bages. Carreras i Artau quer mostrar que o *home folklòric* é um tipo que, de uma forma ou de outra, está sempre presente na vida cotidiana, certamente na Catalunha de seu tempo.

> Todos, em diferentes momentos – e não os menos importantes de nossa vida – pensam habitualmente como pensam os nossos camponeses, e mais de uma vez temos podido aprender de sua sabedoria.[148]

Nesse sentido, a mensagem cervantina parece ter tido extrema acuidade aos ouvidos catalães: a sabedoria tranqüila do camponês Sancho Pança frente à frenética imaginação do castelhano Dom Quixote. E para retomarmos a questão da identidade étnica e sua expressão no interior da ideologia da catalanidade, vale perguntar: não estaria aí, de algum modo e

147 Tomàs Carreras i Artau, "Estudis de psicologia ètnica: El concept de 'mentalitat primitiva'", op. cit., p. 217.

148 Idem, p. 218.

em escala literária, uma boa representação da relação contrastiva catalão/castelhano? Talvez, mas o certo é que o campesinato se apresentou como a instância privilegiada para a retomada das raízes do homem catalão, e não somente pelos argumentos de um Torras i Bages – como se o camponês fosse a corporificação da dimensão mais sagrada do ser catalão, um ser cristão (pois não escreveu ele a pastoral *La pagesia cristiana*!?). Os argumentos que poderiam ser evocados se filiam antes à questão do *regionalismo* que o próprio Torras i Bages reconheceu ao examinar o que chamou o "valor ético do regionalismo catalão" em seu livro já aludido *La tradició catalana*, regionalismo que mesmo um citadino como Valentí Almirall i Llozer haveria de reconhecer, descobrindo nesse regionalismo a dimensão política de uma mesma catalanidade, ainda que não comprometida com a questão religiosa. Portanto, o mundo folclórico para uma antropologia emergente não era senão o campo próprio de investigação empírica, o seu alvo por excelência. E se a contaminação da disciplina pela etnicidade – desde suas origens catalãs – pode ser facilmente aferida, pode-se igualmente aferir que o folclore, seja como disciplina "pré-antropológica", seja como objeto de investigação científica, portanto como o elemento substantivo destinado à pesquisa etnológica, viesse se impor como o caminho natural, no contexto catalão das primeiras décadas do século XX, para se chegar à antropologia sociocultural que posteriormente haveria de se desenvolver na Catalunha.

À guisa de conclusão: horizontes de comparação

Se o escopo deste ensaio foi examinar o processo de etnização que contaminou a antropologia desde seus primeiros passos na Catalunha, não será pelo exame da disciplina que se pratica nos dias de hoje na região, sobretudo nas principais universidades de Barcelona, que lograríamos lançar mais luz nessa relação entre antropologia e catalanidade. E isso porque simplesmente o campo da disciplina se tornou extraordinariamente complexo – e, certamente, não só na Catalunha, ou na Espanha, mas também em muitas das antropologias periféricas que vêm dando certo em nossos diferentes países... Em regra a antropologia social e cultural que se faz nessa importante região autônoma da Espanha não difere muito do que fazemos nós no Brasil, a saber: ela absorveu – como nós absorvemos – os principais paradigmas que surgiram nas diferentes latitudes do planeta, particularmente nos centros metropolitanos responsáveis pela difusão da disciplina em escala planetária. Não obstante, longe de se afirmar serem essas antropologias idênticas, o que se observa é que a questão da identidade étnica na "antropologia catalã" deixou de ser seu tema permanente, passando a ocupar apenas um espaço – ainda que estratégico, como procurarei mostrar – na ampla e diversificada temática que a disciplina cobre nos dias de hoje.

Penso não estar simplificando demais a história da disciplina se passar do momento representado por Carreras i Artau – quando sobre a tradição do folclore começa a se edificar a etnologia – para um segundo momento em que outra grande mudança teria lugar, quando Claudio Esteva Fabregat, nascido em 1918, inicia suas atividades de antropólogo em Barcelona somente a partir do final dos anos 1960. Sua ida a Barcelona foi, a rigor, um retorno. Havia saído de lá depois da Guerra Civil (1936-1939), refugiado da ditadura franquista, quando se exilou no México. E foi nesse país que praticamente descobriu a antropologia através de seu ingresso na Escuela Nacional de Antropología e História, onde estudou de 1947 a 1955. Não cabe aqui descrever todas as vicissitudes por que passou o jovem catalão, apenas mencionar que durante seus cursos obteve uma formação bem diversificada no interior das ciências antropológicas, bem ao estilo boasiano, padrão do ensinamento da Escuela à época. Num seu interessante ensaio autobiográfico, relata que

> em México, os estudos de antropologia eram muito completos. Incluíam cursos de morfologia humana, de paleontologia, genética, biotipológicos, matemáticos, de etnografias comparadas, de lingüística, de arqueologia e, finalmente, se ocupavam de antropologia aplicada. Foram seis anos apaixonantes.[149]

---

149 Claudi Esteva Fabregat, "Autobiografia intelectual: Trayetoria de una vocación y de una antropologia", op. cit., p. 5.

Mas dentre todas as influências pessoais que poderia receber de seus professores, parece que a mais marcante foi a de um professor visitante, Erich From, cujos ensinamentos encaminhariam fortemente seus interesses para a área de cultura e personalidade, aliás, bastante prestigiosa nos anos 1950, graças a autores como Sapir, Benedict, Margareth Mead, Linton, Kardiner, entre outros. O certo é que em 1956 decidiu voltar para a Espanha, integrando-se à Universidade de Madri como professor encarregado dos cursos de "Religiões indígenas de América" e de "Antropologia e etnologia de América", sendo portanto considerado como um americanista. Doutorando-se em história da América em 1958, nessa mesma universidade, conta que a etnologia que procurava praticar não dispunha do espaço que possuíam a pré-história e a arqueologia.[150] Eram os professores e pesquisadores dessas disciplinas que constituíam, a rigor, as comunidades científicas dotadas de prestígio e de poder acadêmico. E não seria com o apoio deles que Esteva Fabregat iria conseguir realizar seu projeto, como o de

> fundar as bases de uma antropologia espanhola que não fosse só acadêmica, senão que em seu desenvolvimento pudesse se tornar uma profissão cientificamente mais elevada em termos de ser não apenas conhecimento, ao mesmo tempo comparado e empírico, mas também parte dos recursos empregados na arte da experiência de viver.[151]

Vale acentuar sua orientação já definida para a etnologia e seu interesse para a antropologia aplicada. E nada mais natural, considerando-se sua formação mexicana. Os antropólogos desse país sempre estiveram envolvidos, à sua maneira, com a questão étnica – considerando-se sua grande tradição indigenista – e com a construção da identidade mexicana. Talvez

---

150 Sobre seu isolamento intelectual relativamente à área de seu maior interesse – a etnologia – diz que "o certo é que em termos de minha participação em uma comunidade de etnólogos em Madri, só tive relação com Julio Caro Baroja, que era o único que mantinha vínculos intelectuais e interesses mui concretos com a etnologia". Claudi Esteva Fabregat, "Autobiografia intelectual: Trayetoria de una vocación y de una antropologia", op. cit., p. 11.

151 Idem, p. 9.

o México seja o país que mais do que em que qualquer outro o problema da *nation building*, relacionado com a população indígena de seu território, tenha sido mais marcante, englobando a sociedade e o Estado mexicano. Diante disso, a experiência catalã de Claudio Esteva o tinha bem preparado – antropológica e politicamente – para assenhorear-se do assunto. Poder-se-ia chamar isso de seu humanismo político, do qual ele evidentemente não pensava abandonar. Assim sendo, não lhe cabia mais continuar em Madri, em que pese as atividades que desempenhou como diretor do Museo Nacional de Etnologia de Madrid, para o qual foi nomeado em 1965, e de criador da Escuela de Estudios Antropológicos, no âmbito desse mesmo Museu.

Entende-se, assim, a razão de sua relativamente curta permanência em Madri. Claro que não teria sido essa a única razão de sua mudança para Barcelona. Em depoimento pessoal, esclareceu-me que verdadeiramente o que mais pesou em sua decisão foram suas raízes catalãs. Seu projeto de viver e atuar na Catalunha, sempre presente em seus propósitos já desde o México. Mesmo sua reentrada na Espanha por Madri teria sido uma exigência das autoridades espanholas, tratando-se ele de um refugiado que retornava ao seu país, um país ainda sob o Estado franquista. E sua permanência em Madri, inclusive nela iniciando seu itinerário profissional, também teria ocorrido pelo fato de estar impedido pelas mesmas autoridades de sair da capital. Todavia, o que é importante registrar é que, com seu retorno à Catalunha, pôde, finalmente, contar com condições institucionais necessárias à realização de seu projeto intelectual, como o de abrir à antropologia sociocultural melhores possibilidades para a sua plena implantação e desenvolvimento. Nesse sentido, e para dar uma idéia das novas condições que encontrava em Barcelona, afirma Esteva Fabregat que é

> evidente que a história antiga, particularmente a de Espanha em nosso caso, representou uma ponte entre arqueólogos e etnólogos, e por isso em alguns casos aparece constituída sob a forma não declarada de uma etno-história, sobretudo quando entendemos que esta última combina informações de todo tipo, especialmente as escritas, mas também as que se referem à tradição oral, sejam procedentes da própria arqueologia ou da etnologia, portanto da história. [...] Ao considerar essa situação, mi-

> nha entrada na Universidade de Barcelona como etnólogo não introduzia uma atividade que fosse estranha à sua tradição acadêmica, pois nesta a figura do doutor P. Bosch-Gimpera e a de seu continuador, o doutor Luis Pericot, formavam um antecedente aberto à experiência do mundo próprio da etnologia.[152]

Na Universidade de Barcelona, o lugar que a Etnologia passaria a ocupar estava situado entre a pré-história e a história antiga, portanto numa situação bem mais favorável aos seus interesses do que aquela em que se encontrava na Universidade de Madri. Pois, segundo suas próprias palavras,

> a mesma tradição pro-etnológica da pré-história na Catalunha, a partir de Bosch-Gimpera, facilitava grandemente o caminho para a autonomia da etnologia na circunstância universitária barcelonesa.[153]

E isto, também – reconhece Esteva Fabregat – pelo

> fato de ser Catalunha uma sociedade com forte incidência de estudos folclóricos e etnográficos [responsável por] uma atitude positiva para a etnologia.[154]

Esses antecedentes são merecedores de destaque uma vez que nos dão uma idéia da significativa diferença entre as condições oferecidas pelo ambiente castelhano de Madri e o catalão de Barcelona. Nesta cidade os postos acadêmicos e científicos de Esteva Fabregat foram numerosos, cabendo destacar haver sido diretor do Centro de Etnologia Peninsular do CSIC (1968), professor agregado de etnologia na Universidade de Barcelona (1968-1972) e catedrático de antropologia da mesma universidade (1972-1985), onde permaneceu até sua aposentadoria e posterior recebimento do título de professor emérito um ano depois.

Para uma avaliação, ainda que sumária, de sua contribuição ao desenvolvimento da antropologia na Catalunha em novos termos, a saber, consistente com o novo cenário internacional de uma antropologia já profis-

---

152 Claudi Esteva Fabregat, "Autobiografia intelectual: Trayetoria de una vocación y de una antropologia", op. cit., p. 15.

153 Idem, p. 15.

154 Ibidem, p. 15.

sionalizada, vale transcrever o depoimento de um dos mais ativos antropólogos catalães, professor da Universitat Rovira i Virgili, de Tarragona, Joan Prat i Carós: partindo do desafio que a pesquisa de campo se colocava para a antropologia, enquanto definida como o estudo do "outro", particularmente quando esse outro se localizava nos lugares mais remotos, comenta que

> [...] de 1968 para cá, Claudi Esteva começa a formar o primeiro núcleo de antropólogos em nosso país. As dificuldades de realizar um trabalho de campo "exótico" obedecia tanto ao subdesenvolvimento mesmo da disciplina como a falta de fundos econômicos necessários para levá-lo a termo. Assim pois, fazendo da necessidade virtude, teve-se que descobrir "o outro" na própria sociedade. E se analisarem as pesquisas e as teses doutorais da primeira década, mais ou menos, da prática antropológica (1968-1978), se dará conta que o objeto de estudo que sobressaiu foi a problemática que girava em torno do campesinato e o mundo rural, como também as profundas transformações que afetavam então o rurícola e o camponês catalães em particular e o Estado espanhol em geral.[155]

Esse mesmo autor oferece uma visão que parece ser bastante adequada sobre as linhas de interesse e de pesquisa da antropologia que se modernizava na Catalunha, a se levar em conta a experiência por mim vivida em Barcelona. Ele mostra o debilitamento do modelo antropológico clássico, determinado, por um lado, pelos choques das diferentes correntes teóricas relativamente à concepção do "outro", reservada até então para os "primitivos"; por outro, pelo fato político da transição do modelo "autoritário centralista" para a Espanha das "autonomias" que passaria a prevalecer a partir dos anos 1970; finalmente, pela necessidade de resposta da comunidade profissional aos problemas que a envolviam no interior de sua própria sociedade. O certo é que

> a confluência de todas essas circunstâncias vai possibilitar o aparecimento de dois novos grandes objetos de estudo: o interesse pelos temas das *identidades coletivas* (*identitats col-lectives*) de um lado, e o interesse pelas

155 Joan Prat i Carós, "Sobre els nous objectes d'estudi de l'antropologia social a Catalunya", *Revista d'Etnologia de Catalunya*, n. 1, 1992, p. 96.

múltiplas categorias da *marginalidade social* (*marginació social*), de outro, sobretudo aqueles de âmbito urbano.[156]

Enquanto o tema da marginalidade passa a integrar o cenário social da Catalunha, como resultado do incremento da imigração e do aumento de complexidade da própria vida urbana, envolvendo drogados, homossexuais, aidéticos e outras categorias sociais estigmatizadas, o tema da identidade não apenas ganha uma nova dimensão com os estudos modernos sobre etnicidade e nacionalidade – temas destacados por Prat i Carós –, como ainda podem ser considerados um desdobramento de uma temática tradicionalmente presente na cultura catalã. Vale dizer que estou me referindo, especialmente, ao tema da identidade étnica e do nacionalismo catalão na forma pela qual ele esteve sempre presente nos autores examinados nas seções anteriores, examinados em suas condições de verdadeiros ideólogos da catalanidade.

Nesse cenário moderno da Catalunha, observado por mim no final do século passado (1992), a etnicidade ganha novo relevo com os estudos relativos a etnias igualmente estigmatizadas, como a dos ciganos, além do interesse que crescentemente despertam os imigrantes internos, originários de outras regiões da Espanha e que aportam a Barcelona e a outras cidades catalãs. Claudio Esteva Fabregat, em seu livro várias vezes mencionado, *Estado, etnicidad y biculturalismo*, registra de uma maneira cabal esse interesse. Mas uma consulta ao volume coletivo *Antropología de los pueblos de España*[157] vai revelar o quanto a antropologia que se faz na Catalunha[158] vem conseguindo submeter essa temática a uma abordagem já absolutamente modernizada, bem condizente com as possibilidades atuais da disciplina em nível internacional. Somente para ilustrar a atualidade desses estudos, remeto o leitor a alguns dos artigos enfeixados no volume, como o de Emma Martín Díaz, "La imigración andaluza en Cataluña:

---

156 Joan Prat i Carós, op. cit., p. 97.

157 Joan Prat, Ubaldo Martínez, Jesús Contreras e Isidoro Moreno, op. cit.

158 Isso só para considerarmos a disciplina na Catalunha, uma vez que o volume dá uma boa idéia sobre o estado da arte da antropologia em toda Espanha.

Causas, sistemas de organización y transplante de la cultura andaluza",[159] quando procura relacionar o processo migratório com a etnicidade andaluza; o de Isidoro Moreno, "Identidades y rituales",[160] no qual examina a relação entre etnicidade e nacionalidade, diferenciando o nível regional do nacional, e constrasta a força da identidade étnica na Catalunha e no País Basco frente a sua ausência na Andaluzia; o de Joan Pujadas e Dolores Comas D'Argemir, "Identidad catalana y símbolos culturales",[161] em que considera a poesia como registro da "alma profunda catalã", explora a dinâmica dos símbolos negando sua essencialidade, critica a perspectiva essencialista de Ferrater Mora e submete à análise simbólica a bandeira catalã, o hino e os cantos étnico-nacionalistas; o de Joan F. Mira, "Memória breve de España, y sobre lenguas y culturas nacionales",[162] no qual procura mostrar o papel decisivo desempenhado por Barcelona na gestação da "cultura formal" ou "culta" catalã, no que contrasta com sua ausência no contexto valenciano. Esses são exemplos de como os temas étnicos e nacionais, forjadores no passado da catalanidade, continuam a alimentar a pesquisa e a reflexão antropológica na Catalunha.

Todavia, é necessário reconhecer que a ampla temática da catalanidade não é monopólio dos antropólogos. E nem poderia ser, caso consideremos a função altamente mobilizadora de qualquer ideologia. Não apenas a sociedade global é mobilizada, mas também o próprio campo intelectual como um todo. Por isso, tornar-se oportuno trazer à consideração do leitor um outro conjunto de textos que, a despeito de não terem sido produzidos exclusivamente por antropólogos, não deixam de constituir contribuições para o conhecimento dos fenômenos sociais, ou, mesmo, para a construção de qualquer "teoria social".[163] São textos que parecem

159 In Joan Prat, Ubaldo Martínez, Jesús Contreras e Isidoro Moreno, op. cit., pp. 299-307.

160 Idem, pp. 601-636.

161 Ibidem, pp. 647-652.

162 Ibidem, pp. 637-646.

163 Valho-me, aqui, do mesmo conceito de teoria social formulado por Anthony Giddens ("Hermeneutics and social theory", in G. Shapiro e A. Sica (orgs.),

expressar bastante bem aquilo que se poderia entender como sendo a moderna problematização da "questão catalã", pois estão associados a outros textos que dizem respeito ao Canadá de expressão francesa, a saber, ao Quebec. São comunicações a um debate que, por sua vez, oferecem uma perspectiva comparativa capaz de proporcionar um certo controle em nossas considerações sobre a relação entre situações assemelháveis. Uma forma de ampliar o nosso horizonte para casos outros que guardem um certo "ar de família". Inserido no livro intitulado *Catalunya, Quebec: dues nacions, dos models culturals*,[164] o debate é fruto de um simpósio realizado em Barcelona, em 1985, e organizado por Manuel Parés i Maicas, da Universitat Autònoma de Barcelona, e Gäetan Tremblay, da Université du Québec, Montreal (Canadá). Algumas dessas comunicações merecem comentários, já que indicam a atualidade da catalanidade, particularmente quando vista dentro de uma abordagem voltada à comparação e não – vale esclarecer – à qualquer metodologia comparativa comprometida com a formulação de proposições empírico-analíticas. Neste caso, trata-se de uma comparação que nos leve a uma interpretação compreensiva[165] de uma relação cuja visibilidade transcende o horizonte do antropólogo, estando presente no próprio senso comum observado na Catalunha. Diria mais: habita o próprio *seny* catalão! Nesse sentido, a comparação com o caso quebequense surge como sendo emblemática. No prólogo deste volume, eu já havia aludido sobre a relevância de um exame comparado entre os "casos" catalão e quebequense, quase uma imposição a quem esteja interessado em compreender a singularidade de cada um deles sob a situação

---

Hermeneutics: Questions and prospects, Amhest, The University of Massachusetts Press, 1984, pp. 219-220), como "um corpo de teoria partilhada por todas as disciplinas relativas ao comportamento de seres humanos. Ela concerne não apenas à sociologia, mas também à antropologia, economia, política, geografia humana, psicologia – a toda classe de ciências sociais".

164 Manuel Parés i Maicas e Gäetan Tremblay (orgs.), *Catalunya, Quebec: Dues nacions, dos models culturals*, Ponències del I Simposi, Barcelona, maig 1985, Barcelona, Generalitat de Catalunya, 1988.

165 Cf. no Anexo I o ensaio "Da comparação".

comum que os une de serem etnias ou "nações desenvolvidas", porém inseridas em Estados multiétnicos de cujo poder se acham alijados. Constituem, portanto, exemplos evidentes de etnicidade, na forma em que as respectivas identidades engendradas pelos contrastes entre catalão/castelhano vis-à-vis quebequense/anglo-canadense, são representações tematizadas tanto no campo da antropologia como no de outras ciências sociais.

Foi assim, numa situação de cotejamento entre cenários suscetíveis de comparação, que as comunicações foram elaboradas e apresentadas à discussão. Vou me limitar a mencionar duas ou três que, acredito, venham mostrar o teor de uma ideologia étnica que não se circunscreve somente ao campo antropológico, ou mesmo intelectual, mas que os transcende – como já desde o século XIX a catalanidade mostrava toda a sua força, dada a ampla difusão no seio da população catalã do *Compendi de la doctrina catalanista*, de Prat de la Riba e P. Muntanyola, mencionado, aliás, no início deste ensaio.[166] É assim que a comunicação de Borja de Riquier, "Reflexions sobre el catalanisme i Catalunya"[167] revela um propósito de demonstrar que a Catalunha teria sido um dos primeiros "estat-nació" da Europa,[168] praticamente justificando o nacionalismo catalão, com suas reivindicações políticas que mais ainda se robusteceram com o papel desempenhado durante o franquismo, quando esteve no centro e no eixo de todas as forças de oposição democrática.[169] Reivindicações que impregnam "todas as diferentes propostas catalãs [que se] destinavam a se projetar sobre o Estado espanhol e de serem hegemônicas dentro dele".[170] O autor encerra com a formulação do que considera o grande problema atual: "Como é possível 'construir' hoje uma entidade nacional como a Catalunha, dentro de um mundo tão absorvente como é o da Europa

166 Cf. nota 9 supra.

167 Borja de Riquier, "Reflexions sobre el catalanisme i Catalunya", in Manuel Parés i Maicas e Gäetan Tremblay (orgs.), op. cit., pp. 29-34.

168 Idem, p. 30.

169 Ibidem, p. 33.

170 Ibidem, p. 31.

ocidental ao final do século XX?".[171] Marina Subirats, com sua comunicação "La societat catalana: Alguns trets de la seva evolució recent",[172] nesse mesmo volume, mostra a especificidade da questão catalã, comparando-a com o País Basco e com o Quebec;[173] dá ao problema lingüístico uma dimensão especial ao tratar o fenômeno da diglossia juntamente com a classe social e a imigração;[174] e termina por discutir a autonomia catalã. E ainda dando destaque à questão lingüística, cabe mencionar a comunicação de Josep M. Nadal, intitulada "Llengua i Estat: El català, llengua nacional",[175] em que procura ressaltar que a consciência da identidade lingüística catalã teve lugar entre os séculos XI e XV, num período em que teve início um processo que conduziu o idioma catalão a ocupar todos os espaços anteriormente ocupados pelo latim, graças ao acesso que o catalão teve à escrita;[176] ao sinalizar a importância política da língua, discute as diferenças entre fronteiras políticas e fronteiras lingüísticas.[177] Pois bem: tanto essas comunicações como as demais dirigem-se a um público catalão-quebequense mobilizado por um forte sentimento nacionalista, porém cujas origens remotas – particularmente as que marcam a etnicidade catalã – não lhes tira qualquer atualidade; pelo contrário, o nacionalismo quebequense, de profundidade histórica não negligenciável (em que pese ser o Canadá um país novo), torna aquele povo de expressão francesa uma comunidade empenhada em lograr sua autonomia e é um foco de interesse crescente não só para os intelectuais catalães como também para a mídia barcelonesa, em face do espaço que os jornais locais têm dado ao noticiário procedente do Quebec.

---

171 Borja de Riquier, "Reflexions sobre el catalanisme i Catalunya", op. cit., p. 33.

172 Marina Subirats, "La societat catalana: alguns trets de la seva evolució recent", in Manuel Parés i Maicas e Gäetan Tremblay (orgs.), op. cit., pp. 57-69.

173 Idem, pp. 57-59.

174 Ibidem, pp. 60-62.

175 Josep M. Nadal, "Llengua i Estat: El català, llengua nacional", in Manuel Parés i Maicas e Gäetan Tremblay (orgs.), op. cit., pp. 137-141.

176 Idem, p. 139.

177 Ibidem, p. 140.

Pelo menos, falando a partir da Catalunha – afinal de contas o lugar de onde falo na elaboração deste texto –, posso dizer que a catalanidade, tomada como uma ideologia hegemônica presente no senso comum catalão, desempenhou um papel decisivo na construção da disciplina. Desde os seus primórdios históricos pôde-se registrar a efetividade dessa ideologia, ainda que o conseqüente *processo de etnização* tenha ao longo do tempo esmaecido na proporção em que novos temas passaram a ser incorporados à disciplina, tal como também parece ter ocorrido no Quebec. [178] Mas o que mais deve chamar a atenção do leitor interessado na problemática da identidade étnica é o fato de ela se constituir num *operador social* bastante ativo e eficaz mesmo naquelas sociedades ditas complexas – como na Catalunha e no Quebec –, bastante diferentes daquelas sociedades tradicionalmente estudadas pela antropologia e, particularmente, sociedades junto às quais trabalhei durante anos. Porém, quero crer que a experiência do etnólogo no trato de sociedades ágrafas pode proporcionar um outro horizonte de comparação – que eu diria, primordial –, de modo a levar ao mesmo estranhamento, mais facilmente alcançado na investigação etnológica clássica, porém nem por isso inviável àquele pesquisador voltado para os meandros da sociedade moderna, industrializada, ainda que não infensa às tensões inerentes a situações marcadas pela etnicidade. A persistência de etnias de raiz européia – como a catalã ou a quebequense juntamente com as chamadas etnias indígenas – mostra-nos que continuam abertas as possibilidades de construção de modelos mais gerais capazes de abrigar um leque mais amplo e diversificado de casos de etnicidade postos à disposição dos profissionais das ciências sociais. Esse *desideratum* constituiu um dos fatores mais animadores que me guiou neste trabalho.

---

178 Por exemplo, podem ser consultados para o caso do Quebec, Guilhermo Raul Ruben, "O 'tio-materno" e a antropologia quebequense", in Roberto Cardoso de Oliveira e Guilhermo Raul Ruben (eds.), *Estilos de antropologia*, Campinas, Editora da Unicamp, 1995, pp. 121-136; e Celso Azzan Jr., *Antropologia e sociedade no Quebec: Antes de depois da revolução tranqüila*, São Paulo, Annablume, 2004, cap. 7.

Bibliografia

ALMIRALL, Valentí. *Lo catalanisme*, Barcelona, Edicions 62, 1979 [1886].

AZZAN JR., Celso. *Antropologia e sociedade no Quebec: Antes de depois da revolução tranqüila*, São Paulo, Annablume, 2004.

BARTH, Fredrik. *Ethnic groups and boundaries: The social organization of culture difference*, Oslo, Scandinavian University Books, 1970.

BERLIN, Isaiah. *Vico e Herder*, Brasília, EdUnB, 1982.

CALVO I CALVO, Luis. *Tomàs Carreras i Artau o el tremp de l'etnologia Catalana*, Barcelona, Publicacions de l'Abadia de Montserrat, 1994.

———. *El arxiu d'etnografia i folklore de Catalunya y la antropologia catalana*, Barcelona, Consejo Superior de Investigaciones Científicas, 1991.

———. "La antropologia en Cataluña", Universitat de Barcelona, Facultat de Geografia i Historia, Departament d'Antropologia Cultural i História d'América i África, 2 volumes, 1989, mimeo.

CARDOSO DE OLIVEIRA, Roberto. *Sobre o pensamento antropológico*, 3. ed., Rio de Janeiro, Tempo Brasileiro, 2003 [1988].

———. *O trabalho do antropólogo*, 2. ed., Brasília/São Paulo, Paralelo 15/Editora Unesp, 2001 [1998].

———. "Un nuevo modelo de las relaciones interétnicas en Brasil", in Guillermo Bonfil Batalla (org.), *Hacia nuevos modelos de relaciones interculturales*, México, Consejo Nacional para la Cultura y las Artes, 1993.

———. "O movimento dos conceitos em antropologia", *Revista de Antropologia*, n. 36, 1993.

———. *Enigmas e soluções: Exercícios de etnologia e de crítica*, Rio de Janeiro, Tempo Brasileiro, 1983.

———. *Identidade, etnia e estrutura social*, São Paulo, Pioneira, 1976.

———. *Urbanização e tribalismo: A integração dos índios Terêna numa sociedade de classes*, Rio de Janeiro, Zahar, 1968.

———. O índios e o mundo dos brancos, São Paulo, Difusão Européia do Livro, 1964.

———. *O processo de assimilação dos Terêna*, Rio de Janeiro, Museu Nacional, 1960.

CARRERAS I ARTAU, Tomàs. *Introducció a la història del pensament filosòfic a Catalunya*, Barcelona, Llibreria Catalònia, 1931.

———. "Problemas actuales de la psicologia colectiva y étnica y su trascendência filosófica", in *Asociación Española para el Progresso de las Ciencias*, Congreso de Barcelona [Discurso Inaugural de la Sección VI], 1929.

———. "Estudis de psicologia ètnica: El concept de 'mentalitat primitiva'", in *Anuari de la Societat Catalana de Filosofia*, n. 1, 1923.

———. "Una excurció de psicologia y etnografia hispanes: Joaquim Costa", discursos llegits en la "Real Academia de Buenas Letras" de Barcelona, Barcelona, Imprenta de la Casa Provincial de Caritat, 1918.

———. "Investigaciones sobre la ciencia moral y jurídica de Cataluña", *Cataluna*, n. 170-171, Barcelona, 1911.

CARRERAS I ARTAU, Tomàs, BATISTA I ROCA, J. M. *Manual per a recerques d'etnografia de Catalunya*, Barcelona, Arxiu d'Etnografia i Folklore de Catalunya, 1922.

FABREGAT, Claudi Esteva. *Estado, etnicidad y biculturalismo*, Barcelona, Ediciones Peninsula, 1984.

———. "Autobiografia intelectual: Trayetoria de una vocación y de una antropologia", *Anthropos: Boletin de Información y Documentación*, n. 10, mar 1982.

FERRATER MORA, Josep. *Les formes de la vida catalana i altres assaigs*, Barcelona, Edicions 62, 1986 [1980].

FORNER, Climent. "Unes noves bases per la Catalunya", *Catalònia*, n. 29, 1992.

———. "El naixement de Catalunya com a poble", *Catalònia*, n. 26, 1991.

GADAMER, Hans-George. *Truth and method*, Nova York, The Crossroad Publish Co., 1982.

GARCIA VENERO, Maximiniano. História del nacionalismo catalán (tomo I), Madri, Editora Nacional, 1967.

GIDDENS, Anthony. "Hermeneutics and social theory", in SHAPIRO, G., SICA, A. (orgs), *Hermeneutics: Questions and prospects*, Amhest, The University of Massachusetts Press, 1984.

JAEGER, Werner. Paidéia: Los ideales de la cultura griega (tomo III), México, Fondo de Cultura Económica, 1949.

LLOBERA, Josep R. "La idea de *Volkgeist* en la formació de la ideologia nacionalista catalana", in ESCANDELL I D'IGNASI TERRADAS, N. (org.), *Història i Antropologia a la Memòria d'Angel Palerm*, Barcelona, Publicacions de l'Abadia de Montserrat, 1984.

———. "La idea de Volkgeist com a element definidor: La formació de la ideologia nacionalista catalana", *L'Avenç*, n. 63, 1983.

LUKÁCS, Georg. *Histoire et conscience de classe*, Paris, Minuit, 1960.

MIRACLE, Josep. *Restauració dels Jocs Florals*, Barcelona, Aymà S.A. Editora, 1960.

PARÉS I MAICAS, Manuel, TREMBLAY, Gäetan (orgs.). *Catalunya, Quebec: Dues nacions, dos models culturals*, Ponències del I Simposi, Barcelona, maig 1985, Barcelona, Generalitat de Catalunya, 1988.

PRAT DE LA RIBA, Enric. *La nacionalitat catalana*, Barcelona, Edicions 62, 1986 [1906].

PRAT DE LA RIBA, Enric, MUNTANYOLA, Pere *Compendi de la doctrina catalanista*, Barcelona, La Magrana, 1993 [1894].

PRAT, Joan, MARTÍNEZ, Ubaldo, CONTRERAS, Jesús, MORENO, Isidoro. *Antropología de los pueblos de España*, Madri, Taurus Universitaria, 1991.

PRAT I CARÓS, Joan. "Sobre els nous objectes d'estudi de l'antropologia social a Catalunya", *Revista d'Etnologia de Catalunya*, n. 1, 1992.

RUBEN, Guilhermo Raul. "O 'tio-materno" e a antropologia quebequense", in CARDOSO DE OLIVEIRA, Roberto, RAUL RUBEN, Guilhermo (eds.), *Estilos de antropologia*, Campinas, Editora da Unicamp, 1995.

SOLER I AMIGÒ, Joan. "L'univers mític dels Catalans", *Catalònia*, n. 96, 1991.

TORRAS I BAGES, Josep. *La tradició catalana*, Barcelona, Edicions 62, 1988 [1892].

VICENS I VIVES, Jaume. *Notícia de Catalunya*, Barcelona, Libres A Má, 1984.

Anexos

I

Da comparação*

Para Roberto Da Matta

A importância do exercício da comparação na antropologia social e cultural é indiscutível, não apenas dada à sua história, como uma disciplina autônoma no seio das ciências sociais, mas também por sua prática atual e atualíssima – se considerarmos o livro de Roberto Da Matta, *Carnavais, malandros e heróis: Para uma sociologia do dilema brasileiro*, cuja primeira edição veio a lume em 1979, portanto há duas décadas. Muitos e diferentes aspectos desse livro por certo merecerão circunscritas análises e apreciações nesse momento em que seus colegas e amigos festejam os vinte anos da obra. De minha parte, decidi explorar aquilo que considero uma das dimensões mais provocantes desse bonito trabalho de Roberto Da Matta: precisamente o uso que faz da comparação como estratégia nuclear do livro. Procurarei mostrar, em linhas gerais, as diversas acepções que a comparação tem tido na construção da disciplina, para, em seguida, explorar o seu uso no livro mencionado, concluindo por algumas reflexões sobre o significado da contribuição de Da Matta à ampliação das possibilidades de aplicação da perspectiva comparativa na antropologia deste fim de século.

---

* Ensaio escrito em homenagem a Roberto Da Matta e publicado no livro organizado por Laura Graziela Gomes, Lívia Barbosa e José Augusto Drumond, *O Brasil não é para principiantes: Carnavais, malandros e heróis, 20 anos depois*, Rio de Janeiro, Editora FGV, 2000, pp. 29-42.

Para situar o lugar da comparação na prática da antropologia social e cultural, tomarei por referência aquilo que talvez seja a primeira tentativa de levantar o "estado da arte" da antropologia em nível internacional, promovida pela *The Wenner-Gren Foundation for Anthropological Research* através da organização de um Simpósio Internacional que viesse dar conta das mudanças que a disciplina havia sofrido durante e logo após a Segunda Guerra Mundial. No prefácio de sua publicação mais celebrada, o livro *Anthropology today: An encyclopedic inventory*, assinado por Paul Fejos, lê-se que

> Desde 1941, a disciplina antropológica experimentou um mundo em guerra e testemunhou o crescimento da consciência pública de outras terras e povos através de todas as partes do mundo.

Tal processo de difusão da antropologia e de suas subdisciplinas (dentre elas a antropologia social e cultural) em escala planetária, tornava urgente uma reflexão coletiva pensada para cobrir todo um período de grandes transformações e em relação às quais a disciplina não teria ficado isenta. Aquela publicação, de cerca de 966 páginas, não foi suficiente para abrigar os trabalhos solicitados pelos promotores do simpósio, o que resultaria num segundo volume intitulado *Current anthropology: A supplement to anthropology today*. Mas no que diz respeito à questão da comparação, dos estudos comparados ou do "método comparativo", vale mencionar duas contribuições sobre o tema, "Controls and experiments in field work"[1] e "Comparisons in cultural anthropology",[2] ambas de autoria de Oscar Lewis e publicadas respectivamente no primeiro e no segundo dos livros mencionados. E é significativo para mim aludi-los porque são obras que tiveram grande influência nos antropólogos de minha geração, na medida em que elas praticamente balizaram, com os

---

1 Oscar Lewis, "Controls and experiment in field work", in A. L. Kroeber (org.), *Anthropology today. An encyclopedic inventory*, Chicago, The University of Chicago Press, 1954.

2 Oscar Lewis, "Comparisons in cultural anthropology", in W. L. Thomas, Jr. (ed.), *Current anthropology. A supplement to anthropology today*, Chicago, The University of Chicago Press, 1956.

conceitos e metodologias examinados, toda uma concepção da antropologia vigente em meados do século. Dominada por norte-americanos, secundados por ingleses e, minoritariamente, por franceses, como participantes do simpósio, claramente o que estava em causa era a natureza científica da disciplina e seu amparo em procedimentos de caráter experimental. Ainda que a clássica e eterna polêmica entre os adeptos do paradigma das ciências naturais e os interessados no caráter humanista da disciplina ainda ressoasse no âmbito do simpósio, a questão da comparação ocupa um lugar estratégico na concepção cientificista da antropologia. E ela vai aparecer com mais força, ainda que não exclusivamente, como "método comparativo" e como um recurso o mais próximo possível da experimentação, tão prestigiada graças ao sucesso das ciências naturais. Lê-se, assim, que "O método comparativo é a abordagem mais próxima que temos na antropologia cultural para o experimento".[3] É uma frase certamente emblemática!

Todavia, o mesmo autor, em seu trabalho seguinte, vai liberar a comparação – que ele vê como a questão mais importante – do método comparativo enquanto tal, uma vez que este estaria restringindo demasiadamente a potencialidade dos estudos comparados. Assim escreve:

> Preferimos discutir comparações em antropologia mais do que o método comparativo. Esta simples mudança semântica faz uma diferença, lançando luz sobre o fato de que o método de uma comparação é unicamente um aspecto da comparação, sendo outros aspectos relevantes os propósitos ou objetivos, o conteúdo e a localização no espaço das entidades comparadas. Nosso tema torna-se desta vez mais amplo do que muitas considerações sobre "o método comparativo" e inclui comparações no interior de uma sociedade singular tanto quanto comparações culturais-cruzadas (*cross-cultural*), comparações no tempo como também no espaço.[4]

E nessa direção Oscar Lewis continuará a dizer que embora a comparação seja um aspecto genérico do pensamento humano, o que marca sua

3 Oscar Lewis, "Controls and experiment in field work", op. cit., p. 463.

4 Oscar Lewis, "Comparisons in cultural anthropology", op. cit., p. 259.

presença nas ciências está no papel que desempenha no "estudo sistemático de similaridades e diferenças", onde se esforça para lograr um

> maior grau de controle pela utilização de métodos de correlação e de covariação. Isso não se segue, contudo, que tais estudos que usam quantificações e expressam covariação estatisticamente sejam os únicos estudos válidos, úteis ou científicos.[5]

E ainda adverte que nem

> todas as comparações precisam ser direcionadas para testar hipóteses ou chegar a princípios gerais de desenvolvimento societário, por maior que seja o valor desses objetivos. Comparações podem ter outros valores, dependendo da natureza dos dados e dos objetivos do estudo.[6]

E com isso Oscar Lewis abre a possibilidade para a legitimidade do exercício da comparação quer na tradição naturalística da disciplina, quer na humanista, sem que isso influa em sua maior ou menor cientificidade.

A posição assumida por Oscar Lewis está pautada em uma leitura refletida e discutida (pois muitos foram os colegas com quem debateu o tema mesmo antes do simpósio, a se dar crédito à nota 2 de seu trabalho anterior)[7], e, certamente, uma posição familiarizada com textos de autores que na época mais se debruçaram sobre o assunto, tais como E. H. Ackerknecht, F. Eggan, G. P. Murdock, S. F. Nadel, A. R. Radcliffe-Brown, I. Schapera ou J. W. M. Whiting,[8] autores, aliás, lidos e relidos por todos nós

---

5 Oscar Lewis, "Comparisons in cultural anthropology", op. cit., pp. 259-260.

6 Idem, p, 260.

7 Oscar Lewis, "Controls and experiment in field work", op. cit., p. 452.

8 E. H. Ackerknecht, "On the comparative method in anthropology", in Robert F. Spencer (ed.), *Method and perspective in anthropology*, Mineapolis, University of Minnesota Press, 1954; F. Eggan, "Social anthropology and the method of controlled comparison", *American Anthropologist*, Vol. 56, n. 5, Pt.1, 1954; G. P. Murdock, "Feasibility and implementation of comparative community research", *American Sociological Review*, Vol. 15, n. 6, 1950; S. F. Nadel, *The foundations of social anthropology*, Glencoe, Illinois, The Free Press, 1951; A. R. Radcliffe-Brown, "The comparative method in anthropology", *Journal of the Royal Anthropological Institute of Great Britain and Ireland*, Vol. 81, n. 1, 1951; I. Schapera, "Comparative

à época. Pelas datas dos artigos, pode-se ter uma boa idéia sobre a relevância do tema no período. O certo é que em seu segundo trabalho Oscar Lewis procurou esboçar um amplo quadro de investigações de caráter comparativo, cujas principais divisões vale a pena indicar pelos intertítulos do texto. São eles: "Análise e classificações de comparações", "Comparações globais e aleatórias", "Comparações estatísticas", "Amplas comparações tipológicas", "Comparações entre continentes ou nações", "Comparações em um único continente", "Comparações em uma única área cultural ou região" e "Comparações em um único grupo local ou cultural". O conjunto dessas divisões ou seções abrigam 248 escritos que tratam de comparações e envolvem o período de 1950 a 1954, o que credencia o trabalho de Oscar Lewis como um privilegiado testemunho – posto que submetido ao debate – de um momento relevante da consolidação da disciplina no meio internacional, dada a posição hegemônica que já desfrutava a antropologia social e cultural elaborada em seus centros metropolitanos, como os Estados Unidos, a Inglaterra e a França.

No que diz respeito especificamente ao "método comparativo", em sua acepção – digamos – mais clássica, como a que teve lugar antes da Primeira Guerra Mundial (1914) entre os antropólogos evolucionistas, tais como H. Spencer, E. B. Taylor, J. G. Fraser, E. Westermarck ou L. T. Hobhouse, essa modalidade de comparativismo praticamente tornou-se anacrônica.[9] Posteriormente esse método vai se atualizar mediante sofisti-

---

method in social anthropology", *American Anthropologist*, Vol. 55, n. 3, 1953; J. W. M. Whiting, "The cross-culture method", in G. Lindzey, *Handbook of social psychology*, Cambridge, Addison Wesley, 1954.

9 A própria expressão "método comparativo" foi cunhada pelos evolucionistas sociais britânicos para se referirem ao estilo de um trabalho antropológico, cuja característica principal estaria na preocupação em estudar as sociedades humanas em termos de suas formas primitivas comparadas com as mais evoluídas, estas últimas representadas na sociedade européia, naturalmente aquela a que pertencia o antropólogo. A ampla erudição, expressa numa enorme variedade de informações etnográficas, aliada a uma postura extremamente ingênua relativamente à crítica das fontes, geralmente bibliográficas, esse tipo de metodologia não resistiria ao desenvolvimento da disciplina.

cados procedimentos quantitativos devotados à análise estatística de dados culturais não-materiais, como o programa de pesquisa intitulado *Yale cross-culture survey*, criado por Murdock, em 1937, e consolidado no ano seguinte no *Human Relations Area Files* na Universidade de Yale. Muitos resultados foram produzidos, incluindo um *Atlas etnográfico*, além de enorme repositório de dados etnográficos diligentemente fichados a fim de torná-los disponíveis à pesquisa comparada para todos aqueles, antropólogos ou instituições, que a eles recorram. Contudo, se considerarmos o que nos diz Leach sobre "The comparative method in anthropologgy", no verbete que escreveu para a *International encyclopedia of the social science*,[10] concluiremos que uma outra modalidade não-quantitativa de comparativismo seria aquela que melhor teria condições de atender à moderna antropologia: uma antropologia, não obstante, inspirada por uma perspectiva marcadamente estruturalista. Nesse sentido, segundo Leach, haveria de distinguir a comparação estrutural de Radcliffe-Brown daquela de que se utiliza Lévi-Strauss. Mas se para o primeiro o que interessa é a descoberta de leis sociológicas universais e, nesse sentido, permanece preso a uma analogia com as ciências naturais, para o segundo o escopo da antropologia é considerar

> a sociedade como um sistema de comunicação mais do que como um fenômeno natural [de maneira a poder pensar] os produtos da cultura como estruturados, tais como as sentenças da linguagem...[11]

E se a comparação para Radcliffe-Brown está voltada para a identificação de tipos e recorda os procedimentos dos zoólogos na classificação de espécies, já para Lévi-Strauss

> os sistemas culturais podem ser comparáveis não apenas porque eles são sensivelmente similares mas porque representam transformações lógicas de um tema estrutural comum.[12]

---

10 E. R. Leach, "The comparative method in anthropology" [verbete "Anthropology"], in David L. Sills (ed.), *International enciclopedia or the social sciences*, Londres, Macmillan Publishers, 1972.

11 Idem, p. 344.

12 Ibidem, p. 344.

Influência prazerosamente confessada por Da Matta – ao lado de outros antropólogos como Evans-Pritchard, Lévi-Strauss e Victor Turner (cf. *Carnavais, malandros e heróis* – doravante *CMH*,[13] o fato é que Leach deve tê-lo entusiasmado também por seu estilo extremamente provocativo, de certa maneira um temperamento não muito diferente do seu) e posso dizê-lo como alguém que acompanha sua vitoriosa trajetória no campo da disciplina desde 1960...[14] O certo é que

> para Leach, estruturalismo parece atrativo porque oferece um instrumento mais poderoso para *comparação* do que as taxonomias do tipo Linnaeano de Radcliffe-Brown e seus discípulos que Leach ridiculariza como uma maneira de "colecionar borboletas" [...], meramente reordenando o que já era conhecido e, por conseguinte, destituído de interesse para *insights comparativos*. Por contraste, métodos estruturalistas permitiram-lhe mostrar que configurações aparentemente diferentes podem ser transformações da mesma estrutura subjacente.[15]

Procurarei mostrar adiante que a comparação realizada metodicamente por Roberto Da Matta filia-se a esta segunda tradição.

---

13 Roberto Da Matta, *Carnavais, malandros e heróis: Para uma sociologia do dilema brasileiro*, Rio de Janeiro, Zahar, 1979, p. 17.

14 E não é à toa que Da Matta iria escrever uma das mais interessantes apreciações sobre a antropologia de Leach, como sua "Introdução" à coletânea *Edmund Leach: Antropologia*, por ele organizada a convite de Florestan Fernandes, coordenador da coleção para a Editora Ática. Roberto Da Matta, "Repensando E. R. Leach", "Introdução", in Roberto Da Matta (org), *Edmund Leach. Antropologia*, São Paulo, Ática, 1983.

15 C. Fuller e J. Parry, "'Petulant inconsistency'? The intellectual achievement of Edmund Leach", *Anthropology Today*, Vol. 5, n. 3, 1989, p. 11. O sublinhado é meu (RCO).

Não obstante a tradição estruturalista, em sua versão lévistraussiana, marcar o caráter de sua investigação comparada, como trabalhos anteriores mostram eloqüentemente,[16] são autores como Louis Dumont e Victor Turner aqueles antropólogos que – a meu ver – exercem uma especial influência no uso que faz da comparação. Já em seu *Dramas, fields and metaphors*,[17] Victor Turner orienta seus estudos de antropologia simbólica nos termos de uma "simbologia comparada", exprimindo assim uma orientação que vinha perseguindo desde obras anteriores,[18] devidamente referidas por Da Matta e, como tal, oferecendo um eixo téorico-metodológico aos seus trabalhos, notadamente ao seu *CMH*. Quanto a Dumont, sua influência não é menor, sobretudo quando esse autor exerce com maestria a comparação em dois de seus livros mais celebrados *Homo hierarchicus* e *Homo aequalis*,[19] ambos citados por Da Matta em suas versões em inglês, juntamente com vários outros trabalhos de Dumont, especialmente – para os objetivos deste artigo – "On the comparative understanding of non-modern civilizations".[20] Não cabe aqui indicar no pormenor a presença de seus êmulos na concepção de *CMH*. Mesmo porque a sua presença (e de outros) em seu livro não lhe tira a evidente originalidade. Nesse sentido, costumo dizer aos meus estudantes que a antropologia simbólica e comparada exercitada por Da Matta representou nos anos 1970 uma lufada de um novo ar em nossa disciplina, oxigenando-a definitivamente

---

16 Cf., por exemplo, Roberto Da Matta, *Ensaios de antropologia estrutural*, Petrópolis, Vozes, 1973.

17 Victor Turner, *Dramas, fields and metaphors: Symbolic action in human society*, Ithaca e Londres, Cornell University Press, 1974, p. 7.

18 Victor Turner, *The forest of symbols: Aspects of Ndembu ritual*, Nova York, Cornell University Press, 1967; idem, *The ritual process: Structure and anti-structure*, Chicago, Aldine Publishing Company, 1969.

19 Louis Dumont, *Homo hierarchicus: Essai sur le système des castes*, Paris, Gallimard, 1966; idem, *Homo hierarchicus: The caste system and its implications*, Chicago, The University of Chicago Press, 1970.

20 Louis Dumont, "On the comparative understanding of non-modern civilizations", *Daedalus: Journal of the American Academy of Arts and Sciences*, Vol. 104, n. 2, 1975.

entre nós! E essa espécie de rede de autores que estou construindo em torno de sua obra não tem outro intuito do que orientar o leitor de *CMH* a reconhecer essas importantes influências através de uma leitura diligente da qual obras como essa não podem dispensar.

O papel que Dumont desempenha em sua antropologia é tão manifesto que não resisto lançar mão de um trecho de seu livro, onde a comparação já aparece como um pressuposto de suas reflexões, ao mesmo tempo que serve de advertência ao leitor. Escreve Da Matta:

> É preciso primeiramente estar aberto para uma perspectiva que torne até certo ponto relativo o arranjo institucional e a conseqüente dominância de certas ideologias e conjuntos de valores. Assim, sabemos que a ideologia econômica, fundada na noção de indivíduo e na idéia de mercado, local onde tudo pode ser trocado, comprado e vendido, é dominante na sociedade ocidental, e que as coisas não se passam do mesmo modo em sistemas tradicionais, onde o indivíduo e o econômico puro ficam submetidos, ou, como diz Dumont,[21] são *encompassados* por outras ideologias que podem ser religiosas (caso da Índia) ou político-culturais (caso brasileiro e mediterrâneo). O que, em outros termos, equaciona o "tradicional" a um sistema onde o todo predomina sobre as partes; ao passo que o "moderno" é o sistema onde o indivíduo é o sujeito, tudo lhe sendo submetido. [...] Nesse sentido, comparar princípios sociológicos é equivalente à tentativa de comparar totalidades,[22] evitando repartir o sistema em estudo de acordo com os nossos critérios. Em outras palavras, trata-se de primeiro procurar conhecer como o próprio sistema se divide e classifica, e por meio de que lógica se liga internamente, para depois buscar o seu estudo.[23]

Essa extensa citação parece-me bem justificada, pois mostra como a lição dumontiana foi recebida numa obra que soube recriá-la, conferindo à lição um sabor brasileiro! Mas o que Roberto Da Matta compara concretamente? Espero responder a isso contentando o leitor com uns

---

21 Louis Dumont, *Religion, politics and history in India*, Paris/The Hague, Mouton Publishers, 1970, Cap. 8.

22 Louis Dumont, "On the comparative understanding of non-modern civilizations", op. cit., p. 155.

23 Roberto Da Matta, *Carnavais, malandros e heróis*, op. cit., pp. 17-18.

poucos exemplos, que devem ser tomados como um incentivo à leitura de *CMH*, tarefa que considero indispensável para se obter uma idéia mais completa sobre o lugar ocupado pela comparação em seu livro.

Em seu primeiro capítulo, "Carnavais, paradas e procissões", inicia por definir seu propósito como o de

> discutir os três modos básicos através dos quais se pode *ritualizar* no mundo brasileiro. Para tanto – diz ele –, focalizo a análise em torno de duas dessas formas, a parada militar e o carnaval, de modo que o estudo inicia sua marcha comparando dois modos de refletir e expressar a estrutura social brasileira, passando a incluir – seja pela necessidade comparativa e de controle dos dados, seja porque a outra forma logo se impõe – a procissão.[24]

Com isso, dizendo estar "utilizando os recursos da sociologia comparada", procura alcançar

> um plano mais universal e mais profundo, no qual se pode discutir com relativa segurança (mas nunca com plena certeza) os mecanismos básicos daquilo que se convencionou classificar como ritual ou ritualização.[25]

Sua idéia é colocar para o leitor, como problemas básicos e inseparáveis,

> a questão dos princípios ou mecanismos fundamentais utilizados para dramatizar o mundo e como esses princípios podem ser relativamente isolados uns dos outros pelo modo comparado de analisar o mundo social.[26]

Nesse sentido, as procissões, as paradas e os carnavais seriam tomados como modalidades básicas por meio das quais

> a chamada realidade brasileira se desdobra diante dela mesma, mira-se no seu próprio espelho social e ideológico [...], projetando múltiplas imagens de si própria.[27]

---

24 Roberto Da Matta, *Carnavais, malandros e heróis*, op. cit., p. 35.

25 Idem, p. 35.

26 Ibidem, p. 35.

27 Ibidem, p. 35.

Nesse ponto, cabe assinalar o cuidado com que Da Matta, na frase entre parênteses, cuida de relativizar a sua própria interpretação; voltarei a isso mais adiante, buscando esclarecer o seu significado epistemológico.

A seção do mesmo capítulo, "O carnaval e o dia da pátria: Uma comparação", serve para ilustrar bem sua análise do que denomina "triângulo ritual brasileiro". Escreve assim que

> tanto o carnaval quanto o dia da pátria são rituais nacionais e mobilizam a população das cidades onde se realizam, exigindo um tipo de tempo especial, vazio, isto é, sem trabalho, um feriado. [...] Carnaval e dia da pátria constituem-se nos dois rituais de maior duração no Brasil, somente comparáveis à semana santa, devotada aos ritos que recriam a paixão e a ressurreição de Cristo. Essas três semanas festivas sugerem um "triângulo ritual brasileiro" muito significativo, sobretudo nas implicações políticas, uma vez que temos festas devotadas à vertente mais institucionalizada do Estado nacional (suas Forças Armadas), festas controladas pela Igreja (outra corporação crítica na formação da sociedade brasileira) e, finalmente, as festas carnavalescas, consagradas à vertente mais desorganizada da sociedade civil, ou melhor, da sociedade civil enquanto *povo* ou *massa*.[28]

E conclui com uma interpretação de inspiração bem dumontiana acrescida de sua experiência bem brasileira:

> Observemos, então, que – no melhor estilo da sociedade holística, tradicional e hierarquizada – cada momento festivo e extraordinário remete a um grupo ou categoria social que tem seu lugar garantido, vale dizer, sua hora e vez no quadro da vida social nacional. Teríamos então um ciclo de festividades que vão do povo ao Estado, passando pela Igreja, numa forma organizatória típica de um sistema muito preocupado com o "cada qual no seu lugar" e o "cada macaco no seu galho".[29]

Sua interpretação se desdobra em vários planos e é extraordinariamente rica em muitos matizes, impossível de reproduzir em toda a extensão que merece.

---

28 Roberto Da Matta, *Carnavais, malandros e heróis*, op. cit., pp. 41-43.

29 Idem, p. 43.

Uma outra dimensão de sua obra que cabe ressaltar nesta oportunidade está na importância estratégica que confere ao drama (*social drama*). E isto está no Capítulo 4, onde procura estudar a distinção entre indivíduo e pessoa no Brasil, escolhendo para tanto a expressão popular "Você sabe com quem está falando?" –, frase essa que esconde um significado sociológico a ser revelado. Um assunto que Da Matta aborda como uma forma de dramatização do mundo social, em que se evidencia a influência de seu outro grande autor privilegiado.

> Estou usando – escreve – o conceito de dramatização e drama social inspirado na obra de Victor Turner[30] para, através do estudo sociológico de cerca de cem casos do "Você sabe com quem está falando?", todos colhidos no inquérito já mencionado, chegar às suas propriedades estruturais, invariantes. Conforme indica Turner – continua Da Matta – o drama social tem como ponto básico a ação que rompe com uma norma social vivida de modo quase automático, e também o conjunto de ações que desencadeiam os processos compensatórios (ou de alívio). E, no caso em estudo, ambos esses processos capitais dos dramas sociais estão presentes.[31]

O certo é que em suas mãos esse drama se transforma numa verdadeira gazua para abrir a caixa preta da cultura brasileira, revelando, pelo menos, uma das dimensões mais familiares do nosso cotidiano de maneira a poder estranhá-lo e, por conseguinte, problematizá-lo. E esse estranhamento se dá do modo mais fecundo para sua pesquisa quando recorre à comparação com aquilo que pode ser observado na cultura norte-americana. Enquanto no Brasil a expressão revela a natureza hierárquica da sociedade brasileira – no sentido de que "cada qual deve saber o seu lugar" – , nos Estados Unidos se observa o reverso da expressão com a frase "Quem você julga que é?" (*Who do you think you are?*), sempre usada como advertência a alguém que se julgue superior. Diz Da Matta:

---

30 Victor Turner, *Schism and continuity in an african society: A study of Ndembu village life*, Manchester, Manchester University Press, 1957; idem, *Dramas, fields and metaphors: Symbolic action in human society*, op. cit.

31 Roberto Da Matta, *Carnavais, malandros e heróis*, op. cit., p. 160.

> O exemplo não poderia ser melhor, porque no caso americano a pergunta aparece no seu sentido inverso, sendo feita para colocar o homem como um igual, e não como superior. A forma americana, contendo inclusive o verbo "pensar" (*to think*), indica que o pedante com pretensões a superioridade atua num plano da fantasia, pois é certamente ele que pensa (tornando a realidade social subjetiva) possuir algum direito a mais do que os outros [Explicando melhor:] enquanto o "Você sabe com quem está falando?" coloca quem o usa numa posição superior, sendo um rito autoritário de separação de posições sociais, o "*Who do you think you are?*" é, inversamente, um rito igualitário. Num caso, quem usa a fórmula é que pensa ser superior. Noutro, quem se utiliza dela é aquele que é atingido pela pretensão autoritária. Em todos os níveis, nota-se [...] a inversão simétrica das duas sociedades.[32]

Procurei mostrar acima que Roberto Da Matta, com a interpretação que realizou sobre o "triângulo ritual brasileiro" e sobre a frase "Você sabe com quem está falando?", deu-nos dois bons exemplos da análise estrutural que vinha perseguindo com sucesso desde seus *Ensaios de antropologia estrutural* de 1973. Se naqueles ensaios, temas como o carnaval (entre outros) já eram submetidos ao seu olhar antropológico, tanto quanto também já demonstrava extrema habilidade em tomar textos literários para escrutínio etnográfico (como *O diabo no campanário* de Edgar Allan Poe), entendo que é em seu *CMH*, mercê dos exemplos mencionados (aos quais ainda se poderia acrescentar as histórias de Pedro Malazarte ou a de Augusto Matraga, contada, esta última, por João Guimarães Rosa), que sua metodologia se consolida para revelar um profissional absolutamente maduro e que nessas duas décadas se transformou em um dos melhores antropólogos deste lado do Atlântico. Mas qual a sua contribuição para o *status* teórico da comparação? É verdade que não é apenas a antropologia que pratica a comparação, ainda que eminentes antropólogos já chegaram a definir a disciplina como sendo essencialmente comparativa

32 Roberto Da Matta, *Carnavais, malandros e heróis*, op. cit., pp. 152-153.

(a obra de Radcliffe-Brown, nesse sentido, é eloqüente...). Se recorrermos ao clássico *Vocabulaire technique et critique de la philosophie*, de André Lalande,[33] leremos no verbete Comparação (*Comparaison*) o seguinte: "Operação pela qual se reúnem dois ou mais objetos em um mesmo ato de pensamento para separar (*dégager*) as semelhanças ou as diferenças". Ora, esse é um ato de pensamento sem dúvida nenhuma corriqueiro, pois sem ele será que alguém conseguiria sequer pensar?[34] Mas certamente esse ato, sobre ser comum e prosaico, ganha nos discursos científico ou filosófico um *status* especial. Ele é domesticado pela teoria ou teorias que é compelido a servir. Daí que sua contextualização na(s) teoria(s) estruturalista(s) confere-lhe um significado específico, como específico foi o seu sentido no comparativismo da antropologia que se praticava em princípios do século, com nossos clássicos, ou em suas manifestações posteriores dentre as primeiras gerações de antropólogos profissionais – como procurei mostrar no início deste ensaio recorrendo aos textos de Oscar Lewis.

A inspiração de Roberto Da Matta em autores como Lévi-Strauss, Leach, Dumont e Turner já revelam em qual tradição do estruturalismo se filia, ou melhor, em qual se sente mais à vontade. Apesar das inequívocas diferenças que esses quatro de seus ancestrais denotam entre si, a modalidade de análise que eles praticam tem um grande lastro teórico comum, tornando-os referenciais indispensáveis ao seu trabalho. Eu diria que o nosso autor pensa junto com seus autores privilegiados, ainda que não submeta sua imaginação à ortodoxia de qualquer um deles. Entendo que esse é o grande valor de sua antropologia: permanecer criativa sem alienar o contexto teórico de que é herdeira! E no que

33 André Lalande, *Vocabulaire technique et critique de la philosophie*, [verbete "Comparaison"], 5. ed., Paris, Presses Universitaires de France, 1947.

34 O mesmo se poderá falar da "compreensão" (*Verstehen*), tal como Gadamer – na esteira de Heidegger – a define quando atribui a ela um *status* ontológico; a saber, o ato da compreensão como sendo constitutivo do ser. Cf. H.-G. Gadamer, *Verdade e método: Traços fundamentais de uma hermenêutica filosófica*, Petrópolis, Vozes, 1997 [1960].

tange à comparação, por ele considerada central em suas análises, vemos que ela se circunscreve ao domínio do que se poderia chamar de *oposições sócio-lógicas*. Oposições estruturalizadas: natureza/cultura, tempo histórico/tempo cósmico, hierarquia/igualdade, casa/rua, indivíduo/pessoa, ordem/desordem etc. etc.; dicotomias que se transformam em trinomias, incorporando mediadores, como no já mencionado "triângulo ritual brasileiro" ou no "triângulo de heróis". Recordemos – a quem já leu *CMH* – a primeira dicotomia carnaval/parada, o primeiro termo visto "como um rito e uma festa da desordem", o segundo, exemplificado no "7 de Setembro como um drama patrocinado pelas Forças Armadas e como uma festa da ordem". E eis como, para o autor, a antinomia se transforma:

> Teríamos fatalmente ficado na dicotomia clássica e contraditória, não fosse a perspectiva sociológica adotada, a qual conduziu o fio analítico na direção da *comparação* com certas formas de comportamento social recorrentes na vida diária, permitindo ver então que o carnaval correspondia, além disso, ao modelo das relações "jocosas" entre pessoas e grupos, quando as barreiras entre as posições ficam suspensas, e o 7 de Setembro correspondia, ao inverso, ao modo das relações de respeito. Daí a pergunta crítica: onde estariam as relações evitativas ou neutralizadoras?[35]

Da Matta vai encontrar essas relações de "evitação" nos rituais de cunho religioso patrocinados pela Igreja – concretamente na procissão –, onde as diferenças são mediatizadas propiciando

> a realização de uma síntese entre povo e autoridades, fracos e fortes, santos e pecadores. Com isso – continua – descobrimos um triângulo de dramatizações, todas elas essenciais na definição de nossa identidade social enquanto brasileiros. Podemos então ser a um só tempo e simultaneamente o branco colonizador e civilizador, o preto escravo que corporifica a forma mais vil de exploração de trabalho – a escravidão – e, finalmente, o índio, dono original da terra, marcado por seu amor à liberdade e à natureza. E, além disso, somos – além da ideologia das três

35 Roberto Da Matta, *Carnavais, malandros e heróis*, op. cit., p. 202. O sublinhado é meu (RCO).

raças que acabamos de apresentar e que surgem também num triângulo – soldados, fiéis e foliões, nessa equação triangular, complexa e surpreendentemente consistente.[36]

Pode-se até discordar dessa interpretação do Autor – desde que ele mesmo, como vimos parágrafos atrás –, ao dizer da relativa segurança de sua sociologia comparada, adverte o leitor não estar jamais afirmando lograr "plena certeza" nas interpretações a que chega. Essa, aliás, é a marca do exercício moderno da interpretação e que não posso deixar de destacar, uma vez que, a rigor, não apenas a boa etnografia capta versões que os próprios atores sociais ou sujeitos da pesquisa produzem sobre suas experiências vitais, os "discursos nativos", mas também o pesquisador produz sua versão ou seu ponto de vista, ainda que abrigado em um paradigma, ou corpo teórico ou tradição intelectual, isto é, inapelavelmente comprometido com o *seu* "discurso científico".

Isso leva-me – à guisa de conclusão – a fazer algumas considerações sobre modalidades de comparação que não partam necessariamente de oposições estruturais ou estruturalizadas. Entendo que o maior valor metodológico de comparações desse teor esteja na interpretação de sistemas simbólicos tais como Da Matta tem realizado em sua obra como um todo e onde seu *CMH* ocupa merecido lugar de destaque. Porém essa modalidade de comparação certamente não é a única – e, estou seguro, que nem Roberto Da Matta afirmaria ser ela a única, mesmo porque, como procurarei mostrar –, ele próprio nela não se fixa inteiramente. Quero me referir a uma modalidade de estudos comparados que não se cingem à inter-

36 Idem, p. 202. Como mostra o próprio autor, essa articulação entre três modos de relacionamento – e que deu a ele a chave para sua análise – inspira-se em Radcliffe-Brown (*Estrutura e função na sociedade primitiva*, Petrópolis, Vozes, 1973, Caps. 4 e 5). Em outros momentos de sua antropologia – e não apenas em seu *CMH* –, é Lévi-Strauss que inspira a triangulação de sua análise com a incorporação de mediadores entre opostos (Cf. Claude Lévi-Strauss, *Anthropologie structurale*, Paris, Plon, 1958, especialmente o Cap. 8).

pretação de situações sociais ou de instituições da cultura através da identificação de sistemas de oposição, tais como os que envolvem as relações natureza/cultura (Lévi-Strauss), individualismo/holismo (Dumont) ou liminaridade/*communitas* (Turner). Reconheço que são modelos estruturais extremamente fecundos para uma "simbologia comparada", mas que podem perder a sua eficácia em investigações comparativas de outra ordem. Que investigações seriam essas? Começaria por defini-las por um simples exercício de negação: em primeiro lugar, elas *não* estariam destinadas a qualquer forma de generalização, nem buscando "leis societárias", nem mesmo regularidades quaisquer que conduzissem o pesquisador à formulação de teorias gerais tão a gosto das disciplinas empírico-analíticas de caráter nomológico (mesmo porque a comparação não leva à generalização, como pudemos ver com a crítica feita por Leach ao "método comparativo"); em segundo lugar, elas *não* estariam circunscritas exclusivamente ao desvendamento de sistemas simbólicos, seja por meio de procedimentos estruturalistas, seja por qualquer outro que esteja voltado para *interpretações explicativas* sem dar guarida a *interpretações compreensivas* (expressões definidas por Paul Ricoeur e utilizadas por mim para diferenciar modalidades de interpretação que, não obstante terem escopos diferentes, podem – ou deveriam – ser complementares na construção do conhecimento);[37] e, finalmente, elas *não* estariam submetidas a qualquer método, uma vez que a interpretação compreensiva focalizaria o "exce-

---

37 Reconhecendo que este não é o lugar adequado para examinar extensamente a diferença entre uma e outra modalidade de interpretação, gostaria de indicar para consulta o meu pequeno ensaio "A dupla interpretação na antropologia" (*Anuário Antropológico*, Vol. 94, 1995, pp. 9-20). Todavia, pelo menos para encaminhar meu ponto de vista, valho-me da seguinte analogia de caráter lingüístico: a interpretação explicativa estaria para a *sintaxe*, como a interpretação compreensiva estaria para a *semântica* de um texto, aquela voltada para a descoberta de regras e, com elas, ao entendimento de códigos, enquanto esta última estaria direcionada para a apreensão de formulações de sentido, comuns a uma abordagem hermenêutica. Embora se definam como modalidades polares, há de se convir que na prática da investigação muitas vezes elas se encontram imbricadas, como, aliás, pode-se observar em inúmeros momentos da obra de Roberto Da Matta.

dente do sentido" (*surcroît du sens*) – essa feliz expressão de Ricoeur para dar conta do *momento não-metódico* da interpretação.[38]

Mas como defini-las positivamente? Começaria por dizer que tais investigações comparativas teriam como indissociável característica o exercício da "compreensão de sentido" (*Verstehen*), de conformidade com a tradição hermenêutica que vem de Schleiermacher a Dilthey, de Gadamer a Ricoeur, sem deixar de incluir a crítica construtiva de Apel e Habermas.[39] Em seguida, há de se privilegiar, de acordo com essa mesma tradição, a "experiência vivida" (*Erlebnis*) do pesquisador nos contextos socioculturais postos em comparação – o que significa, em termos da própria disciplina antropológica, realizar a familiar *observação direta e participante* (que são meras técnicas, porém jamais métodos) como condição de possibilidade da interpretação compreensiva, compreensão essa que não se esgota, é bem verdade, na experiência vivida pelo pesquisador no *fieldwork*, mas se estende na absorção da experiência de outros – antropólogos, literatos ou folcloristas –, como nosso autor faz com incrível voracidade antropofágica... Enfim, considerar que uma investigação, que busque justapor culturas ou sociedades (como faz Da Matta com Brasil e Estados Unidos), está comparando "mundos da vida" (*life-worlds*) com seus respectivos e diferentes horizontes semânticos para fins de elucidá-los reciprocamente. E isso é o que podemos chamar *comparação elucidativa*. A meu ver, essa modalidade de comparação – que não sendo metódica, muito menos é sistemática – pode ser bem identificada pelo leitor de *CMH* desde que procure ir além das análises fundadas no método estru-

---

38 Cf. Paul Ricoeur, *Du texte a l'action: Essais d'hermeneutique II*, Paris, Le Seuil, 1986, p. 181; Roberto Cardoso de Oliveira, *O trabalho do antropólogo*, 2. ed., Brasília/São Paulo, Paralelo 15/Editora Unesp, 2001 [1998], pp. 71, 88 e 115.

39 Para um apanhado dessa tradição, penso ser suficiente para o leitor não familiarizado consultar a excelente leitura que desses autores faz Ricoeur em seu livro de ensaios há pouco mencionado (*Du texte a l'action: Essais d'hermeneutique II*, op, cit., pp. 75-100 e 333-377). Também vale cf. a tradução brasileira de alguns dos ensaios daquele livro – e que posteriormente foram nele incluídos – em Paul Ricoeur, *Interpretação e ideologias*, Rio de Janeiro, Francisco Alves, 1977, pp. 18-42 e 99-129.

turalista nele contidas. Essas análises complementam a modalidade de comparação voltada à *elucidação recíproca*. Uma comparação que, no que se refere ao nosso autor, mesmo que não tenha experimentado o carnaval de Nova Orleans, por exemplo, o que estou considerando é sua experiência vivida na cultura estadunidense, ampla, profunda e continuada desde os anos 1960, associada à sua experiência de Brasil e de sua busca quase compulsiva das mais diversas manifestações de brasilidade ou, com suas palavras, "o que faz esses brasis Brasil". E sua invocação, no início de seu livro, do nome de Tocqueville é mais do que adequada, é esclarecedora, uma vez que se torna sintomática daquilo que eu entendo como sendo a idéia diretriz, organizadora de seu empreendimento comparativo e que, por essa razão, vale transcrevê-la. Diz ele:

> Em vez de seguir o trajeto dessa comparação funcional, tipológica, que vai do semelhante ao semelhante, preferi tomar o caminho da comparação por meio de contrastes e contradições, procurando não o semelhante, mas o contrário e o diferente. Buscando, no decorrer do exercício, alcançar princípios sociológicos, na tradição que provavelmente se inicia com Tocqueville (que utilizou essa postura para estudar antropologicamente o sistema americano).[40]

Em suma, Roberto Da Matta consegue alcançar grande rentabilidade na combinação que faz dos recursos metodológicos da análise estrutural, responsável por suas incursões na "simbologia comparada", como procurei mostrar, sem abrir mão da possibilidade de transcendê-la sempre que suas percepções, geradas por sua própria (e de outros) experiência vivida (*Erlebniz*), assim o indicassem. Seu livro ilustra bem as potencialidades daquilo que tenho chamado "dupla interpretação na antropologia", explicativa e compreensiva, metódica e não-metódica, como também revela o quanto a articulação de diferentes modalidades de comparação pode ser útil à pesquisa empírica e à reflexão. Esse pequeno ensaio que escrevo em sua homenagem é o argumento que posso oferecer em apoio às afirmações que faço sobre a alta qualidade de seu trabalho.

---

40 Roberto Da Matta, *Carnavais, malandros e heróis*, op. cit., pp. 16-17.

Bibliografia citada

ACKERKNECHT, E. H. "On the comparative method in anthropology", in SPENCER Robert F. (ed.), *Method and perspective in anthropology*, Mineapolis, University of Minnesota Press, 1954.

CARDOSO DE OLIVEIRA, Roberto. "*O trabalho do antropólogo*, 2. ed., Brasília/São Paulo, Paralelo 15/Editora Unesp, 2001 [1998].

———. A dupla interpretação na antropologia", *Anuário Antropológico*, Vol. 94, 1995.

DA MATTA, Roberto. "Repensando E. R. Leach", "Introdução", in DA MATTA Roberto (org.), *Edmund Leach. Antropologia*, São Paulo, Ática, 1983.

———. *Carnavais, malandros e heróis: Para uma sociologia do dilema brasileiro*, Rio de Janeiro, Zahar, 1979.

———. *Ensaios de antropologia estrutural*, Petrópolis, Vozes, 1973.

DUMONT, Louis. *Homo aequalis: Genèse et épanouissement de l'ideologie économique*, Paris, Gallimard, 1977.

———. *From Mandeville to Marx: The genesis and triumph of economic ideology*, Chicago, University of Chicago Press, 1977.

———. "On the comparative understanding of non-modern civilizations", *Daedalus: Journal of the American Academy of Arts and Sciences*, Vol. 104, n. 2, 1975.

———. *Homo hierarchicus: The caste system and its implications*, Chicago, The University of Chicago Press, 1970.

———. *Religion, politics and history in India*, Paris/The Hague, Mouton Publishers, 1970.

———. *Homo hierarchicus: Essai sur le système des castes*, Paris, Gallimard, 1966.

EGGAN, F. "Social anthropology and the method of controlled comparison", *American Anthropologist*, Vol. 56, n. 5, Pt. 1, 1954.

FULLER, C., PARRY J. "'Petulant inconsistency'? The intellectual achievement of Edmund Leach", *Anthropology Today*, Vol. 5, n. 3, 1989.

GADAMER, H.-G. *Verdade e método: Traços fundamentais de uma hermenêutica filosófica*, Petrópolis, Vozes, 1997 [1960].

LALANDE, André. *Vocabulaire technique et critique de la philosophie*, [verbete "Comparaison"], 5. ed., Paris, Presses Universitaires de France, 1947.

LEACH, E. R. "The comparative method in anthropology" [verbete "Anthropology"], in SILLS David L. (ed.), *International enciclopedia or the social sciences*, Londres, Macmillan Publishers, 1972.

LÉVI-STRAUSS, Claude. *Anthropologie structurale*, Paris, Plon, 1958.

LEWIS, Oscar. "Comparisons in cultural anthropology", in THOMAS, JR. W. L. (ed.), *Current anthropology. A supplement to anthropology today*, Chicago, The University of Chicago Press, 1956.

———. "Controls and experiment in field work", in KROEBER A. L. (org), *Anthropology today. An encyclopedic inventory*, Chicago, The University of Chicago Press, 1954.

MURDOCK, G. P. "Feasibility and implementation of comparative community research", *American Sociological Review*, Vol. 15, n. 6, 1950.

NADEL, S. F. *The foundations of social anthropology*, Glencoe, Illinois, The Free Press, 1951.

RADCLIFFE-BROWN, A. R. *Estrutura e função na sociedade primitiva*, Petrópolis, Vozes, 1973.

———. "The comparative method in anthropology", *Journal of the Royal Anthropological Institute of Great Britain and Ireland*, Vol. 81, n. 1, 1951.

RICOEUR, Paul. *Du texte a l'action: Essais d'hermeneutique II*, Paris, Le Seuil, 1986.

———. *Interpretação e ideologias*, Rio de Janeiro, Francisco Alves, 1977.

SCHAPERA, I. "Comparative method in social anthropology", *American Anthropologist*, Vol. 55, n. 3, 1953.

TURNER, Victor. *Dramas, fields and metaphors: Symbolic action in human society*, Ithaca e Londres, Cornell University Press, 1974.

———. *The ritual process: Structure and anti-structure*, Chicago, Aldine Publishing Company, 1969.

———. *The forest of symbols: Aspects of Ndembu ritual*, Nova York, Cornell University Press, 1967.

———. *Schism and continuity in an african society: A study of Ndembu village life*, Manchester, Manchester University Press, 1957.

WHITING, J. W. M. "The cross-culture method", in LINDZEY, G. *Handbook of social psychology*, Cambridge, Addison Wesley, 1954.

II

O mal-estar da ética na antropologia prática*

Neste simpósio que a Associação Brasileira de Antropologia – ABA decidiu promover sobre antropologia e ética, creio não estar saindo do tema quando a ele agrego o que estou chamando de *prática*. Por esse termo quero me referir a uma modalidade de "antropologia da ação", conforme a definição dada por Sol Tax em 1952, como sendo bem diferente da tão criticada, à época, "antropologia aplicada" – esta última solidária de um praticismo inaceitável por quem pretenda basear a disciplina em sólido amparo teórico. Porém, quando evoco a antropologia da ação como diferente da antropologia aplicada – cuja história sempre esteve associada ao colonialismo –, não é para fustigar a vocação intervencionista da disciplina, mas apenas para sublinhar o caráter de sua atuação na prática social (entendida também como *praxis*), ou ainda, se quiser, o seu agir no mundo moral. Uma preocupação com a moralidade, ou seja, com o compromisso de assegurar "boa qualidade de vida", e a eticidade, ou seja, em garantir "condições de se chegar a consensos" pela via do diálogo entre as partes inseridas – por exemplo – no sistema de fricção interétnica. É essa preocupação que aqui desejo recuperar como alvo legítimo do trabalho de uma antropologia comprometida não apenas com a busca de

* Simpósio especial sobre "Antropologia e ética" realizado em 17 de junho de 2002, no âmbito da XXIII Reunião Brasileira de Antropologia, em Gramado, Rio Grande do Sul, publicado em C. Víctora *et alii*, *Antropologia e ética: O debate atual no Brasil*, Niterói, EdUFF, 2004.

conhecimento sobre seu objeto de pesquisa, mas sobretudo com a vida dos sujeitos submetidos à observação. Mas para dissociar essa atuação de sua dimensão perversa que é o praticismo, quero recuperar a noção de prática nos termos de uma tradição inerente à filosofia moral. Ademais, se por um lado a antropologia aplicada é aqui descartada, por não orientar o seu exercício pelo diálogo com aqueles sobre os quais atua, por outro lado, também há de se descartar a "antropologia da ação", na formulação que lhe deu Sol Tax, por seu alto déficit reflexivo, particularmente num momento em que a nossa disciplina passou a ser eminentemente reflexiva. E quando numa reunião como esta nos propomos a discutir a relação entre antropologia e ética, somos levados a refletir sobre o espaço – por certo social – que se mostre como dotado de total legitimidade para nele podermos exercer o nosso *métier*. Parece-me que hoje em dia, quando os povos indígenas ganharam voz própria em suas relações com a sociedade nacional, a tarefa ética que nos coube é claramente a de mediação no âmbito da comunicação interétnica ou, em outras palavras, no âmbito do "agir comunicativo" – esse mesmo agir de que nos fala Habermas –, de tal modo que, sempre que estivermos voltados para a realização do trabalho etnográfico, também estaremos abertos para as questões que a própria prática indígena nos propuser.

Mas como entender essa prática? Recorro aqui ao seu sentido originário, precisamente – para ser muito sucinto – àquele que está presente em sua clássica passagem do campo da filosofia para o da antropologia pelas mãos de Lucien Lévy-Brühl, quando escreve, em seu *La morale et la science des moeurs*, que "a prática designa as regras de conduta individual e coletiva, o sistema de direitos e deveres, em uma palavra as *relações morais* dos homens entre si".[1] Sublinho aqui a expressão "relações morais" e dou a ela um sentido moderno, como o de relações dotadas de um compromisso com o *direito* de bem viver dos povos e com o *dever* de assegurar condições de possibilidade de estabelecimento de acordos livremente negociados entre interlocutores. No caso das relações entre índios e não

1 Lucien Lévy-Brühl, *La morale et la science des moeurs*, Paris, Presses Universitaires de France, 1971 [1903], p. 9. Sublinhado meu (RCO).

índios, das quais me ocuparei nesta exposição, esta negociação se dá entre interlocutores representantes de etnias em confronto. E, com isso, estamos nas esferas da ética e da moral enquanto antropólogos comprometidos com essa concepção de prática. Sem esquecermos que essa prática é mais do que uma noção, mas um conceito de raiz kantiana, portanto preso a uma tradição iluminista. E, em que pese a crítica pós-moderna endereçada a essa tradição, há ainda espaço para a Razão – só que não mais a razão apenas ilustrada, porém dialógica, ou, melhor ainda, argumentativa.

Essas considerações iniciais servem para nos conduzir ao quadro ético e moral em que se insere o trabalho antropológico. Quando a pesquisa vai além da construção de conhecimentos e se vê enleada em demandas de ação. Qual de nós, especialmente os etnólogos, não se viu um dia pressionado para *agir* simultaneamente ao seu esforço em *conhecer*. Quero me reportar inicialmente a algumas experiências vividas por mim tempos atrás, quando eu ainda fazia etnografia. Registro primeiramente uma dessas experiências ocorrida ao tempo em que fui convidado pela Fundação Nacional do Índio – Funai, em 1975, para estudar, por meio de um levantamento de sobrevôo em três dos igarapés do alto rio Solimões, a situação dos Tükúna frente ao avanço do "Movimento da Cruz" liderado pelo carismático José Francisco da Cruz.[2] Meu problema ético de então era o de como manter minha independência de pesquisador em relação à agência indigenista que me contratara, ainda que jamais tenha recebido dela qualquer recomendação para intervir em seu nome na situação interétnica. Claro que cuidei de me manter como um pesquisador destituído da mais leve propensão para interferir diretamente junto ao encarregado do "Posto Indígena Ticuna" ou com os franciscanos da Prelazia do Alto Solimões em São Paulo de Olivença, sem com isso abdicar de meu consciente

2 O resultado desse levantamento publiquei em *América indígena* ("Possibilidad de una antropología de acción entre los Tikuna", *América Indígena*, Vol. 37, n. 1, México, 1977) e incluí na segunda edição de meu livro *A sociologia do Brasil indígena* (2. ed., Rio de Janeiro/Brasília, Tempo Brasileiro, EdUnB, 1978), como seu décimo segundo capítulo intitulado "Possibilidade de uma antropologia da ação".

envolvimento moral com os Tükúna, submetidos à intensa catequese da Irmandade da Cruz. Porém, meu passado de funcionário do Serviço de Proteção aos Índios – SPI, já que nele havia estado vinculado por quatro anos em meados da década de 1950, tinha feito minha cabeça de forma decisiva: não havia como deixar de pesquisar sem que, de alguma forma, deixasse de atuar. E essa disposição participativa na vida local, originada na pesquisa terêna e continuada na tükúna, haveria de marcar o meu trabalho de antropólogo: uma saudável combinação de etnólogo e de indigenista da qual nunca eu me libertaria. No caso dessa breve investigação sobre o Movimento da Cruz, em nenhum momento deixei de discutir com os religiosos da prelazia ou com o funcionário da Funai, herdeira do SPI, o teor de suas atividades junto aos Tükúna. Enquanto o órgão protecionista via com bons olhos a ação domesticadora dos índios pela Irmandade da Cruz, já que a atitude puritana sistemática dos irmãos da Cruz impedia quaisquer festas, rituais e bebidas aos seus membros (o que facilitava o controle indigenista), em contrapartida a prelazia não via com simpatia tal competição na catequese dos Tükúna. Nesse sentido, eu me sentia no meio, entre uns e outros, e, também, entre os índios já galvanizados pelo movimento e aqueles ainda não atingidos por ele. Como em nenhuma ocasião testemunhei qualquer conflito entre os atores sociais envolvidos na situação interétnica, não cheguei a ser chamado para interceder por qualquer uma das partes, ainda que ao nível do discurso estivesse sempre questionando uns e outros. Questionamento esse não só em busca de compreendê-los, mas também para induzi-los a ações que me parecessem mais adequadas com vistas a assegurar condições tais que possibilitassem decisões destinadas a protegê-los. Em verdade, vejo hoje que em todo período de investigação estive observando e participando em discussões com os diferentes agentes locais inseridos no sistema de fricção interétnica como se eu ainda fosse aquele antigo etnólogo do SPI... Enfim, o meu maior propósito aqui é sugerir, pela consideração de alguns cenários interétnicos, como a Razão argumentativa pode atuar frente a verdadeiros curtos-circuitos semânticos. Em outras palavras, quando e em que condições sistemas culturais entram em contradição e geram uma distorção na comunicação. Sem esquecermos, entretanto, que no meio das culturas em confronto está o espaço ocupado pelo antropólogo, que não só as estuda, como muitas vezes atua sobre elas, consciente ou inconscientemente. E nessa condição mediadora entre culturas – e mais do que isso, entre pessoas de carne e osso – insere-se o antropólogo e lhe deixa muitas vezes numa situação de tal desconforto ou, melhor ainda, repetindo aqui o título desta exposição, cria-lhe um indefectível mal-estar ético.

Se olharmos um pouco para trás, verificamos que há uma tendência em nossa disciplina em reconhecermos a participação ativa do antropólogo na realidade investigada como que realizando um tipo de "participação observante" – uma expressão sobrevivente das atividades de "observadores atuantes", como são os assistentes sociais ou os educadores. Uma expressão, porém, que remete mais para o caráter de intervenção na realidade estudada do que para a questão ética que a envolve, desde que uns e outros tendem a levar consigo procedimentos e objetivos previamente definidos e, sobretudo, legitimados na própria ética de suas respectivas profissões: certamente com seus próprios códigos de ética, nem sempre permeáveis à crítica daqueles que são alvo de sua ação. Mas no caso de nossa profissão, prefiro me valer da expressão gramsciana etnólogo "orgânico", quem sabe renovando-a, para acentuar a relação umbilical que esse pesquisador possui com uma entidade, uma classe social, um setor de classe ou um dos segmentos desse setor em que está ideologicamente inserido. Já que sempre esse etnólogo estará falando de algum lugar. Nos cenários que pretendo examinar nesta oportunidade, esse etnólogo orgânico estará posicionado no setor político indigenista, seja ele governamental ou alternativo – seja em seu segmento missionário (de diferentes confissões), ou seja ainda junto às inúmeras ONGs que, de conformidade com suas respectivas orientações programáticas, procuram expressar as demandas da sociedade civil.

Muitos dos colegas aqui presentes têm experiência nessas atividades eminentemente práticas. De meu lado, procurarei agora recorrer a alguns cenários nos quais participei em diferentes momentos de minha vida profissional. Eles nos permitirão refletir sobre a ação do etnólogo indigenista como um natural mediador entre culturas em confronto. E é nessa mediação que se coloca o problema ético. Mas devo dizer que estarei me respaldando – como preliminar – na *ética discursiva*, como, aliás, tenho feito em vários escritos, quando tenho recorrido a ela como uma estratégia adequada para examinar as relações entre culturas tomadas como sistemas incomensuráveis. Há, porém, de se relativizar essa noção de incomensurabilidade. Para tanto caberia considerar esses sistemas – valha o exemplo: uma cultura indígena frente à cultura ou subcultura regional – como sendo comensuráveis pelo fato, etnograficamente constatado, segundo o qual as fronteiras semânticas entre tais ou quais culturas não são intransponíveis. Ao contrário, elas revelam-se porosas. Passíveis de ultrapassagem pelo – e somente pelo – *argumento* no discurso, portanto suscetível de reflexão por ambas as partes envolvidas na relação dialógica. Daí ser a ética discursiva a postura teórica que mais se afina – em meu modo de ver – com a investigação das questões éticas e morais com que nos defrontamos no exercício de nossa profissão.

Gostaria de ilustrar isso, inicialmente, com um exemplo tirado de minha experiência pessoal com os índios Terêna. Um certo dia, em 1957, quando eu dava continuidade a uma pesquisa iniciada dois anos antes, deparei-me com uma situação inesperada. Havia entrado em uma casa de comércio na pequena cidade de Miranda para comprar alguns alimentos a fim de levá-los para Cachoeirinha, a aldeia terêna em que eu estava fazendo minha etnografia, quando percebi que um casal de índios da aldeia Moreira (como depois fiquei sabendo) estava à espera de ser atendido há bastante tempo. Eu e mais alguns fregueses chegamos quando o casal já estava aguardando no balcão e imediatamente fomos atendidos. Enquanto o casal terêna continuava aguardando humildemente com uma inesgotável paciência. Percebi que a essa desconsideração contumaz já estavam habituados. Já que nada falavam, simplesmente esperavam. Meu intuito na ocasião, ao entrar na casa, era o de entrevistar o comerciante, interessado que estava em ampliar minha investigação para as áreas circunvizinhas às reservas terêna. Tinha portanto de estabelecer relações amáveis para que fossem rentáveis à pesquisa. Mas nesse ano eu ainda vivia intensamente a condição de etnólogo orgânico, já que eu era etnólogo do SPI. Assim, sem maiores considerações sobre o destino de minha entrevista, procurei intervir na situação perguntando ao proprietário o porquê da demora em atender – e isso com uma agressividade mal contida. Nessa hora, não era o pesquisador, mas o funcionário que agia. Mas tal não foi a minha surpresa quando dele ouvi a seguinte justificação: "Esses bugres não ligam por esperar, eles não têm pressa, o tempo para eles não conta como para nós". Opinião sagaz de um pensador rural? Quem sabe! Mas claro que não me dei por satisfeito com tal argumento e pus-me a discutir com a veemência de um jovem aprendiz de antropologia, tentando, pelo menos, implantar nele uma saudável dúvida em sua ação discriminatória. Porém, mais tarde, passei a ver esse argumento como um tema interessante de reflexão. Afora o preconceito étnico evidente, havia um saber (certamente não uma sabedoria) expresso em uma concepção de tempo – do tempo indígena – que estava firmemente consolidada no senso comum local, alienígena. O registro desse episódio em minha caderneta de campo, recentemente consultada, levou-me de volta para aquele diálogo. E li naqueles apontamentos a seguinte frase: "Será que mais do que brigar, não deveria eu devotar-me a elucidar?" Eis talvez a minha primeira percepção da tarefa do antropólogo! Pode-se dizer que eu estava no meio de duas visões de mundo, de dois campos semânticos irreconciliáveis, salvo pelo exercício de uma argumentação que levasse o índio e o regional a construírem um consenso: onde a razão argumentativa triunfaria! Não cheguei a tanto... A "ética discursiva" de Apel e de Habermas – que nasceria anos depois, nos anos 1960 – não seria antecipada por mim... Mas verifico hoje que eu já intuía sobre o rumo que o etnólogo deveria tomar enquanto orgânico.

Todavia, esse fato me leva a sublinhar o lugar de mediador em que o etnólogo sempre se coloca ou é levado a se colocar, queira ou não. É uma imposição de seu próprio trabalho. Ao ocuparmos esse espaço que nos torna tradutores de sistemas culturais no plano cognitivo, isso não nos torna isentos de responsabilidade prática no plano moral, quando somos induzidos a agir. Pode-se até mesmo dizer que o mediar seria sempre uma forma de agir. Estamos assim postos na esfera da ética e da moral! Sabemos que os dois mundos – no caso examinado, o do índio e o do regional – estão eivados de valores. Valores que sustentam juízos diferenciados de seus agentes, igualmente defensáveis segundo as *particularidades* de cada sistema cultural em que esses agentes estão inseridos. Qual a orientação que o pesquisador poderia adotar? Permanecer eqüidistante, resguardado por uma neutralidade olímpica, ou participar efetivamente desse encontro entre dois mundos, a rigor, muitas vezes, um verdadeiro confronto? Retomo aqui a distinção de Groenewold – à qual já recorri outras vezes – sobre as esferas éticas: a micro, a meso e a macro.

Recorde-se aqui: a microesfera como um espaço ocupado pelas particularidades (portanto, da cultura tribal, em meu exemplo); a macroesfera como o espaço do universal – ou daquilo que é universalizado – ou, ainda, como diria Louis Dumont, valores universalizáveis – por uma "sociedade mundial" em busca de uma *ética planetária* (como indicam as investigações de Karl-Otto Apel); ou, em outras palavras, pela Nações Unidas – ONU, como no caso da Declaração Universal dos Direitos do Homem. É assim que na mesoesfera teríamos, enfim, o espaço ocupado pelos Estados nacionais, cuja obrigação precípua seria a de garantir uma correta mediação entre valores tribais e planetários, situados respectivamente nas esferas micro e macro. Portanto, entre sistemas de valores tidos como particulares e universais. Há, entretanto, vários senões a serem examinados criticamente, quando se observa que a ONU não exprime a rigor, em suas decisões, as vozes de todas as etnias do planeta, o que torna os povos tribais – destituídos de Estados nacionais – não representados naquele organismo. Este é um fato. Porém, por outro lado, há de se considerar um outro fato, o de uma realidade que se impõe, posto que não há outra instância como a ONU capaz de estabelecer valores de alcance planetário – pelo menos em sua pretensão – e que sirvam de *idéias reguladoras* do convívio mundial entre os povos, tais como a defesa do meio ambiente, da vida humana, da liberdade, contra a tortura e de outras grandes idéias do gênero, malgrado as repetidas frustrações que sua não obediência nos traz.

Mas, voltemos aos cenários etnográficos. Um deles, do qual participei quando de minha estada entre os índios Tapirapé,[3] refere-se à proibição

---

3 Roberto Cardoso de Oliveira, "A situação atual dos Tapirapé", *Boletim do Museu Paraense Emílio Goeldi, Antropologia*, N.S., n. 3, 1959.

do infanticídio; o outro, proporcionado pela literatura etnológica, trata da circuncisão feminina (observável em sociedades muçulmanas). Ambos os cenários envolvem particularidades culturais que aos olhos universalizantes (melhor diria, ocidentalizantes) de um organismo, como a ONU, chocam-se com as decisões tomadas majoritariamente pelos Estados nacionais membros. O argumento tapirapé de que o sacrifício da terceira filha seria responsável pela manutenção da população em índice demográfico compatível com o seu ecossistema, de modo a viabilizar a sobrevivência do grupo tribal, e, portanto, de que a vida de todo um povo vale mais do que a de um indivíduo, levou as missionárias que assistiam esses índios a proclamarem o contraditório, segundo o qual "a vida humana tem um valor absoluto, pois ela nos foi concedida por Deus". Quanto ao outro cenário, o da circuncisão feminina (a levarmos em conta uma monografia sobre os muçulmanos do Sudão), a questão é imensamente controvertida entre a população do país, com variações étnicas significativas, o que, em absoluto, levou a pesquisadora a uma confortável posição de indiferença moral; todavia, ela traz argumentos interessantes – e até certo pondo inesperados – a propósito da generalizada reação ocidental contra tal mutilação genital juntamente com indícios de que o prazer sexual da mulher não teria sido extirpado pelo cumprimento dessa regra moral tão particular. Essa antropóloga, Ellen Gruenbaum, com seu livro *The female circumcision controversy: An anthopological perspective*,[4] retoma a postura relativista da disciplina e parece cuidar de não interferir nos debates que presenciou. Uma postura acadêmica levada às últimas conseqüências? Talvez! Mas o que nos ensinam esses cenários. O primeiro, sobre o infanticídio tapirapé, mostra missionárias cumprindo sua desobriga junto a uma etnia indígena cujo alto estágio de depopulação não mais justificaria (em termos de cálculo demográfico) valer-se do infanticídio para controle de uma população reduzida a pouco mais de uma centena de indivíduos (dos mil que anteriormente possuíam quando habitavam seu nicho original). Nesse caso específico, essas missionárias convenceram os Tapirapé a abandona-

4 Ellen Gruenbaum, *The female circumcision controversy; an anthopological perspective*, Filadélfia, University Pennsylvania Press, 2000.

rem tal hábito recorrendo exclusivamente à persuasão junto às mães para que deixassem de sacrificar seu recém-nascido. Ao longo do tempo de sua permanência entre esses índios, elas recorreram ao discurso argumentativo para atravessarem a fronteira semântica que as separava dos Tapirapé. No caso do segundo cenário, o da circuncisão feminina muçulmana, a postura relativista da antropologia levou a pesquisadora a não interferir, limitando-se a procurar compreender e a cotejar os argumentos pró e contra esgrimidos pela própria população do Sudão. Se as missionárias tinham por função agir na sociedade tapirapé, a antropóloga obedeceu a uma prática tradicional da disciplina, ainda que guardasse para si qualquer juízo moral. Valeria questionar se essa antropóloga assumiu uma neutralidade recomendada por uma concepção exclusivamente acadêmica – em seu sentido perverso de absenteísmo – ou, pressionada pela divergência interna observada na sociedade muçulmana, preferiu apenas captar o significado dessas controvérsias, a partir das quais melhor poderia compreender a situação estudada. E aqui uma reflexão se impõe no sentido de se distinguir *neutralidade* da noção de *imparcialidade*,[5] esta última, é bom esclarecer, devendo estar sempre integrada no horizonte do etnólogo orgânico, uma vez que isso significaria – em termos tanto cognitivos como morais – a adoção de uma postura instrumentalizada pela perspectiva adotada: nesse sentido, a imparcialidade apenas demanda que o intérprete se coloque "em perspectiva" (para usar aqui mais uma expressão de Dumont), portanto de maneira crítica se esforçando para não deixar de responder, com argumentos, às objeções advindas de interpretações alternativas sobre o problema em pauta. Porém, há de se reconhecer que se essa distinção resguarda o lugar da objetividade no plano cognitivo, não responde adequadamente aos problemas confrontados pelo etnólogo orgânico ou pela antropologia prática, na forma como a estou concebendo. E nos impele a considerar que em ambos os casos – dos Tapirapé e dos muçulmanos – os cenários descritos são perfeitamente compatíveis com aquilo que

---

5 Agradeço a Luís R. Cardoso de Oliveira a sugestão para incluir a questão da imparcialidade, distinguindo-a da noção de neutralidade.

nos ensina a *alegoria etnográfica*, no entender de James Clifford,[6] na medida em que, ao relatar momentos da história das relações interétnicas, essas descrições alegóricas carregam uma proposta moral e que, nos termos da própria "teoria da ética do discurso", tendem a mostrar, ao fim e ao cabo, a (im)possibilidade ou, pelo menos, a complexidade de uma ética verdadeiramente planetária. Enfim, são questões que se impõem à nossa reflexão.

Retomando o modelo das esferas éticas, há pouco mencionado, ouso dizer que entre nós – enquanto antropólogos orgânicos – nada nos impede de agirmos junto aos povos que estudamos, sempre sob o signo da solidariedade – sendo esta solidariedade o modo pelo qual iluminamos o teor de nossa imparcialidade e, esta, sob o signo da justiça. A eqüidistância moral e política recomendada pela antiga academia parece não se justificar nos dias de hoje. Mesmo porque, a partir da evidência de que não existe objetividade absoluta, sendo ela portanto uma mera ilusão – o que, é bom lembrar, não implica exorcizar toda e qualquer objetividade, mas somente o objetivismo –, o espaço de ação do pesquisador não pode ficar vazio, pois nesse caso estaria sendo ocupado por funcionários, políticos ou administradores não ou pouco comprometidos com a necessidade de alcançar consenso junto aos povos indígenas em sua ação indigenista. Mas ao ocupar esse espaço, cabe considerar que o etnólogo orgânico passa a se orientar por esse binômio particular/universal, microesfera e macroesfera, sempre procurando mediá-lo através de sua inserção na mesoesfera, isto é, como sendo nela o lugar por excelência onde se posicionar para o exercício de sua função elucidadora. Embora esteja nessa esfera o espaço ético do Estado nacional, em seu dever de intermediar os ordenamentos da Declaração Universal dos Direitos do Homem e os valores particulares das etnias indígenas, há de se reconhecer que cada vez mais esse espaço é também ocupado pela sociedade civil, especialmente pelas organizações não-governamentais que exercitam um indigenismo alternativo, além de

6 "A alegoria nos incita a dizer, a respeito de qualquer descrição cultural, não 'isto representa ou simboliza aquilo', mas sim 'essa é uma *história* (que carrega uma moral) sobre aquilo'". Cf. James Clifford, *A experiência etnográfica: Antropologia e literatura no século XX*, Rio de Janeiro, Editora da UFRJ, 1988, p. 66.

outras agências, como as missionárias, todas elas partilhando com o Estado a mesoesfera. O certo é que esse modelo de eticidade – das três esferas éticas – mostra-se bastante útil para orientar os nossos passos no terreno da moral. E em termos de uma ética discursiva, há de se firmar a idéia de que tal intermediação só se fará pela via da participação do pesquisador no diálogo entre as partes: a sociedade nacional comprometida com princípios universais – já que ela é membro da ONU e firmou os instrumentos jurídicos elaborados pela maioria dos Estados nacionais – e as sociedades indígenas – presas às suas particularidades, seus hábitos tradicionais, responsáveis por seu estar no mundo. Mas se isso não é suficiente, não se pode dizer que seja pouco! Pois não se pode negar que com a Declaração Universal dos Direitos do Homem ficou mais viável a defesa dos povos indígenas ou do meio ambiente diante da possibilidade de invocá-la.

Gostaria ainda de recorrer a um último cenário para ilustrar um episódio de intervenção desse etnólogo orgânico nas relações entre índios e o encarregado de posto indígena no exercício de seu trabalho de pesquisador. Quero destacar com isso a necessidade de um conhecimento das particularidades da cultura indígena para sustentar a ação mediadora de qualquer agente externo, seja ele pesquisador, missionário ou membro de uma organização não governamental. O fato que desejo apresentar agora relaciona-se à etnografia que realizei junto aos índios Tükúna ainda em 1959, durante a minha primeira estadia entre eles, portanto bem antes do levantamento que fui convidado a fazer sobre o Movimento da Cruz, ao qual já me referi no início desta exposição. Eu já não era funcionário do SPI, mas meu *habitus* profissional ainda estava colado ao etnólogo orgânico que eu era por dever de ofício. Vi-me, assim, diante de uma questão litigiosa entre o encarregado do posto indígena e um índio tükúna, morador no lado peruano da fronteira, para onde havia se mudado, após algumas desavenças vividas em Mariuaçu, uma aldeia tükúna no lado brasileiro e supervisionada diretamente pelo posto do SPI. Esse índio havia retornado a Mariuaçu para buscar sua irmã, uma menina dos seus 14 anos, para casá-la com o irmão de uma moça (ambos residentes no lado peruano) com a qual ele próprio queria casar-se. Eis formado o quadro de um matrimônio tükúna preferencial. "Eu fico com sua irmã, e você fica com a minha" – esta a sentença normalmente verbalizada na comunidade indígena. Uma regra matrimonial de aceitação tácita pelos Tükúna. Mas sendo uma regra preferencial, não era de cumprimento obrigatório, razão pela qual permitiu que a avó e uma tia da menina não concordassem com a saída dela para o Peru. Ao mesmo tempo, o encarregado do posto visivelmente tomava o partido da avó e da tia, alegando que a menina era muito pequena para casar-se e não tinha porque trocar o Brasil pelo Peru, o que ele dizia com certo ardor cívico... Várias razões estavam em jogo: a obediência à regra tribal tinha um valor em si mesma, e a veemência à qual recorria o jovem tükúna casadoiro revelava que sem dar sua irmã em troca ele não conseguiria a irmã do outro para noiva; o encarregado, de seu lado, achava que estava sendo patriota, já que tinha de assegurar a identidade brasileira da menina tükúna (a par de uma visível antipatia que nutria pelo jovem Tükúna); e a avó e a tia, ambas não querendo abrir mão da menina, cuja mãe falecera havia alguns anos. Diante desse verdadeiro litígio, fui levado a me manifestar. Procurei simplesmente descartar a decisão do encarregado, esclarecendo ser parte da cultura tükúna o intercâmbio de irmãs e que por esse motivo sua intervenção era injustificável na vida da comunidade. Diante disso, apenas recomendei que a questão só podia ser resolvida pelos litigantes e sob o controle da comunidade indígena de Mariuaçu. Não sei o que resolveram, já que viajei no dia seguinte. Porém, nesse episódio, o etnólogo não abriu mão de tornar o conhecimento da cultura indígena, alcançado pela pesquisa etnográfica, como um meio de impedir que uma ação pensada no interior da lógica do sistema nacional fosse utilizada sem nenhuma consideração às tradições tükúna. Deixei aos índios o espaço para o diálogo entre si, sem a interferência do poder local alienígena. Lembro-me de que nesse momento de minha interferência senti-me novamente como se ainda fosse etnólogo do SPI. Um antropólogo cínico poderia dizer que essa é a maldição do etnólogo orgânico. Seria verdadeiramente uma maldição esta de se assumir como um intermediário na elucidação de situações equivocadas? Não seria esta uma das mais apropriadas maneiras do etnólogo orgânico agir na situação interétnica? Penso que sim. Tal como a crítica da linguagem, que para um pensador como Wittgenstein tende a funcionar como uma verdadeira terapia da filosofia, por que a antropologia prática não poderia cumprir uma função terapêutica no diálogo interétnico? Creio ser esta uma das principais funções que nos cabe exercer enquanto tradutores – melhor ainda: intérpretes – de idiomas culturais em confronto.

Concluindo, eu diria que uma *antropologia prática*, devotada à ordem moral, vem progressivamente se impondo ao exercício de nossa disciplina simultaneamente à investigação etnográfica. Uns chamam isso de politização da disciplina. Prefiro a ênfase na ética, como meio de intervenção discursiva do pesquisador na sociedade investigada, do que sua ação na esfera política, já que esta está cada vez mais vulnerável à partidarização e jamais deve substituir a ordem moral. Ao tentar essa breve caracterização do etnólogo orgânico e dos problemas práticos que ele está sujeito a enfrentar, quis mostrar que esse etnólogo é cada vez mais uma segunda face do etnólogo moderno. Desde que vencida a antiga obsessão pela neutralidade a todo custo, condição ingênua de uma objetividade ilusória, não há nenhuma razão para que esse etnólogo orgânico não se manifeste em quaisquer de suas atividades, sejam elas acadêmicas, de assessoramento no serviço público ou nas ONGs, seja onde for. Imagino que seja por essa via que a antropologia e a ética melhor podem se conciliar. E, nesse sentido, fica como uma sugestão, ou, melhor ainda, como uma idéia que espero seja fecunda, o modelo das esferas éticas – a micro, a macro e a meso, sendo que será sempre nesta última a esfera em que esse etnólogo crítico e reflexivo melhor estará situado. Aquilo que estou chamando de "o mal-estar da ética" penso que melhor poderá ser superado na antropologia quando não mais nos escondermos no relativismo absenteísta, responsável por uma neutralidade equívoca, ou, ainda, quando incorporados como funcionários orgânicos em instituições particulares ou públicas, devotadas à ação social, não deixarmos de nos valer da capacidade reflexiva de nossa disciplina e, isso, na proporção em que estejamos abertos para receber os bons influxos da ética discursiva, que mais do que uma teoria serve-nos como uma estratégia extraordinariamente hábil na mediação do diálogo intercultural a que todos nós, por um imperativo de nossa própria profissão, não podemos estar ausentes. Sem querer atribuir a esse etnólogo que se devota à antropologia prática, portanto concentrado nas questões de eticidade e de moralidade, aquela tarefa descomunal que uma vez Edmund Husserl atribuiu ao filósofo como devendo se assumir como "funcionário da humanidade", dada "a sua responsabilidade a respeito do Ser verdadeiro dessa (mesma) humanidade"[7] – e Husserl escreveu isso às vésperas da Segunda Guerra –, creio que não seria uma extrapolação exagerada dizer que, em termos ético-morais, há um certo ar de família entre ambos: o filósofo funcionário e o etnólogo orgânico – cada um, a seu modo, imersos em suas respectivas responsabilidades.

Bibliografia

Cardoso de Oliveira, Roberto. *A sociologia do Brasil indígena*, 2. ed., Rio de Janeiro/ Brasília, Tempo Brasileiro, EdUnB, 1978.

———. "Possibilidad de una antropología de acción entre los Tikuna", *América Indígena*, Vol. 37, n. 1, México, 1977.

———. "A situação atual dos Tapirapé", *Boletim do Museu Paraense Emílio Goeldi, Antropologia*, N.S., n. 3, 1959.

Clifford, James. *A experiência etnográfica: Antropologia e literatura no século XX*, Rio de Janeiro, Editora da UFRJ, 1988.

Gruenbaum, Ellen. *The female circumcision controversy; an anthopological perspective*, Filadélfia, University Pennsylvania Press, 2000.

Husserl, Edmund. *La crise des sciences européennes et la phénoménologie transcendentale*, Paris, Gallimard, 1976.

Lévy-Brühl, Lucien. *La morale et la science des moeurs*, Paris, Presses Universitaires de France, 1971 [1903].

7 Cf. Edmund Husserl, *La crise des sciences européennes et la phénoménologie transcendentale*, Paris, Gallimard, 1976, p. 23.

Índices

Índice onomástico

A

B

C

D

E

F

G

H

I

Índice temático

D

E

F

H

I

P

R

S

T

Impresso nas oficinas da
Gráfica Palas Athena